本书受教育部人文社科项目资助

本书为教育部人文社会科学研究青年基金项目"伊拉斯谟儿童教育思想研究"（项目批准号：19YJC880117）的最终成果

本书获长春师范大学学术专著出版计划项目支持

# 伊拉斯谟儿童教育思想研究

Research on Erasmus' Educational Philosophy for Children

尹璐 著

中国社会科学出版社

图书在版编目（CIP）数据

伊拉斯谟儿童教育思想研究／尹璐著. -- 北京：中国社会科学出版社，2024.10. -- ISBN 978-7-5227-4407-0

Ⅰ.G610

中国国家版本馆 CIP 数据核字第 20244GU859 号

| 出 版 人 | 赵剑英 |
| --- | --- |
| 责任编辑 | 范晨星 |
| 责任校对 | 韩天炜 |
| 责任印制 | 李寡寡 |

| 出　　版 | 中国社会科学出版社 |
| --- | --- |
| 社　　址 | 北京鼓楼西大街甲 158 号 |
| 邮　　编 | 100720 |
| 网　　址 | http：//www.csspw.cn |
| 发 行 部 | 010-84083685 |
| 门 市 部 | 010-84029450 |
| 经　　销 | 新华书店及其他书店 |

| 印　　刷 | 北京明恒达印务有限公司 |
| --- | --- |
| 装　　订 | 廊坊市广阳区广增装订厂 |
| 版　　次 | 2024 年 10 月第 1 版 |
| 印　　次 | 2024 年 10 月第 1 次印刷 |

| 开　　本 | 710×1000　1/16 |
| --- | --- |
| 印　　张 | 15 |
| 插　　页 | 2 |
| 字　　数 | 243 千字 |
| 定　　价 | 79.00 元 |

凡购买中国社会科学出版社图书，如有质量问题请与本社营销中心联系调换
电话：010-84083683
版权所有　侵权必究

# 序

　　这部以伊拉斯谟的儿童教育思想为主要探讨对象的著作，是尹璐博士历经博士学位论文、承担教育部人文社科项目等辛劳付出、写作的结果。这部著作展现了尹璐博士对16世纪著名的基督教人文主义教育家伊拉斯谟原始文献和相关国际学术前沿动态的辛勤收集和解读，展现了尹璐博士在教育一线十余年对儿童教育的个性化思索和探究，也是她数年世界史硕士和教育学博士学习经历的沉淀和积累。作为尹璐的博士指导教师，我从事教育基本理论、教育哲学研究已有二十多年，恰巧近些年来因为工作关系担任东北师范大学附属小学校长，对儿童教育问题也有了更多感触，作此短文，权且为序。

　　和尹璐博士成为师徒，实属偶然。2014年8月，受东北师范大学委派，我从教育学部来到东北师范大学附属小学（以下简称东师附小）担任校长。东师附小一直有资深教师担任青年教师师傅的"优师工程"（五年"青蓝工程"，五年"希望工程"）传统，而校长直接联系品德与生活、品德与社会（现在的道德与法治）学科。由此，我成为品德与社会学科青年教师尹璐的"优师工程"师傅。在日常的学科备课、课堂调研、学科课程竞赛、示范课中，我与尹璐有了最初接触，她的思维学识、教学方法等给我留下了深刻印象，也知晓她毕业于东北师范大学实力雄厚的世界史专业，师从教育部人文社科基地东北师范大学世界文明史研究中心原主任王晋新教授，接受过良好的学术训练。由此，2015年9月她在我指导下攻读教育学博士学位。

　　攻读博士学位期间，我们时常在课堂上就教育史上名流专家的教育思想、理念、方法；就儿童教育，尤其是率性教育问题等进行研讨。在这个过程中，对维夫斯、路德、埃利奥特、洛克等文艺复兴时期和近现代教育家多有影响的伊拉斯谟引起了我们共同的关注。我们也发现了率性教育的理念"保护天性、尊重个性、培养社会性"与伊拉斯谟儿童教育思想的契合之处。然而，在探讨中，这种影响又因为缺乏更多的信息而语焉不详。在与学界同仁好友谈及伊拉斯谟研究时，北京师范大学张斌贤教授对此也深有同感。研究教育问题不能闭门造车，正如尹璐在书中所说的那样，现代教育学的知识基础之一实则脱胎于那些逝去的更为久远的先贤们的教育论述。虽然限于时弊和现代科学实验统计，某些论述粗疏、青涩，但这些先驱者就教育本质、教育对象、教育规律、教育目的、教育方法、教育环境等多有阐发和开拓。伊拉斯谟对此也贡献卓著。限于伊拉斯谟作品的语言、国别、时代变迁等多种原因，我国对伊拉斯谟的了解多停留在二、三手研究结果的转述上，某种程度上缺乏更直接的一手文献的使用。为了更好地理解伊拉斯谟，系统研究把握他的教育思想与率性教育的关联，尹璐将伊拉斯谟儿童教育思想作为她博士研究的课题。通过一番努力，尹璐从国内外获取了此课题研究所需文献，尤其是拉丁文版和英文版的《伊拉斯谟全集》核心文献以及一批重要研究成果，并不断补充完善。厚厚数十本原版的书信集和教育作品集，为她研究的开展奠定了坚实的文献基础。虽然，对伊拉斯谟个人作品文献的引用可能会在视觉上削弱抽象理论分析的分量，但这也有助于改善相关研究中具有的多采用转译文献的"道听途说"以及过多依赖中文译本的尴尬。文献的使用丰富了对《基督教君主的教育》《愚人颂》之外的伊拉斯谟作品，如《论儿童的早期文雅教育》《论儿童的礼仪教育》等作品以及伊拉斯谟思想多样性的认知，如对伊拉斯谟的"皮格马利翁效应"的教育正向期待论，"因教育而智慧"的女孩教育理念，身心一致的礼仪教育论，天性论以及带有环境论意味的人性论，宗教人论，寓教于乐的游戏论，关注父母、教师等身边人的"身边人"原则，反对体罚，个体和团体奖惩论等都拓宽了伊拉斯谟儿童教育思想的内涵与外延、深度与广度。

此书另一个特点是融合了教育学和历史学的研究所长。研究某种教育思想的提出，须将其置于社会变迁的情境之中，关注教育思想、社会思潮产生的社会文化结构。它是特定时空节点的产物，是传统与时代融汇、冲突碰撞、扬弃的结果。有鉴于国内外伊拉斯谟儿童教育思想的研究动态，有鉴于国内外现代教育学理论的驳杂与"叠床架屋"，尹璐博士并未对当代众多教育学术语和原理盲目引入。正如她所说，一方面固然是因为伊拉斯谟的观念是前出的，以后人理念来硬套难免会出位；另一方面也是因为与后人相比，伊拉斯谟教育论述虽然较为全面，但也难免粗疏了许多，在抽象层次上、论述细节问题上深度又有所不足。这造成了研究方法的某些特殊性，伊拉斯谟既是教育史的研究对象，也是教育学理论的研究对象。因此，尹璐试图在研究方法上，依据分析目的和分析具体内容的差异，尝试结合二者方法，既分析其儿童教育理论预设、逻辑、规律等理论层面，也兼具教育史的研究维度，分析其观念与时代的关联与影响等历史层面。虽然，在某些方面这种探究还略显稚嫩、深度不足，也曾受到来自学科领域界限不明的质疑，但这种研究方法对教育思想研究的路径探索，也不失为一种有益的尝试。我素来主张，学术研究应以学术问题为导向，打破固有学科壁垒，在新的"理论束"、新的研究视域、新的研究框架、新的研究文献下呈现学术研究的建设性姿态和创造性思维，方能探求教育研究之真谛。对青年教师的有益尝试，更应多给予宽容。

他山之石，可以为错。在全球化、国际化的大视野下，对儿童教育问题的探索，保持理论自觉、实践自觉、文化自觉的同时，以开放的心态保有国际性视域也是必要的，它可以加深我们对儿童教育的学理、理念的合理性、合法性、必要性、可能性以及针对性等问题的理解。知其然，知其所以然；知其应然，知其实然，知其必然。相信诸君对这部著作的优长与不足自有判断。在百年未有之大变局的复杂年代，在教育面前、在儿童面前，我们仍知之甚少，仍需有小学生一样的谦卑之心。我们都在路上，任何有益的儿童教育理论和实践探求都值得鼓励。

于伟
写于东师附小教研工作坊 2024 年 5 月 1 日

# 目　录

**第一章　引言** ……………………………………………………（1）
　第一节　选题缘由 …………………………………………………（1）
　第二节　文献综述 …………………………………………………（4）
　第三节　概念界定 …………………………………………………（24）
　第四节　研究问题与研究意义 ……………………………………（26）
　第五节　研究方法论与研究方法 …………………………………（28）
　第六节　研究创新与框架安排 ……………………………………（31）

**第二章　教育思想观念之生发** ……………………………………（34）
　第一节　社会性之源：欧洲时代脉搏的泵压 ……………………（34）
　第二节　个性化起点：伊拉斯谟的人生行路与儿童教育情怀的
　　　　　共鸣 ………………………………………………………（44）
　第三节　历时与共时性之基石：伊拉斯谟儿童教育思想之学养
　　　　　渊源 ………………………………………………………（61）

**第三章　成为至善完人：一体多面的教育目的论** ………………（81）
　第一节　"认识你自己"：人性的重塑 ……………………………（81）
　第二节　灵魂之美：新的"宗教人"之求 …………………………（89）
　第三节　宗教人目标的具象化：美德之求 ………………………（97）
　第四节　人的担当：政治与社会秩序之求 ………………………（101）

## 第四章　基于性别区隔的教育内容与性别教育"祛魅"的开启 …（106）
 第一节　教育之基：精英男童教育 ………………………（106）
 第二节　以文习德：文雅教育 ……………………………（109）
 第三节　以外促内，知行合一：行为—礼仪教育 ………（126）
 第四节　因教育而智慧：划时代的女孩教育 ……………（138）

## 第五章　中庸而和缓的儿童渐进教育范式 ……………………（158）
 第一节　早教习得与循序教育 ……………………………（158）
 第二节　游戏教学与寓教于乐 ……………………………（163）
 第三节　实用的知识—活动习得体系 ……………………（166）
 第四节　善用奖惩与反对体罚 ……………………………（170）
 第五节　尊重个性与团体竞争 ……………………………（174）

## 第六章　身边人原则：基于父母、教师重要性的教育环境论 ……（177）
 第一节　成为父母：儿童成长需求的第一环境 …………（178）
 第二节　成为良师：儿童成长需求的第二环境 …………（186）

## 结　语 …………………………………………………………（194）

## 附　录 …………………………………………………………（206）
 附录一　伊拉斯谟人生主要行路 …………………………（206）
 附录二　伊拉斯谟主要著作翻译对照表 …………………（210）

## 主要参考文献 …………………………………………………（215）

# 第 一 章

# 引 言

## 第一节 选题缘由

**一 学术研究空间的发现：伊拉斯谟儿童教育思想**

历史学的学习过往，让笔者时常在关注当下的同时，也努力去思考过去时代的文明成就以及二者的关联。深知人们在心理上常常习惯于将现有的文明成就视为一种现成的、理所当然的拥有和趋势，却很少想到要去追问，现在所拥有的这一切文明成就究竟从何而来。事实上，现在的这一切文明成就不过是表明我们曾置身于某种文明进程之中或者依然处身于该文明进程的一部分时段罢了。我们同样需要思考，能否从某个孤立的时段去准确理解法国年鉴学派大师费尔南·布罗代尔口中文明社会进程的某些长时段的变化趋势或某朵浪花，能否按照某些所谓的孤立的或独有的特征来理解整体进程？[①] 答案可能不太乐观。人们至少需要将其置于特定的时代背景下，将其置于整个思想谱系中，从整体上去把握变化，加深理解。人文主义者伊拉斯谟及其思想的出现与因果即是属于这样历史长河中的巨大变化和浪花，它需要我们予以更多的关注。

在历史上，人文主义运动与宗教改革一起深刻地影响了西方文明的整体历史进程。许多人文社科研究都不可能完全绕开人文主义话题。当下，学术界关于人文主义运动的一个研究结论即认为，究其本质，这场运动是一场以人为内核，以古典文化为基础，融汇时代精神，关联于文化的重新

---

[①] 关于文明的长时段、中时段、短时段理论，参见 [法] 费尔南·布罗代尔《文明史纲》，肖昶等译，广西师范大学出版社 2003 年版，第 44—55 页。

建构及其重要实践手段——教育的运动，这更加强了教育、文化、人性之间联系的纽带。如果单就教育而言，人文主义教育思想沟通了西方古代与近代，不仅是对古代教育思想的总结、继承与扬弃，更是启发了近代教育精神。在这一方面，伊拉斯谟尤为其中之佼佼者，堪称"教育史上最为伟大的人"[①]。观其一生，伊拉斯谟著作等身，作品畅销欧洲各地。书店中，他的作品供不应求，时常有印刷商不告而取，偷偷印刷其著作。英国钦定近代史教授特雷弗-罗珀（Trevor-Roper）曾赞誉，在伊拉斯谟生活的年代，虽然很多人可能此前从未听到过伊拉斯谟这一名字，但现在无论是在宗教氛围浓郁的教堂、修道院，还是在世俗的王宫、城市中心，抑或是在路上、酒馆中，却都拿着伊拉斯谟的著作，借由他的著作与他结识。[②] 由此可见，伊拉斯谟在当时具有的巨大影响力。借用同时代人、他的好友英国人文主义思想家、教育先驱、圣保罗大教堂教长约翰·科利特（John Colet）1516年说过的评论话语，"伊拉斯谟之名永垂不朽"（拉丁文：Nomen Erasmi Nunquam Peribit，英文：The name of Erasmus will never perish）[③]。这些也让本书的研究更加具有了一些学理与价值上的维度。

伊拉斯谟在宗教、历史等研究领域为人所注意。在宗教领域，他校订圣经并给出注解，一时风头无两。历史领域，他是文艺复兴时期典型的人文主义思想家。1520年后，伊拉斯谟与德国宗教改革者马丁·路德（Martin Luther）派的宗教论战更是引人注意。论战后，伊拉斯谟被许多人认为是一位保守的天主教徒，缺乏改革天主教会积弊的真正勇气和实际行动，而在这场论战中实际沦为失败者一方。这场论战的重要性在研究文艺复兴、宗教改革、人文主义及它们之间关系的学者那里是不言而喻的。因此，伊拉斯谟在宗教、历史领域吸引了很多学者的关注。这或许可以从国内学者的研究视角窥见一斑（后文文献综述部分将对此进行详尽说明）。对伊拉斯谟教育思想（尤其是儿童教育观）的忽视，成为本书研究的广阔空间。

---

① R. Bolgar, *The Classical Heritage and its Beneficiaries*, New York: Harper, 1964, p.336.
② H. Trevor-Roper, *Men and Events: Historical Essays*, New York: Harper, 1977, pp.39–40.
③ P. Allen ed., *Opus Epistolarum Des. Erasmi Roterodami* (Vol.2), Oxford: Oxford University Press, 1992, p.258.

现代教育学原理学科方向，脱胎于那些逝去的更为久远的教育先驱及其教育理念。这些教育家限于时代之弊，虽然少有现代科学实验统计，理念也或粗疏或青涩，但从经验出发，借助时代知识，经由概括归纳，他们就教育的本质、教育对象、教育规律、价值、目的、方法论、教育环境等多有阐发和开拓，直接促进了现代教育学的形成。伊拉斯谟及其教育理念对此多有贡献。因为伊拉斯谟在宗教思想之外，也是一位人文主义教育家，更是一位儿童教育家。这直接表现在，他对当时宗教、国家与社会进行改革的主要落脚点和发力点即是教育，尤其是儿童教育。为此，他出版了许多相关的儿童教育书籍，提出了许多教育理念目标，总结了许多教育方法，强调了教育环境与教育内容。他高度重视教育的价值，强调知识教育，在儿童教育作品中提出了一些著名的教育论断和主张，如并非生而为人，而是经由教育塑性方能为人；没有什么是比无知更可怕的；人不经过教育陶冶儿童的灵魂就无法让其成为真正的人；要教导儿童人生的责任；等等。换言之，在伊拉斯谟看来，教育对于人性的健康发展，以及促成社会发展具有极为重要的价值，儿童教育更是始基。伊拉斯谟的儿童教育思想曾经振聋发聩，影响深远。时至今日，伊拉斯谟在儿童教育精神方面的影响力甚至可能远超他在宗教方面的价值。而这些，因为某些原因，尚未得到足够的重视。因此，教育思想，尤其是儿童教育思想也就成为认识伊拉斯谟真正价值的重要视角之一。

**二 现实的考量：个人学术兴趣与职业关注**

笔者硕士学位攻读的学术方向是世界史，就学期间尤为关注西欧中世纪向近代转型时期（15—18世纪）的文明教化和社会观念，毕业论文选择的也是17世纪英国与中国济贫体系的比较问题，对这一时期西欧社会的整体发展脉络有了较为清晰的把握。博士期间，有幸学习教育学，导师的学术引导和对相关课程的学习，进一步激发了笔者对西欧社会文明教化领域的关注，尤其是导师对儿童率性教育问题的深度阐发，一步步引导笔者将问题明确化、具体化到儿童教育问题上，进而启发了笔者从教育学的角度来审视西欧转型时期文明教化和社会发展观念。在日常的学习、研读、探讨中，16世纪欧洲伟大教育家德西德里乌斯·伊拉斯谟（Desiderius Erasmus）的儿童教育哲学进入笔者的视野。经过初步的分析，它与率性教育的某些契合和偏离也日渐吸引笔者进行深度研读和思考。

此外，笔者曾经是一名有着十余年教龄的小学社会学科（现在称为道德与法治学科）教师，现在是大学教师，教育问题研究一直是笔者关注和身处的领域，且日常接触的都是10岁上下的儿童，且身为一名初中女生的母亲，对她的关注和教育成长也是作为母亲的职责，儿童的身心健康教育也是笔者时常关注、思考的问题之一。故而将伊拉斯谟的儿童教育思想确定为研究方向。

因此，笔者在进行一番对相关文献的搜集、整理、释读（详见文献综述）之后，进一步确定了学术方向。综合考虑，本书将伊拉斯谟的儿童教育思想作为主要研究对象，进而在动态（时间维度）和静态（空间维度）双重维度管窥他对教育基本规律的种种阐发。

## 第二节　文献综述

### 一　学界对伊拉斯谟著述的整理与翻译

伊拉斯谟是一位高产作家（可参看附录一、二，在此不一一赘述）。一生中，他留下了大量当时曾超越国界范围、广泛流传于欧洲如今却已被大多数人忘却的拉丁语、希腊语[①]文本著述，以及大量与同时代人之间往来的信件，这些同时代人涉及莫尔、路德、教皇、德皇等各领域时代精英显贵。在资料搜集过程中，笔者除直接购买外文书，还借助中国国家图书馆、馆际互借功能，东北师范大学教育学部、历史文化学院、教育部人文社科重点研究基地世界文明史研究中心、长春师范大学丰富的文献收藏，以及导师的个人藏书，得到了关于此课题研究的第一批核心资料。随后，笔者借陪伴丈夫在伦敦玛丽女王大学（Queen Mary University of London）访学之机，借助大英国家图书馆、伦敦大学图书馆、Google、Wiki等途径，搜集了更多的相关原始文献资料。

---

① 拉丁语曾是古罗马官方语言，随罗马对外征服而广泛传播，西欧中世纪时期更是西欧诸国的官方语言和书面语言，但随着中世纪晚期、近代时期西欧各国地方性、民族性语言（如英语、德语、法语、捷克语等）的崛起而日渐衰落，近乎死语言，如今仅在梵蒂冈、天主教仪式、科学研究中使用。希腊语也经历了类似的历程。语言的衰落给许多久远的书籍带来了巨大的阅读障碍，许多巨著以及其间的思想蒙尘无闻。

鉴于伊拉斯谟著述使用的文字主要是拉丁文，加之早期印刷术效果较差，且盗版较多，错误迭出。故在其去世后，后来学人在对这些著述进行整理与翻译时付出了大量的心血。此种心血，不容抹杀。此处限于篇幅，仅列举学术史上公认最为重要的几次大规模整理（这些整理作品正在成为相关研究的核心文献），即关于伊拉斯谟全集整理的巴塞尔版、莱顿版、阿姆斯特丹版三大拉丁文版和多伦多英文版，以及关于伊拉斯谟书信集整理的牛津拉丁文版和精选书信集伦敦英文版。

（一）伊拉斯谟全集的整理、出版

最早将伊拉斯谟著述进行整理、结集出版的伊拉斯谟全集文献，学术史上一般称之为巴塞尔版（the Basel edition）伊拉斯谟全集。这是伊拉斯谟去世后不久，经贝亚图斯·雷纳努斯（Beatus Rhenanus）整理，于1538—1540年在巴塞尔由出版商耶柔米·弗洛本（Hieronymus Froben）、尼古劳斯·伊皮斯科皮乌斯（Nicolaus Episcopius）等人出版的拉丁文版《伊拉斯谟全集》（*Opera Omnia*），共9卷。[①] 此书中，伊拉斯谟的好友雷纳努斯为伊拉斯谟撰写了一篇传记作为序言，这可能是记载伊拉斯谟事迹的最早传记，也是后人了解他的一项重要史料。[②] 后世相关伊拉斯谟的传记作品或人生历程研究也大多借鉴或转译使用此文，但各有侧重、增补。本文则偏重那些对其教育思想观念形成有所助益的显著经历。

1703—1706年，第二次将伊拉斯谟作品系统整理出版的伊拉斯谟作品集被称为莱顿版（the Leiden edition, LB）。这一版的《伊拉斯谟全集》（*Opera Omnia*）是由让·列·克莱克（Jean Le Clerc）编辑，彼得里·范德尔·艾阿（Petri Vander Aa）出版。它同样为拉丁文版，将伊拉斯谟的著述分为9类，加索引，共10卷。[③] 这套书通常被认为是伊拉斯谟作品集的标准文本。

---

[①] Beatus Rhenanus eds., *Opera Omnia Desiderii Erasmi Roterodami*, Basel: Basileae in officina Frob, 1538–1540.

[②] 这一传记英文译版收录于 John C. Olin ed., *Christian Humanism and the Reformation: Selected Writings of Erasmus*, New York: Fordam University Press, 1975。

[③] Jean Le Clerc ed., *Desiderii Erasmi Roterodami Opera Omnia* (Vols. 1–10), Leiden: Petri Vander Aa, 1703–1706.

1969年，阿姆斯特丹版（the Amsterdam edition，ASD）开始出版。① 这套书与巴塞尔版和莱顿版类似，同样按照伊拉斯谟生前意愿，将伊拉斯谟的著述分为9大类别（ordines）。每个类别都包含一个特定的主题范畴，即关于哲学和教育问题的作品；格言；通信；关于道德问题的作品；关于宗教指导的作品；新约注解；新约释义；教父著作的版本和翻译；辩护。与巴塞尔版和莱顿版不同，新版本展示了伊拉斯谟多年来对其作品的某些改变。该版本提供了一个相对"纯粹"的、"关键"的拉丁文本以展示伊拉斯谟作品的演变历程。此外，这是一版评论性伊拉斯谟作品集，每篇文章都有法语、德语或英语的介绍和注释。该项目由国际学术联合会（Union Académique Internationale，UAI）和国际伊拉斯谟全集出版委员会（the Conseil international pour l'édition des oeuvres complètes d'Erasme）联手合作。同时，多伦多英文版项目启动后，它与多伦多版项目负责方密切合作，联手拉丁文本的整理者为伊拉斯谟的信件和著作提供高质量的英文译著。

1968年，多伦多版（简称CWE）伊拉斯谟著作翻译项目开始启动。这个项目源于该年夏天发生的一件似乎极为平常的事情。多伦多大学出版社编辑罗恩·舍费尔（Ron Schoeffel）要阅读伊拉斯谟的书信时，却没有在图书馆的卡片目录里找到其著作的英文版。他认为这一定是哪里弄错了，因为这位最伟大的人文主义思想家之一、文艺复兴和宗教改革时期最重要的领袖人物之一的书信竟然只有拉丁文版。② 随后，舍费尔与主编弗朗西丝·赫尔潘尼（Francess Halpenny）以及其他同事和学者交换了意见，就出版伊拉斯谟著作英文译本的可能性进行了商谈。在个人和一些机构偶尔提供的财政援助，以及整个欧美学术界的强力支持下，从1974年

---

① Desiderius Erasmus, *Opera Omnia Desiderii Roterodami Recognita et Adnotatione Critica Instructa Notisque Illustrata*, Amsterdam: North-Holland, 1969 - ．此版目前已经出版近30卷，约40本，因版权保护、出版地、文本语种、释读难度以及多伦多英文版的存在等原因，笔者未能搜集完整，使用有限。

② 其实不然。20世纪初，由P.艾伦作序，弗朗西斯·摩根·尼古拉斯（Francis Morgan Nichols）翻译和编辑的《伊拉斯谟书信集》（*The Epistles of Erasmus*）三册就已出版。不过它对伊拉斯谟的书信做了大量取舍，因而并不完整。Francis Morgan Nichols ed. and trans. *The Epistles of Erasmus*, *from His Earliest Letters to His Fifty-first Year*, *Arranged in Order of Time*（Vols. 1 - 3），London: Longmans, 1901 - 1917。

起，加拿大多伦多大学出版社出版了伊拉斯谟的一系列作品，合称为《伊拉斯谟全集》(*Collected Works of Erasmus*)①。这可以说是目前关于伊拉斯谟作品最为全面、完整的英文学术翻译文献，也是加拿大当时有史以来最为庞大的翻译项目。自 1998 年以来，这一项目获得了加拿大社会科学与人文研究委员会（the Social Sciences and Humanities Research Council of Canada）的持续资助，目前已经出版伊拉斯谟作品近 90 卷。这项工程仍然很活跃，还需要 10 年左右才能完成全部工作并出版所有卷集。其中，第 1 卷到第 21 卷为伊拉斯谟的书信集（截至目前，尚有 2 卷待出），第 23 卷到第 29 卷为伊拉斯谟教育和文学作品，第 31—36 卷为格言集。关于儿童教育的作品更是主要集中在第 25、26 两卷中，内容包括《论儿童的礼仪教育》《论儿童的早期文雅教育》《书信写作指南》《论拉丁文和希腊文的正确说法》等，其他儿童教育论断散见于其他卷集和书信集中。更为重要的是，这一项目将伊拉斯谟拉丁文本翻译成为英文版，也使研究者在此基础上降低语言障碍，以便今后深入研究，其翻译受到学界的高度关注和极好评价。这一版也是本文写作依据的核心文献之一。

（二）伊拉斯谟书信集的整理、出版

伊拉斯谟书信集的早期整理与编纂要归功于 P. 艾伦（P. Allen）夫妇。他们自 1906—1965 年以来经过不断的努力，将数千封伊拉斯谟的书信变成 12 册拉丁文本的《伊拉斯谟书信集》(*Opus Epistolarum Des Erasmi Roterodami*，学术史上通常简称 EE)。② 它同样堪称媲美多伦多版的经典之作，也是研究伊拉斯谟不可缺少的核心材料。至于伊拉斯谟书信英译本，最早有弗朗西斯·摩根·尼古拉斯（Francis Morgan Nichols）翻译和编辑的《伊拉斯谟书信集》(*The Epistles of Erasmus*) 三册，由 P. 艾伦作序。③

至于除去英语外的其他语种的整理、翻译，以及伊拉斯谟著述某一单本的各语种整理、翻译工作，如《愚人颂》《基督教君主的教育》等，限

---

① J. Kelly Sowards ed., *Collected Works of Erasmus*, Toronto: University of Toronto Press, 1974 - .

② P. Allen ed., *Opus Epistolarum Des. Erasmi Roterodami* (Vols. 1 - 12), Oxford: Oxford University Press, 1906 - 1965.

③ Francis Morgan Nichols ed. and trans. *The Epistles of Erasmus, from His Earliest Letters to His Fifty-first Year, Arranged in Order of Time* (Vols. 1 - 3), London: Longmans, 1901 - 1917.

于篇幅和笔者语言能力，不作更多叙述。

## 二　学界的相关学术研究动态与成果评介

综观学术界对伊拉斯谟的研究，不难看出，19 世纪末之前，国外对伊拉斯谟的作品谈不上真正意义上的科学研究，多为直接利用、摘抄、改写。随着现代学科类别的确立，对伊拉斯谟的研究方才真正开启。这些研究大致可分为两类，一类为生平传记，多是叙述介绍，另外一类则融入对其各项活动的学术评价、批判与反思。而其中，对其宗教活动的分析占据主导，而对其教育活动的研究并不多见。在这些为数不多的教育活动分析中，又集中在宏观上谈及他的人文主义教育理念。对他的儿童教育思想，虽有涉及，但系统的微观研究尚付阙如。本书研究综述仅着重对相关其生平、教育思想，以及新近兴起的儿童史等方面的研究动态进行分析。

（一）国外学界的研究动态

19 世纪末以来，国外学界研究伊拉斯谟的人逐渐增多，其中著名的有英国学者 P. 艾伦、荷兰学者约翰·赫伊津哈（Johan Huizinga）以及奥地利学者斯蒂芬·茨威格（Stefan Zweig）等。

1. 关于伊拉斯谟传记方面

就现代传记而言，P. 艾伦整理的《伊拉斯谟通信集》中对伊拉斯谟1514 年以前的早期活动记录多有记载，也是最具权威的。后来学者在介绍伊拉斯谟基本活动时，也多以此书为蓝本。

后人对伊拉斯谟比较全面了解的现代作品来自赫伊津哈撰写的《伊拉斯谟与宗教改革》（*Erasmus and the Age of Reformation*）（1924），这是研究伊拉斯谟的经典之作。[①] 赫伊津哈在著作中，侧重从伊拉斯谟的性格、理想、伦理观和审美观来审视其生活轨迹以及宗教思想，非常生动地呈现出伊拉斯谟的宗教虔诚、至善德性、社会和平、人本文化等人生理想。尤其是，赫伊津哈点明了伊拉斯谟在接续古典学术、人文主义理想与宗教改革运动方面具有的极为重要的作用。赫伊津哈认为，人文主义之父彼特拉克（Petrarch）曾孜孜矻矻地追求将古典文化和基督教精神融合，

---

① J. Huizinga, *Erasmus and the Age of Reformation*, New York: Charles Scribners' Sons, 1924; Dover Publications, 2011.

但他的弟子们却难以抗拒地痴迷于古典之美，忽视了彼特拉克的梦想，直到伊拉斯谟的到来，才将这一融合任务最终完成。① 这一观点对于本书的部分框架安排和行文思想具有一定的启发。

比较早的传记还有普里泽夫·史密斯（Preserve Smith）在1923年出版的《伊拉斯谟》（*Erasmus*）一书，侧重其生命历程中与文艺复兴及宗教改革的纠缠。② 科莫利斯·奥古斯丁（Comelis Augustijn）的《伊拉斯谟：他的生平、作品与影响》（*Erasmus：His Life，Works and Influence*）③，偏重作品与时代的关联，篇幅不长，但对文章第一章和附录部分整理伊拉斯谟的生平与作品有部分参考、借鉴价值。艾伦的《伊拉斯谟时代》（*The Age of Erasmus*）④，斯蒂芬·茨威格的《一个古老的梦——伊拉斯谟传》（*Erasmus of Rotterdam*）或《鹿特丹的伊拉斯谟》（*Erasmus von Rotterdam*）⑤，房龙（Hendreik van Loon）极为简略的《伊拉斯谟的故事》（*The Praise of Folly by Desiderius Erasmus of Rotterdam，with a Short Life of the Author by Hendrik Willem van Loon*）⑥，以及塞缪尔·克莱普顿（Samuel Crompton）的《德西德里乌斯·伊拉斯谟》（*Desiderius Erasmus*）⑦，等等。这几本传记都从文化、思想视角，或详或略，相互补充，向笔者描绘了伊

---

① 参看中文译版，[荷] 约翰·赫伊津哈《伊拉斯谟传——伊拉斯谟与宗教改革》，何道宽译，广西师范大学出版社2008年版，第106页。赫伊津哈也被认为是文化史研究的一位领军人物。

② Preserve Smith, *Erasmus：A Study of His Life，Ideals，and Place in History*, New York：Harper Brothers, 1923.

③ C. Augustin, *Erasmus：His Life，Works and Influence*, Toronto：Toronto University Press, 1991.

④ P. Allen, *The Age of Erasmus*, Oxford：Clarendon Press, 1914.

⑤ Stefen Zweig, *Erasmus of Rotterdam*, New York：Viking Books, 1934. 出版第一版后，修订重印本版本众多。中文译本根据不同版本译出，书名也有差异，详见 [奥] 斯·茨威格《一个古老的梦——伊拉斯谟传》，姜瑞璋、廖綵胜译，许崇信校，辽宁教育出版社1998年版；[奥] 斯蒂芬·茨威格《鹿特丹的伊拉斯谟：辉煌与悲情》，舒昌善译，生活·读书·新知三联书店2016年版。

⑥ 房龙此文，只是在20世纪上半叶《愚人颂》某次再版时，为作者伊拉斯谟撰写的一篇简短的作者介绍。中文译本见 [美] 亨德里克·威廉·房龙《伊拉斯谟的故事》，宫维明译，中国出版集团、现代出版社2016年版。

⑦ Samuel Willard Crompton, *Desiderius Erasmus*, London and New York：Chelsea House Publications, 2005.

拉斯谟的生平、主要著作与社会影响，褒扬了伊拉斯谟具有的自由理性精神、宗教虔诚态度、和平宽容思想，对本书建构部分框架和行文具有参考价值。

其他有代表性的相关研究作品还包括阿伦·布洛克（Alan Bullock）的《西方人文主义传统》（*The Humanist Tradition in the West*）①；1972 年出版的由特蕾西（Tracy）撰写的《伊拉斯谟，精神成长》（*Erasmus, the Growth of a Mind*）②；理查德·舍克（Richard Schoeck）的《欧洲的伊拉斯谟：成就人文主义者，1467—1500 年》（*Erasmus of Europe: the Making of a Humanist 1467 - 1500*）以及《欧洲的伊拉斯谟——人文主义王子，1501—1536 年》（*Erasmus of Europe: the Prince of a Humanist 1501 - 1536*）姊妹篇；等等③。这几本著作对于笔者从整个人文主义的背景、范畴，理解人文主义的精神实质，重新勾勒伊拉斯谟的精神面貌，有着重要参考价值。

自 20 世纪中叶以来，许多西方文化史、文明史著作也更多地回想起这位思想和行迹跨越国界，对欧洲一体化有着强烈意愿的文艺复兴时期北欧"基督教人文主义"之王。例如，美国史学家威尔·杜兰（Will Durant）在《世界文明史》文艺复兴和宗教改革两卷著述中，将伊拉斯谟定位为基督徒、哲学家、人文主义者、理想主义者、教育家等五重身份。④美国史学家伯恩斯（Burns）、拉尔夫（Ralph）在二者合著的《世界文明史》中，将伊拉斯谟称为"人文主义之王"，并高度称赞伊拉斯谟的宽容精神及人文主义宗教观。⑤ 在当代欧洲，随着欧洲一体化进程的发展和欧盟的演进，伊拉斯谟日益成为欧洲精神、欧洲一体化的某种文化象征。

---

① ［英］阿伦·布洛克：《西方人文主义传统》，董乐山译，生活·读书·新知三联书店 1997 年版。
② James D. Tracy, *Erasmus, the Growth of a Mind*, Geneva: Droz, 1972.
③ Richard Schoeck, *Erasmus of Europe: the Making of a Humanist 1467 - 1500*, Savage: Barnes & Noble Books, 1990; Richard Schoeck, *Erasmus of Europe: the Prince of a Humanist 1501 - 1536*, Edinburgh: Edinburgh University Press, 1993.
④ 参看［美］威尔·杜兰《世界文明史》（文艺复兴卷，宗教改革卷），台湾幼狮文化公司译，东方出版社 1999 年版。
⑤ ［美］爱德华·麦克诺尔·伯恩斯、菲利普·李·拉尔夫：《世界文明史》，罗经国等译，商务印书馆 1987 年版。

1987年开创的伊拉斯谟项目（Erasmus Programme）和2004年扩增的伊拉斯谟－世界项目（Erasmus Mundus Programme）即是这种文化象征的表征。

2. 关于伊拉斯谟教育思想的专论

总体而言，在文艺复兴教育史、教育思想研究方面，关于伊拉斯谟的深度研究为数并不多。可以说，伊拉斯谟教育思想研究方兴未艾，还有待深入挖掘。现有研究中，着墨较多、评介较早的当数19世纪末20世纪初英国学者威廉·伍德沃德（William Woodward）创作于1906年的《文艺复兴时期教育研究：1400—1600年》（*Studies in Education during the Age of Renaissance 1400 - 1600*）[1]以及1897年的《费尔特雷的维多里诺及其他人文主义教育家》（*Vittorino da Feltre and Other Humanist Educators*）[2]，两书对文艺复兴时期的人文教育家有广泛介绍，伊拉斯谟也在其中。更为重要的是，威廉·伍德沃德（William Woodward）1904年所撰写的《德西德里乌斯·伊拉斯谟论教育的目的和方法》（*Desiderius Erasmus Concerning the Aim and Method of Education*）[3]也是20世纪早期备受推崇的关于伊拉斯谟的专题研究。全书实际分为两部分，先是采取了类似同时代人赫伊津哈、茨威格等人的方式，以传记式叙述为主，主要叙述伊拉斯谟的个人生平与个性，也探讨了人文主义教育并对文法训练予以讨论，第二部分则翻译了数篇伊拉斯谟的短篇著作充当史料。此书可以说是第一部关于伊拉斯谟教育思想的研究性著作，主要是基于其倡导怎样的人文主义教育以及如何调和古代知识与基督教文化关系的论述，多有创见，后世很多教育史的相关伊拉斯谟教育观点论述与此关联密切。但限于篇幅，著作对于伊拉斯谟的整体教育观，尤其是儿童教育观本身缺少系统而完整的深描。

F. 西博姆（F. Seebohm）的《牛津改革家的合作史：约翰·科利特、

---

[1] W. H. Woodward, *Studies in Education during the Age of the Renaissance 1400 - 1600*, Cambridge: At the University Press, 1906. 中文版见［英］威廉·哈里森·伍德沃德《文艺复兴时期教育研究》，赵卫平等译，山东教育出版社2013年版，该译本中关于伊拉斯谟部分存在一两处翻译瑕疵。

[2] W. H. Woodward, *Vittorino da Feltre and Other Humanist Educators*, Cambridge: Cambridge University Press, 1897.

[3] W. H. Woodward, *Desiderius Erasmus Concerning the Aim and Method of Education*, Cambridge: Cambridge University Press, 1904.

伊拉斯谟与托马斯·莫尔》(The Oxford Reformers: John Colet, Erasmus, and Thomas More: Being a History of Their Fellow-Work)① 对伊拉斯谟在英国的活动多有记载。书中，记载了伊拉斯谟对英国的多次访问，以及他对英国教育的影响。如，支持科利特建立圣保罗学校、帮助选择教师、为学生编写教材、并为教师提供教法指导等；他还协助莫尔翻译了卢西恩的作品；接受剑桥大学校长的邀请前往该校讲授神学与希腊语，编写了哲罗姆书信集，校对并翻译希腊语《圣经·新约》，等等，影响了剑桥大学许多年轻学者走上传播人文主义的道路，有力推动了人文主义向英国大学的渗透、传递。这些都有助于我们了解伊拉斯谟的生平经历、教育思想、实践及其影响。

稍后的研究，有安东尼·格拉夫敦（Anthony Grafton）、丽莎·雅丹（Lisa Jardine）所著的《从人文主义到人文学科：15—16世纪欧洲的教育与文雅艺术》(From Humanism to the Humanities: Education and the Liberal Arts in Fifteenth-century and Sixteenth-century Europe)，作者们在书中特别强调，人文主义教育观中驯服于权威的特色，也注意到人文主义与当时大学教育的关系。② 阿利埃斯（Ariès）和杜比（Duby）的《私人生活史》(Histoire de la vie Privée) 中认为，《论儿童的礼仪教育》这篇拉丁文论文，重新系统阐述了礼仪的内容，奠定了16—18世纪所有关于礼仪的文学作品的基调。文中也指出，伊拉斯谟的教育论点表明，身体的行动——手势、模仿和姿势——是以一种明白的方式表达一个人的内心世界，显露心灵的意向。③ 彼得·比坦霍尔兹（Peter Bietenholz）主编的《伊拉斯谟的同时代人：文艺复兴和宗教改革的人物传记》(Contemporaries of Erasmus: A Biographical Register of the Renaissance and Reformation)④ 对伊拉斯谟的教育思想有所涉及。此外，如劳伦斯·斯通（Lawrence Stone）的论文《1560—

---

① F. Seebohm, *The Oxford Reformers: John Colet, Erasmus, and Thomas More: Being a History of Their Fellow-Work*, Kessinger Publishing, 2010. 这是一本旧书新印版，更早版本由伦敦（London）郎曼（Longmans）于1887年出版。

② Anthony Grafton & Lisa Jardine, *From Humanism to the Humanities: Education and the Liberal Arts in Fifteenth-century and Sixteenth-century Europe*, Cambridge: Harvard University Press, 1986.

③ [法] 菲利浦·阿利埃斯、乔治·杜比主编：《私人生活史Ⅲ：激情（文艺复兴）》，杨家勤等译，北方文艺出版社2008年版，第149页。

④ Peter Bietenholz ed., *Contemporaries of Erasmus: A Biographical Register of the Renaissance and Reformation*, Toronto: University of Toronto Press, 1985 – 87.

1640 年英国教育革命》（"The Educational Revolution in England, 1560 – 1640"）①、琼·西蒙（Joan Simon）的《都铎英格兰的教育与社会》（*Education and Society in Tudor England*）②、奥戴（Rosemary O'Day）的《1500—1800 年教育与社会》（*Education and Society 1500 – 1800*）③、格雷夫斯（Frank Graves）的《中世纪和向现代转型时期的教育史》（*A History of Education During the Middle Ages and the Transition to Modern Times*）④，阿莫斯（N. Amos）等主编的《基督教社会的教育：英国和荷兰的人文主义与宗教改革》（*The Education of a Christian Society: Humanism and the Reformation in Britain and the Netherlands*）⑤等著作将人文主义视为教育领域中出现的新变化加以考察，并谈到了伊拉斯谟人文主义思想对英国教育与社会发展的影响。其他如鲍温（James Bowen）的《西方教育史》（*A History of Western Education*）⑥、博伊德（William Boyd）和金（Edmund King）合著的《西方教育史》（*History of Western Education*）⑦、爱弥尔·涂尔干（Émile Durkheim）的《教育思想的演进》（*The Evolution of Educational Thought*）⑧等，这些著作从不同角度介绍了伊拉斯谟的生平、著述和影响，对伊拉斯谟的教育活动、教育哲学思想以及对欧洲教育的影响等多有涉及。

3. 关于西方儿童史研究与儿童的再次"发现"

作为现代西方家庭史研究的一分子，自 20 世纪中叶以来，教育学家、历史学家、心理学家、社会学家等对历史上儿童的生命关怀从未间断过。

---

① Lawrence Stone, "The Educational Revolution in England 1560 – 1640", *Journal of Past and Present*, No. 28, 1964.

② Joan Simon, *Education and Society in Tudor England*, Cambridge: Cambridge University Press, 1966.

③ Rosemary O'Day, *Education and Society 1500 – 1800: The Social Foundations and Education in Early Modern England*, London: Longman, 1982.

④ Frank Graves, *A History of Education During the Middle Ages and the Transition to Modern Times*, New York: The Macmilian Company, 2004.

⑤ N. Amos, *The Education of a Christian Society: Humanism and the Reformation in Britain and the Netherlands*, Andershot: Asggate Publishing Limited, 1999.

⑥ James Bowen, *A History of Western Education*, New York: St. Martin's, 1972.

⑦ ［英］博伊德、金合著：《西方教育史》，任宝祥、吴元训主译，人民教育出版社 1986 年版。

⑧ ［法］爱弥尔·涂尔干：《教育思想的演进》，李康译，渠东校，上海人民出版社 2003 年版。

当代儿童史研究者的热情高涨,将儿童史研究逐步推向西方人文社科研究中的一门显学。儿童教育史更是快速成为其中的关注焦点之一。正如麦克尼尔(McNeill)所说,人类历史就是一张不断编织而成的相互交往的网络,历史的驱动力"就是人们改善自身处境、实现个人欲求的愿望"。①人类社会对待儿童教育的各种过往思想、实践就如同一根根不断伸长的经纬网线,其相互交织构筑起一张庞大的儿童教育之网,细密地织入了特定时空的各种社会关系。它如同一面明镜,清晰地投射出某个特定地域、特定时代里儿童教育领域内的人类经验。在经过历史性、社会性、政治性、文化性等性质的学术建构后,儿童以及与此相关的思想观念早就已经不再是一个单纯的生物学概念,而是成为一个学术上颇具争议的复杂综合体。在不同的历史时期,不同的群体、个体以各自不同的方式去对待儿童个体或群体,而且社会主流对待儿童的态度和观念也呈现出复杂而多样的局面,并非过去认为的那样是一副简单的冷漠面孔,当然冷漠也是面孔之一。这也是理解伊拉斯谟儿童教育观的绝佳视角之一。

如在古罗马《十二铜表法》(*Duodecim Tabulae*)中有关父权的表文一和表文二中分别规定,对畸形怪状之婴应即杀之;家属终身在父权的支配之下。家长得监察之、殴打之、使其作苦役,甚至出卖之或杀死之;纵使子孙担任了国家高级公职的亦同。②换言之,子女不过是家长的私有财产,父亲有生杀予夺之权。基督教会的主张构成了中世纪儿童观的构建核心。基督教强调,无论男女老幼,一出生便背负着伊甸园的原罪,此罪无可救赎,唯有上帝的赦免,而救赎后天之罪则是信徒们朝向永生的努力方向。在这种观念下,教育儿童更多的是在帮助儿童树立虔诚、向善之心,避免其犯下更多的后天之罪。所罗门的诸多箴言"不忍用杖打儿子的,是憎恶他;疼爱儿子的,随时管教"③"杖打和责备,能加增智慧"④"管教你的儿子,他就使你得安息,也必使你心里喜乐"⑤"不可不管教孩童,

---

① [美]约翰·R. 麦克尼尔、威廉·H. 麦克尼尔:《麦克尼尔全球史》,王晋新等译,北京大学出版 2017 年版,第 2 页。
② 《世界著名法典汉译丛书》编委会:《十二铜表法》,法律出版社 2000 年版,第 13 页。
③ 语出《圣经·旧约·箴言》13 章 24 节。
④ 语出《圣经·旧约·箴言》29 章 15 节。
⑤ 语出《圣经·旧约·箴言》29 章 17 节。

你用杖打他，他必不至于死"① "你要用杖打他，就可以救他的灵魂免下阴间"② 等出自《圣经·旧约》中的语句更是中世纪基督徒们时常挂在嘴边、用来为自己的体罚行为进行辩护的口头语。

在漫长的千年中世纪，或文艺复兴之前的欧洲儿童史研究方面，阿利埃斯在20世纪60年代所做的研究结论也令人印象深刻。阿利埃斯等儿童史研究者的经典描述建立在两个基本假设之上。第一个假设就是传统社会中不存在所谓的儿童的概念，即中世纪时期在本质上将儿童和成年人基本区分出来的儿童特殊性意识是不存在的，儿童在欧洲一直处于被忽视的状态，其存在的价值和权利未被承认，儿童没有独立的人格，是成人的附庸。"儿童一旦可以脱离母亲、奶妈和保姆的一刻不停的照料，他就进入了成人社会，与成人就没有区别。"③ 而家庭内部并无太多情感交流。因此，"传统社会看不到儿童，甚至更看不到青少年……一旦在体力上勉强可以自立时，儿童就混入成年人的队伍，他们和成年人一样地工作，一样地生活。小孩一下子就成了低龄的成年人……"④。换言之，儿童在其生物年龄中有很长一段时间是被当作"小大人"来对待的。第二个假设是，一切都随着因现代社会的两种主要运动的结合而出现的儿童分离产生变化，即各种学校机构对儿童的道德进行教化，家庭密切配合此种教化，使儿童接受教育成为可能，父母与子女之间的情感交流在家庭内部不断展现。由此，学校和家庭将儿童从成人社会中分离出来，从而为儿童身份的确定作出贡献。⑤ 正因为有罪，因为"小大人"，由此，在久远的儿童教育经历中，尤其是在中世纪的教会学校中，儿童被视作成人，学校制定了非常严苛的教育制度，传授他们作为成年人应具备的生活和工作本领。教育过程中，儿童的个性被压制，性灵不得舒展，言行举止、坐立行卧、嬉戏娱乐都受到严格监督，成长氛围极为压抑。一旦违反规定，就要受到惩罚甚至体罚。由此，在阿

---

① 语出《圣经·旧约·箴言》23章13节。
② 语出《圣经·旧约·箴言》23章14节。
③ [法] 菲利浦·阿利埃斯：《儿童的世纪》，沈坚等译，北京大学出版社2013年版，第192页，该书法文版最早出版于1960年。
④ [法] 菲利浦·阿利埃斯：《儿童的世纪》，沈坚等译，北京大学出版社2013年版，第1页。
⑤ [法] 菲利浦·阿利埃斯：《儿童的世纪》，沈坚等译，北京大学出版社2013年版，第192—200页。

利埃斯等人看来，中世纪的西方社会儿童观念并不存在，"童年"完全不知所谓，自然也无所谓的"婴孩的情怀"，童年更像是16世纪的发明。①

经过数年的不受重视后，法国人阿利埃斯的著作传入英语世界后突然获得巨大成功。随之而来的，称赞者有之，批评者有之。有学者认为，这是家庭史中最为重要的研究成果之一，是富有想象力和创造性的先驱性作品……是任何传统历史学家都写不出来的；有学者批评他最大的缺点是不懂现代心理学知识，没有对七岁之前的儿童进行深入研究，他所认为的中世纪儿童在这一阶段被抛弃、没有获得任何特殊关怀这种假设是难以想象的；有的针对他关于儿童的概念，指责他缺乏现代心理学的好奇心，儿童不仅仅是服装、学校和游戏，也不是一种概念，而是人，是一种发展，是一段心理学家努力重新构建的历史；有人则进行斥责，认为他低估了儿童在历史上所遭受的各种虐待；有人认为第二个假设建立在线性历史理论的基础之上；凡此种种。②更多的学者则是通过理论建构并试图找到其他更充足的历史证据来加强、拓展对古代儿童的认知，由此，各种多元或线性的、残酷或温情的儿童史呈现在大众面前，如线性模式的儿童史，即经过古代的杀婴模式→中世纪的弃婴模式→14—17世纪的情感矛盾模式→18世纪的介入模式→19世纪的社会化模式→20世纪的帮助模式；残酷模式的儿童史，如古代虐童的阉割、娈童等问题，以及弃婴、溺婴、杀婴等行为；温情模式的儿童史，如中世纪后期儿童情感的特殊性等问题都进入研究视野，帮助学者和大众更好地理解古代的儿童世界及其时代变迁。③

事实上，在现今研究中，古不如今的现代化和进步史观态度确实在很大程度上代表了现代学界的主流观念。按此逻辑，文艺复兴运动在意大利兴起后，在政治、经济、宗教、文化等领域内广为探索，随后扩展到西欧诸国，掀起了欧洲各国对封建主义和宗教神权的猛烈冲击，促进了人—神关系的再审视，进而导致人真正价值的再"发现"，从而让人逐渐得以解

---

① 参看李娟娟《西方儿童观的发展》，《光明日报》2011年7月12日。
② 对该书的认识，参见［意］艾格勒·贝奇、［法］多米尼克·朱利亚主编《西方儿童史》，申华明等译，商务印书馆2016年版；［法］让-皮埃尔·内罗杜：《古罗马的儿童》，张鸿等译，广西师范大学出版社2005年版，第11—18页。
③ ［意］艾格勒·贝奇、［法］多米尼克·朱利亚主编：《西方儿童史》（上卷），申华明等译，商务印书馆2016年版，第15—17页。

放，再现人类的主体地位。在这一巨大的社会变革的基础上，人们开始反思中世纪的各种观念以及中世纪本身，关注那些被忽视或无视的社会元素，妇女、儿童都是这一变革的应然和必然，一时之间，"发现"无数、"发现"女性、"发现"儿童、"发现"老人……"发明"的新词语层出不穷，中世纪、封建等皆是如此。事实上，中世纪属于这一类被发明词汇的典型。中世纪（Middle Ages）一词，原义即中间时代，该词的创造，本身就带有贬义，西方人认为它是指夹处于伟大辉煌的古典时期和光明灿烂的文艺复兴时期之间或这两处社会发展峰顶之间黯淡的中间时代、黑暗时代、黑铁时代或低谷时代。在这种观念下，走出中世纪，是走向现代的开始，自然的，一切社会进程也在走出中世纪后孕育而生、欣欣向荣。基于此，现代①及以后的学者更是在此基础上梳理了一条发展理路。他们往往认为，文艺复兴时期，人们开始有了儿童意识。正是因为文艺复兴初期的某些人文主义者尊重儿童的人格，将儿童视作发展中的人，主张用爱的教育，反对体罚儿童，倡导儿童身心和谐发展，关注儿童个性发展，以免自由蔓长的儿童被奴性的暴力教育手段过度斧削，这些思想成为现代儿童观的滥觞。换言之，儿童就是儿童，不是小大人，他们与成人并不完全一样，他们有着自己独特的性灵、兴趣、爱好、言行举止等。在此基础上，随着儿童认知的逐步深入，更多的儿童教育家、思想家认识到儿童性灵的丰富性，以人性、儿童天性为核心，向童年致敬，倡导新的儿童观。他们倡导尊重儿童、解放儿童，试图让儿童像安徒生（Hans Christian Andersen）童话《皇帝的新装》（"The Emperor's New Clothes"）中的那个率性的孩童揭露成人社会的虚伪那样，以智慧而崇高的形象矗立于人类社会之中，成为人类生活的主角，更加自由地发展他们自身的性灵。随意翻开一本现代教育史，儿童的现代教育思维理路无比清晰、跃然纸上。这一历程有无数现代人耳熟能详的思想巨匠和文化精英勾连成串。例如，英国思想家约翰·洛克的"白板论"，直指儿童的可塑性。②继而，卢梭（Jean-

---

① 西方学界无"近代"一词，对中世纪以后的历史时段通常采用现代早期（Early Modern）和现代（Modern）的称呼，分别指称 14 世纪到 18 世纪中叶前后的历史和 18 世纪中叶以后的时段。20 世纪中叶至今的时段，更多采用 Contemporary 一词，指代当下、当代，30—50 年的时间。

② 参见 ［英］ 约翰·洛克《教育漫话》，傅任敢译，教育科学出版社 1999 年版。

Jacques Rousseau）再次"发现"了儿童，即儿童时期并非只为成人生活做准备的时期，儿童期具有独立存在的价值，儿童是真正意义上的人，具有作为人的根本特性。因此，必须顺应儿童的本性，尊重儿童的感情与观念。卢梭肯定儿童独立存在的意义，进一步推动了对儿童心理、儿童成长等领域的纵深研究的发展。① 类似地，威廉·布莱克（William Blake）将成人与儿童相比较，进而凸显儿童的性灵之美。② 格林兄弟（the Brothers Grimm）将《格林童话》（*Grimm Fairy Tales*）做成教育之书，对他们认为不适合孩子性灵发展的文句删删改改，七易其稿。蒙台梭利（Maria Montessori）将儿童视为受压迫、受误解的研究对象，强调儿童具有的巨大潜能，教育就是要发现和解放儿童，让每个儿童的潜能都能够得到充分释放，促进其性灵的和谐健康发展。③ 再后，美国实用主义教育家约翰·杜威（John Dewey）提出"儿童中心论"。他认为，教育方法、教育措施要围绕儿童这一中心，要引导儿童的天性健康生长，要充分尊重儿童，了解他们。④ 最后，儿童心理学家皮亚杰（Jean Piaget）强调，儿童不是小大人，儿童具有自身的创造力，儿童智力的发展表现在理解和创造上。儿童的认知发展具有阶段性，每一阶段的形成都是一个动态的过程。⑤ 因此，透过儿童史研究，儿童观念的嬗变顺应了现代社会发展的需要，儿童一步步脱离大人的附庸地位，成长为独立的个体研究对象，进而学者们在儿童的性灵之美、存在价值、教育方式、儿童心理发展、儿童思维等哲学领域内不断深入，取得了丰硕成果。如果从这一历程看，伊拉斯谟促进了进步的儿童观念的发展，可谓较早提出"发现儿童""解放儿童"等尊重儿童思想的先驱，为后世现代儿童观开辟了道路。

当然，正如我们看到的那样，这条现代化儿童教育理论夸大或放大了

---

① 参见［法］卢梭《爱弥儿》，李平沤译，商务印书馆1978年版。
② 参见［英］威廉·布莱克《天真的预言——布莱克诗选》，黄雨石等译，人民文学出版社2017年版。
③ 参见［意］玛丽亚·蒙台梭利《童年的秘密》，马荣根译，单中惠校，人民教育出版社2005年版。
④ 参见［美］约翰·杜威《学校与社会·明日之学校》，赵祥麟等译，人民教育出版社1994年版；［美］约翰·杜威：《我的教育信条》，彭正梅译，上海人民出版社2013年版。
⑤ 参见［瑞士］让·皮亚杰《教育科学与儿童心理学》，杜一维等译，教育科学出版社2018年版。

古代的落伍和不合时宜。在某种程度上，这些所谓的发现儿童、解放儿童的思想和主张，乃至对待过去儿童教育的认知也是片面的，它是人们特意从历史长河中精挑细选出来的故事，目的是凸显现代的价值。从阿利埃斯等人的研究中能比较明显地觉察到以现代为中心的倾向，他们用现代的儿童观念作为标准去建构、去要求历史上的人们，把不符合现代标准的观念和行为方式说成是传统的，符合现代标准的被贴上现代的标签，犯了时代错误（anachronism）。而在当下的儿童史研究领域，一切提供童年信息的资料都被逐渐纳入儿童史研究之中，比如家书、传记、诗词、字画、儿童的画像、用具、玩具、衣服、食谱、育儿手册等都能够帮助我们勾勒某个历史时期童年的式样。① 大量的证据表明，虎尚有舐犊之情，何况人乎？

---

① 参见［意］艾格勒·贝奇、［法］多米尼克·朱利亚主编《西方儿童史》（上卷），申华明等译，商务印书馆 2016 年版，第 18—25 页；［法］让－皮埃尔·内罗杜《古罗马的儿童》，张鸿等译，广西师范大学出版社 2005 年版。另外，随着西方古代各种手稿的发现、整理，越来越多的相关资料也在逐渐呈现一幅更加全面的古代儿童生活图景，也在不断更新、澄清我们对古代的理解和误解。例如，文艺复兴就不独我们熟知的 14 世纪、15 世纪起于意大利的那场文艺复兴，它曾在西方历史上多次出现，如 9 世纪加洛林文艺复兴、12 世纪文艺复兴等，其间有涉及儿童教育者。再如 9 世纪法兰克的拉丁手稿 *Liber Manualis*（《与儿书》）也揭示了一位法兰克贵族女性对远在外地的十四五岁儿子的谆谆之语、拳拳爱心。中世纪英格兰的儿童研究也与阿利埃斯的说法不尽相符，芭芭拉·哈纳瓦尔特（Barbara Hanawalt）的著述通过各种文献展现了中世纪伦敦儿童身为社会成员、家庭成员等角色和身份时，受到父母的关爱和保护、社会福利和法律保障等，肯定了当时对儿童生存和发展的重视，明确了中世纪和文艺复兴时期存在着区别于成人、青少年的儿童期。尼古拉斯·奥姆（Nicholas Orme）的著作则揭示了儿童在中世纪的英格兰拥有专门设计的服装、玩偶、歌曲和游戏等，虽然与成人类似，但仍是可与成人相区分的一个独立群体，拥有自己的童年时光。这些都一定程度上可以证明阿利埃斯的观点无论是细节还是实质上都存在误解。这些对儿童教育的新认知修正了现代主义儿童教育认知。参见 Barbara Hanawalt, *Growing up in Medieval London*, Oxford: Oxford University Press, 1993; Nicholas Orme, *Medieval Children*, New Haven & London: Yale University Press, 2001; Barbara Hanawalt, "Medievalists and the Study of Childhood", *Journal of The Medieval Academy of America*, Vol. 77, No. 2, 2002; Nicholas Orme, "Medieval Childhood: Challenge, Change and Achievement", *Journal of Childhood in the Past*, Vol. 1, Iss. 1, 2009; Peter Stearns, *Growing Up: The History of Childhood in a Global Context*, Waco Texas: Baylor University Press, 2005. 当下国内对儿童史研究状况、方法和理论的讨论，参看陈贞臻《西方儿童史研究的回顾与展望——阿利埃斯（Ariès）及其批评者》，《新史学》（台北）2004 年第 1 期；辛旭《由误解发现"童年"："阿利埃斯典范"与儿童史研究的兴起》，《四川大学学报》2014 年第 3 期；俞金尧《西方儿童史研究四十年》，《中国学术》2001 年第 4 期；俞金尧《儿童史研究及其方法》，《国外社会科学》2001 年第 5 期；郭法奇《儿童教育史研究：价值、特点及设想》，《天津师范大学学报》2009 年第 5 期；黄进《童年研究：一场观念和方法上的革命》，《教育研究与实验》2009 年第 5 期。

西方历史上人们对儿童的态度也存在着多样性和复杂性，即使是中世纪，也有着极为丰富的独立性。当然，出于某些特定时代的特定背景，关照儿童的思想和实践可能在某些时刻受到某种压抑，但对儿童的兴趣和对儿童的关怀一直是西方社会传统中不可缺少的组成部分，不过是我们的研究在家庭史、儿童史、教育史、女性史等各方面各有侧重或多有疏略罢了。[①] 这一点也可以从伊拉斯谟的字里行间中有所发现。贝奇在《西方儿童史》中对伊拉斯谟的关注，为我们了解伊拉斯谟在儿童教育史上的地位提供了参照。[②]

儿童史的研究离不开自然科学对儿童的身体、大脑、神经等的研究，是包括自然科学在内的学术界研究成果在人文社会科学研究领域的集中反馈。儿童史的研究也将伊拉斯谟再次拉回人们的研究视野之中，并与其他方面的研究相联合，焕发勃勃生机。限于本书篇幅，在行文中将结合伊拉斯谟所论，涉及对人脑科学、心理学、语言学等的相关研究，以便我们加深对伊拉斯谟儿童教育观的理解。

（二）国内学界的研究动态

国内学术界对伊拉斯谟的相关研究成果逐渐改观，但整体上仍显不足。20世纪80年代之前，以伊拉斯谟为角度探讨人文主义、教育思想的文章鲜有人涉足。及至今天，有关伊拉斯谟的专题研究日渐增多，主要针对其宗教思想和政治思想，当然，针对其教育思想的研究也有所增加。

1. 关于伊拉斯谟的宗教哲学和宗教思想研究

这方面的主要论述有：唐寅皓的《伊拉斯谟与宗教改革》一文，通过对伊拉斯谟在宗教改革中言行的分析，阐明伊拉斯谟对宗教改革运动的见解，并对之做出了客观评价。[③] 此文是较早研究伊拉斯谟的文章之一。作者初步提出了伊拉斯谟在宗教改革领域里的特殊作用，并对伊拉斯谟宗教态度上的矛盾性做出合理说明，但由于时代局限，作者对伊拉斯谟在宗

---

① 更多关注现当代家庭、儿童史的著作，参见［意］艾格勒·贝奇、［法］多米尼克·朱利亚主编《西方儿童史》（上卷），申华明等译，商务印书馆2016年版，第33—35页，注第73—79页。

② ［意］艾格勒·贝奇、［法］多米尼克·朱利亚主编：《西方儿童史》（上卷），申华明等译，商务印书馆2016年版。

③ 唐寅皓：《伊拉斯谟与宗教改革》，《杭州大学学报》（哲学社会科学版）1988年第2期。

教改革领域地位的评判偏于否定，在人神关系领域对伊拉斯谟的认识过于传统。陈海珠的《文艺复兴的绝唱——伊拉斯谟的基督教人文主义思想》和《基督的哲学——伊拉斯谟的宗教思想述评》[1]对伊拉斯谟的宗教思想进行了梳理，并认为伊拉斯谟反对经院哲学和旧教烦琐仪式，最后作者通过对伊拉斯谟与路德决裂的客观分析说明伊拉斯谟思想中以人为核心的实质，该文详细分析了伊拉斯谟的思想，为以后研究伊拉斯谟提供了参考。刘明翰教授的《伊拉斯莫新论》[2]说明了国内对伊拉斯谟研究匮乏的现状，扭转了伊拉斯谟在宗教改革中的地位，以其在宗教改革中的地位为落脚点为其正名，认为伊实际上是天主教宗教改革家和活动家。郭灵凤的《战争、和平与"基督教共同体"——伊拉斯谟思想述论之一》[3]及其硕士学位论文《伊拉斯谟人文主义政治观研究》，梳理伊拉斯谟论述战争、和平的有关文献，分析探讨他对"和平"这一概念的认识、对王朝战争和教廷军事化的谴责及其"基督教共同体"的构想。王军雷的《试论伊拉斯谟的基督教人文主义思想》论述了伊拉斯谟思想中与经院哲学对立的一面，并分析了它回归圣经的特点和为宗教改革铺路的贡献。[4] 2003年复旦大学博士研究生刘右古撰有《论伊拉斯谟与路德的宗教改革思想》，其中非常有见地地在罪与救赎、理性与信仰、自由意志以及必然性三个关键问题上将伊拉斯谟与路德进行比较，并出版《伊拉斯谟与路德的宗教改革思想比较研究》[5]一书。此外，复旦大学硕士研究生徐璐2007年发表了题为《伊拉斯谟宗教思想研究》[6]的硕士学位论文。两位研究者将伊拉斯谟置于时代的大背景下，为系统研究伊拉斯谟宗教思想做了铺垫。湘

---

[1] 陈海珠：《文艺复兴的绝唱——伊拉斯谟的基督教人文主义思想》，博士学位论文，北京大学，1998年；陈海珠：《基督的哲学——伊拉斯谟的宗教思想述评》，《世界历史》1999年第6期。

[2] 刘明翰：《伊拉斯莫新论》，《世界历史》2002年第3期。

[3] 郭灵凤：《战争、和平与"基督教共同体"——伊拉斯谟思想述论之一》，《欧洲研究》2005年第2期；郭灵凤：《伊拉斯谟人文主义政治观研究》，硕士学位论文，首都师范大学，2009年。

[4] 王军雷：《试论伊拉斯谟的基督教人文主义思想》，《和田师范专科学校学报》2006年第1期。

[5] 刘友古：《论伊拉斯谟与路德的宗教改革思想》，博士学位论文，复旦大学，2003年；刘友古：《伊拉斯谟与路德的宗教改革思想比较研究》，上海人民出版社2009年版。

[6] 徐璐：《伊拉斯谟宗教思想研究》，硕士学位论文，复旦大学，2007年。

潭大学 2011 年邓婷的硕士学位论文《伊拉斯谟的基督教人文主义及其影响》① 认为伊拉斯谟是带着超越时代的睿智而生的乌托邦式的理想主义者，他的回归基督、回归圣经的新思想影响了宗教改革家；他理想的人文主义基督教中扩大了的上帝、扩大了的基督教文化令其成为近代启蒙运动的思想先驱；他的宽容、和平的主张，已被赋予了现代意义。这些研究为笔者理解伊拉斯谟的思想背景提供了便利。

2. 相关伊拉斯谟教育思想研究的著述

黄济先生在谈及自然教育问题上，指出伊拉斯谟、蒙田、莫尔等人虽然宗教信仰、文化环境有所不同，但他们在自然教育问题上有着类似的见解，即教育要尊重儿童的天性，教育要适应自然；他们重新倡导了亚里士多德的教育主张。② 此观点对本书写作深有启发。林美香的《身体的身体：伊拉斯摩斯与人文学者的服饰观》和《十六、十七世纪欧洲的礼仪书及其研究》③ 分别提及了文艺复兴时期伊拉斯谟的服饰观在历史中的意义和伊拉斯谟的《论男孩的文雅》（De Civilitate Morum Puerilium，即本书中的《论儿童的礼仪教育》）④ 一书对欧洲礼仪文明的发展影响。刘明翰的《杰出的教育思想家——伊拉斯莫》⑤ 肯定了伊拉斯谟是文艺复兴时代卓越的教育理论家和实践家，并以"基督教人文主义"定义伊拉斯谟的思想，但篇幅不长。任超阳的《伊拉斯谟的教育思想探析——关于〈论基督君主的教育〉的研究》以《基督教君主的教育》为分析对象，涉及伊拉斯谟在 15 世纪和 16 世纪之交提出的培养君主的策略和方法。⑥ 刘明翰主编的《文艺复兴时代的教育思想家》以及《欧洲文艺复兴史》（教育卷）⑦ 一

---

① 邓婷：《伊拉斯谟的基督教人文主义及其影响》，硕士学位论文，湘潭大学，2011 年。
② 黄济、王策三主编：《现代教育论》，人民教育出版社 1996 年版。
③ 林美香：《身体的身体：伊拉斯摩斯与人文学者的服饰观》，《台大文史哲学报》第 77 期，2012 年，第 77 页；林美香：《十六、十七世纪欧洲的礼仪书及其研究》，《台大历史学报》第 49 期，2012 年，第 49 页。
④ 即本文中所译的《论儿童的礼仪教育》一书。
⑤ 刘明翰：《杰出的教育思想家——伊拉斯莫》，《历史教学》2002 年第 4 期。
⑥ 任超阳：《伊拉斯谟的教育思想探析——关于〈论基督君主的教育〉的研究》，《重庆教育学院学报》2013 年第 1 期。
⑦ 刘明翰等：《文艺复兴时代的教育思想家》，山东教育出版社 2006 年版；刘明翰主编：《欧洲文艺复兴史（教育卷）》，人民出版社 2008 年版。

些教材和资料汇编也关注到伊拉斯谟，例如吴式颖主编的《外国教育思想通史》（第四卷）、《外国教育史教程》①，吴元训选编的《中世纪教育文选》②，褚宏启的《走出中世纪：文艺复兴时代的教育情怀》③，滕大春主编的《外国教育通史》（第二卷）④，赵祥麟主编的《外国教育家评传》（第一卷）⑤ 等类似编著也或详细或简略地介绍了有关伊拉斯谟的教育、经学活动、宗教思想等内容，对本书具有一定参考价值。

博硕士论文方面，相关研究主要有：2007年华东师范大学硕士论文张华丽《一个基督教人文主义者的治世梦——伊拉斯谟教育思想再探》⑥谈及，伊拉斯谟的教育思想既具有人文主义教育思想的一般特征，又具有思想独特、影响广阔、意义深远等特点。2009年首都师范大学赵辉的硕士学位论文《伊拉斯谟的基督人文主义教育观研究》⑦ 以《论基督教君主的教育》一书为基础，谈及伊拉斯谟人文主义教育观的核心，是在"基督哲学"的基础上，阐述以培养统治者为对象的教育思想。这些对本书具有一定参考价值。

目前，伊拉斯谟的著述在国内翻译的种类不多，主要为《愚人颂》《论基督君主的教育》⑧ 等。但随着伊拉斯谟的书信集等原始资料逐渐丰

---

① 参见吴式颖、任钟印主编《外国教育思想通史》（第四卷），湖南教育出版社2002年版；吴式颖主编《外国教育史教程》，人民教育出版社1999年版。
② 吴元训选编：《中世纪教育文选》，人民教育出版社2005年版。
③ 褚宏启：《走出中世纪——文艺复兴时代的教育情怀》，北京师范大学出版社2005年版。
④ 滕大春主编：《外国教育通史》（第二卷），山东教育出版社1989年版。
⑤ 赵祥麟主编：《外国教育家评传》（第一卷），上海教育出版社1992年版。
⑥ 张华丽：《一个基督教人文主义者的治世梦——伊拉斯谟教育思想再探》，硕士学位论文，华东师范大学，2007年。
⑦ 赵辉：《伊拉斯谟的基督人文主义教育观研究》，硕士学位论文，首都师范大学，2009年。
⑧ 国内伊拉斯谟著述的主要译本如下，《愚人颂》相关中文译版主要有［荷］伊拉斯谟《愚人颂》，许崇信译，辽宁教育出版社2001年版；［荷］伊拉斯谟《愚人颂》，许崇信译，译林出版社2011年版；［荷］伊拉斯谟《愚人颂》，刘曙光译，国家图书馆出版社2000年版。英文影印本有：［意］马基雅维利，［荷］伊拉斯谟：《君主论·愚人颂》，中央编译出版社2010年版。《论基督教君主的教育》相关中文版本有：［荷］伊拉斯谟：《论基督教君主的教育》，李康译，商务印书馆2017年版；［荷］伊拉斯谟：《论基督教君主的教育》，李康译，上海人民出版社2003年版；英文影印本：［荷］伊拉斯谟：《基督教君主的教育》，中国政法大学出版社2003年版；此外，吴元训选编的《中世纪教育文选》中节选翻译了伊拉斯谟的《愚人颂》《论词语的丰富》《一个基督教王子的教育》，见吴元训选编《中世纪教育文选》，人民教育出版社2005年版。

富起来，研究成果也不断成熟。《愚人颂》中伊拉斯谟歌颂人的解放，提倡人顺应自然规律争取自己的幸福等观点为我们深入了解伊拉斯谟的教育思想提奠定了厚实的基础。

综上所述，国内学界对伊拉斯谟的研究已有较好成果，但还存在以下问题。第一，就现有研究资料而言，缺少某些基础性研究文献资料。目前关于伊拉斯谟的研究相对较少，国内外研究主要集中在对其宗教改革思想、人文主义思想方面，特别集中在对他的政治观、宗教观，尤其是对和平、战争、基督教、圣经等问题的研究，而对伊拉斯谟的基督人文主义教育观研究相对较少，对其儿童教育思想更是缺乏专门研究。对伊拉斯谟教育思想的研究大多依据《愚人颂》《论基督教君主的教育》等中文译著，具有一定局限性。这也就为本文研究留出了较大空间。第二，研究领域相对集中与狭窄，学术论著中就事论事居多，缺乏必要贯通。具体表现为，这些研究很少借鉴史学界和其他人文社科领域对伊拉斯谟的研究成果，也未能很好地结合伊拉斯谟的宗教、社会思想来研究其教育思想。而这在伊拉斯谟的儿童教育思想体系中应该是一体多面的关系。因此，本书试图从伊拉斯谟所处的时代背景出发，勾勒其丰富的教育思想体系的主要内容，并在此基础上集中阐述伊拉斯谟的儿童教育观，并分析其历史价值和局限性，以丰富对伊拉斯谟教育思想的研究。

## 第三节　概念界定

### 一　儿童的含义

在拉丁语的词汇中，根据时代的不同，事实上存在诸多变化的丰富词汇来指代儿童的不同阶段、背景和司法形态。虽然现在一些研究中世纪及近代早期的学者会将童年分成具体的三个阶段，如 7 岁以下的称为婴儿期，7—14 岁称为孩童期，14—21 岁称为青少年期。[1] 但事实上，对婴儿期和青少年期特定概念往往并不存在或界限并不清晰。相关儿童的基础拉丁词汇主体是 puer，指孩子、儿童，往往也会被用来指代 18 岁以下的儿

---

[1] Peter Fleming, *Family and Household in Medieval England*, Hampshire: Plagrave, 2001, p. 59.

童，它的拉丁文写法为阳性词语，更多被用来指代男孩或男童（女孩则使用阴性词汇 puella）。在古罗马社会中，根据人们对公民期待的职能不同，童年往往被认为是在 14 岁或 17 岁时结束。[①] 军事能力、性能力的成熟是主要指标。而在中世纪正式骑士赐封、贵族继承的语境下，一般成人认定也在十四五岁，一些特定语境下童年期的结束甚至可以被延至 21 岁，标准之二也是军事能力、性能力。[②] 而在本书研究的对象中，伊拉斯谟的《论儿童的早期文雅教育》中儿童使用的是 pueris，英文中多翻译为 children 或 boys，实际上伊拉斯谟书中很大的篇幅主要谈论的就是 7 岁后幼儿的教育。《论儿童的礼仪教育》中使用的是 puer 的衍生词 puerilium，也多被翻译为 children 或 boys，针对的主要是那些相对幼小的儿童，而《论正确教学》主要针对的就是那些 7—14 岁进入拉丁语学校学习的儿童。另外，他的《论儿童的早期文雅教育》一书是写给时年 13 岁的贵族威廉的，《论儿童的礼仪教育》写给时年 11 岁的贵族亨利，《论基督教君主的教育》是写给时年 16 岁、继承阿拉贡王国王位的查理王子的。因此，广义上看，伊拉斯谟的儿童教育针对的是对所有阶段的未成年人的教育，如他倡导早教时；狭义上则主要针对 7—14 岁或 17 岁以下儿童的教育，这也是伊拉斯谟集中论述让儿童接受其知识教育的最佳年龄阶段，是接受父亲、教师或学校教育的最好时光。

## 二 文雅教育与礼仪教育的内涵

何为文雅？笔者认为，将 liberal 翻译为"文雅的"或"博雅的"都是合宜的，结合伊拉斯谟教育理念的核心内容其根本源于古希腊罗马时期存在的西方教育传统，更加侧重非功利性的人文社会知识教育，侧重心智训练，而非强调动手能力、功利实用性的技术教育。故笔者认为译为文雅是妥当的。19 世纪中叶前后，自然科学技术知识正式成为文雅教育体系的课程教育内容后，教育涉及的面相更为全面，译为博雅也很妥当。关于

---

① ［意］艾格勒·贝奇、［法］多米尼克·朱利亚：《西方儿童史（上册）》，申华明译，商务印书馆 2016 年版，第 74 页。

② B. Broughton, *Dictionary of Medieval Knight and Chivalry*, New York: Greenwood Press, 1986, p. 293.

这部分内容具体论述参见本书第三章第二节。

礼仪教育则是伊拉斯谟儿童教育中的主要内容之一。它主要是指通过儿童身体的各种姿态（如眼睛运动状态、面部表情特征、身体姿态以及服饰等各种标志）来规范儿童的外在行为举止，养成礼仪，并借以洞察儿童内心最深处的秘密，通过控制这些礼仪来影响和矫正儿童心灵，培养一个有灵魂深度的儿童。

### 三　儿童教育思想的解读

伊拉斯谟的儿童教育思想呈现出伊拉斯谟对儿童教育规律的全面认知，它既包括理性的认知，也可以是感性的认知，与相对理性、客观的教育思想有着细微差异。具体而言，伊拉斯谟的儿童教育思想，涵盖了前人的智慧和经验，也受到时代政治、社会、文化等各方面因素发展的制约，因而带有历史性、社会连续性、阶级性的某些特点。同样，它是基于前人经验基础之上，糅合了个人遭遇的个人体悟，有所突破，呈现出与众不同的个体性、差异性、社会断裂性与时代超越性的特点，并且许多认知可能并未经过实践检验，属于伊拉斯谟对于儿童教育理想状态的设想。此外，伊拉斯谟儿童教育思想主要通过伊拉斯谟个人的教育著述和私人书信等方式予以呈现，这也是本书借助的主要文献资料。

## 第四节　研究问题与研究意义

### 一　研究问题

伊拉斯谟被誉为16世纪教育史上最为伟大的人。现今更是成为欧洲精神、欧洲一体化的某种文化象征。而且，伊拉斯谟所提出的儿童教育方法和教育精神的实际影响力在历史上逐渐超越他在宗教方面的影响力。因此，教育思想，尤其是儿童教育思想本应成为认识伊拉斯谟真正价值的重要视角之一。而出于种种原因，这一方面的探究深度仍显不足。故而，本书研究是从伊拉斯谟的个人经历和体验出发，主要以伊拉斯谟的儿童教育思想观念为主题，考查伊拉斯谟所处时代的文明观念、文化体系、理想与价值观，以及对人自身的诸种看法，从而透视伊拉斯谟儿童教育思想的价值和地位，并透视这一时代人文主义思想的某些特点。因此，本书研究拟回答核心问题：伊拉斯谟儿童教育思想由哪些内容构成，其理论预设、逻辑方法、教育目的及特色是什么。综合各项研究准备，待研究的具体问题则可能包括：第一，伊拉斯谟所处的时代，他的知识学养和他的个人经历对他的儿童教育思想观念有何具体影响；第二，伊拉斯谟如何看待儿童教育的目的；第三，伊拉斯谟倡导怎样的儿童教育手段和方法；第四，伊拉斯谟倡导怎样的儿童教育内容；第五，伊拉斯谟如何看待儿童成长的环境，尤其是身边人中的父母和教师的价值；第六，伊拉斯谟的儿童教育思想在历史上有何合理、进步、借鉴之处，对时代产生了怎样的影响，换言之，他在教育史上有着怎样的价值与地位。

**二 研究意义**

本书的学术价值约略可体现在以下几个层面上。

首先，对儿童教育理论与哲学具有重要学理意义。伊拉斯谟教育作品大量谈及儿童教育的本质、目的、价值、活动、要素、个体发展、德育等教育问题，是欧洲教育思想与实践发展的重要一环，传播广泛，影响巨大，深入理解伊拉斯谟教育思想有助于更深刻地理解欧洲教育变革。

其次，对思想史的意义具有拓联价值。伊拉斯谟的思想观念立足于欧洲思想史传统，影响巨大，但这种联系与影响现在多湮没无闻。而他的儿童教育理念对此后欧洲行为举止的文明化和标准化发挥着潜移默化的巨大影响，而这些联系也在民族化浪潮中被吞噬、遮掩。本书研究将拓展对伊拉斯谟思想研究的深度与广度，探寻其在欧洲思想史中的应有地位与价值，对科利特、埃利奥特、洛克、蒙田等近三个世纪儿童教育家教育思想的深刻影响；透过伊拉斯谟的思想及其语境，探寻欧洲转型时期社会精神文化和外在行为举止文明化的塑造过程，以及它对欧洲社会变迁的价值。

再次，对教育学史的研究具有积极意义。伊拉斯谟留有大量教育作品，促进了儿童观念的进步发展，可谓较早提出尊重儿童思想的先驱，为后世现代儿童观开辟了道路，而学界对伊拉斯谟教育思想缺乏整体、系统研究，长期忽视其在教育史、儿童教育史谱系中的地位和价值，甚至存在某些曲解和误读。本书力图从伊拉斯谟儿童教育思想着眼，透视一位伟大教育家的教育关怀与时代互动，对欧洲儿童教育的再发现，系统探寻其儿童教育主张的应有价值和地位，揭示该教育思想与时代的互动、冲突与磨合，以及它对欧洲历史演进潜移默化的推动。

最后，对中国当代儿童教育也具有启发意义。伊拉斯谟儿童教育思想中的很多主张，如在父母责任、教师重要性以及儿童礼仪行为的塑造等方面的论述，放到今天，依然很合理、先进、合用，可以为中国的现代教育改革和发展提供某种参考、借鉴方向。

## 第五节　研究方法论与研究方法

### 一　研究方法论

教育学是对教育系统知识体系的认知，方法论则是发现教育学知识的方法体系。对教育问题的研究需要方法论的指导。但教育学方法论自身层面的某些不完备性，也让它时常借用其他学科的方法论。结合不同的研究对象，本书主要借鉴马克思主义辩证法、经验研究范式、定量研究分析、人文主义方法论等。[1]

#### （一）马克思主义辩证法

马克思主义辩证方法论的运用是当下中国教育语境中最强有力的呼声。马克思主义在当下中国的发展，融辩证法、唯物史观、人的实践活动和能力的动力论等于一体，深刻揭示了社会发展的本质就是人自身能力的发展。这种方法论体系倡导总体性、关系性、运思性研究，关注事实和经验，为揭示教育内在本质的规律，以生成性、发展性、丰富性、灵活性、整体性等为特征。[2] 本书对伊拉斯谟儿童观的生成背景、学脉渊源以及对伊拉斯谟身心论、德性观、宗教论等问题的阐释都将以此为依据。

#### （二）经验研究方法论

此方法论又称为哲学思辨范式，强调以哲学思辨方式，依据哲学理念对教育现象进行思考，勾勒教育的应然状态。该方法论在本书的呈现较为

---

[1] 参看《教育学原理》编写组《教育学原理》，高等教育出版社 2019 年版；叶澜《教育研究方法论初探》，上海教育出版社 1999 年版；叶澜《教育学原理》，人民教育出版社 2007 年版；［俄］克拉耶夫斯基《教育学原理》，教育科学出版社 2007 年版。

[2] 姜勇等：《论教育研究方法论要摆脱唯实证主义的三个"崇拜"——兼谈坚持运用马克思主义辩证方法论开展教育研究》，《教育发展研究》2018 年第 12 期。

多元，因为它与归纳演绎法、文本（文献）研究法、历史研究法等密切相关。本书对伊拉斯谟著述字里行间的含义的解读、对其儿童教育观生成因素的多元性等问题的分析也多遵循此种方法论，并具体问题具体分析，采取合宜的研究方法。

（三）定量研究方法论

定量研究方法论也称为实证研究范式。法国学者孔德开创的文明社会学解释传统，主张一切知识都是可以被证实的，被观察到的现象来自一种普遍现象的部分，换言之，各类知识都是从一般原则中演绎而来，因而，人类认知的主要任务就是要发现现象之间及背后的规律，进行"单纯的规律探求，即研究被观察对象之间存在的恒定关系"[①]，分析社会的政治、精神等过程。而在教育中它被借用来进行教育问题的分析，即以教育事实为研究对象，借助数学工具，寻找教育规律。鉴于研究对象的差异性，本书对此有一定使用，主要是以统计数字揭示他对古典作家的喜爱程度的因果分析，对儿童性格养成、父母类型对儿童成长的影响等方面借用了现代教育实验的结果。在伊拉斯谟对练习策略的分析中，也会用到它。但它也容易陷入有效性的陷阱，因为实验的标准、条件、效果也只是具有相似性，而无法保证样本的广度、有效性。

（四）人文主义方法论

教育研究是对人的研究，是对人的养成的训练。教育活动包含着对人精神维度等人文层面的探求，其中蕴含的复杂多样性促使教育研究活动不能完全为自然科学方式所取代。而本书所要研究的课题，尤其是伊拉斯谟的教育主张具有极强的人文性，涉及人性、德性、美育、价值观、精神与灵魂层面的诸多问题，而对这些问题采取人文主义方法论，如观察法、教育叙事与反思等方法可能更为合宜。对服饰等个案的分析也遵循着人文主义方法论的指导。而这些与定性方法论有着诸多相似思维。

**二 研究方法**

本书将主要采用教育学研究视角，结合历史研究方法，跨学科分析伊拉斯谟儿童教育思想的目的、逻辑、方法与价值。具体方法主要包括文本

---

[①] ［法］孔德：《论实证精神》，黄建华译，商务印书馆1996年版，第10页。

描述、分析与对勘、话语分析、比较研究、历史比较法等。

（一）文献研究法

鉴于国内外对伊拉斯谟研究的实际情况，本书将主要利用原始文献（拉丁文本）和一手文献（拉丁文稿的英语整理译本）以及少量中文译本作为研究的主要文献来源。正如前述，笔者经由各种方式业已基本完成对这些文献的搜集工作。借助文本，笔者将对伊拉斯谟的儿童思想观念进行一定程度上的"白描"，以说明伊拉斯谟的所思所想，丰富国内研究资料，并在此基础上，夹叙夹议，科学分析，探寻其经典文本字里行间所承载思想信息的显与微。同时，对部分存在英文多版译本以及中文译本的著述进行译本的对勘，以便准确把握实质。在对一些术语、概念的分析中，将拉丁文稿与英文译稿进行对比勘查，以明确其真实意涵，避免误读。此外，在文本比对中，对一些国外相关著述的中文译稿进行校勘，以求准确无误。

（二）叙事分析

本书所指的叙事分析主要是指对伊拉斯谟自身话语叙事以及所处时代的某些话语体系的教育理念与政治观念的分析，延伸至在历史的嬗变中，伊拉斯谟所持话语体系的结构、发展、异化、同构与解构等，如围绕行为举止礼仪教育背后的话语逻辑及其变化，如人性论的话语体系，如身心论的话语体系。

（三）比较研究法

在一些分析中，笔者使用了共时比较、历时比较等多种方式。如对伊拉斯谟与古典教育思想的历时比较、对伊拉斯谟与马基雅维利的共时比较、对伊拉斯谟与同时代人的共时比较等，以便分析伊拉斯谟教育思想，尤其是儿童教育观的某种特质。

（四）历史研究法

在行文中，笔者在白描的基础上，借助历史研究法，尤其是其中的微观史学方法，对伊拉斯谟儿童教育观所涉及的儿童行为观念、服饰观等具体教育观念做了具体而微的考察。并以总体史思维，将宏大叙事与此结合。

此外，本书依据研究内容的具体差异，还会用到归纳演绎法、辩证法、因果分析法等多种研究方法。

## 第六节　研究创新与框架安排

### 一　创新之处

笔者以为，本书的创新主要体现在如下方面。

第一，选题视角的拓展。国内外对伊拉斯谟儿童教育问题的研究尚处于起步阶段。此前国内外相关伊拉斯谟的研究侧重于宗教研究以及人文主义思想研究，虽然与本书有一定程度上的关联，但国内外对伊拉斯谟教育理念，尤其是儿童教育思想成体系的关注明显不足。最为典型的就是对他晚年所著《论儿童的礼仪教育》《论儿童的早期文雅教育》两本著作关注度不高，而侧重于他早年的《基督教君主的教育》《愚人颂》等著作。而晚年的一些作品更是集中展示了伊拉斯谟儿童教育观的许多内核与主张，更重要的是凸显出其教育对象、教育目标以及教育内容等方面的教育转向。实践层面上，欧洲在近代的教育实践极大受益于伊拉斯谟晚期的教育观念。本文研究的选题视角以及核心内容的研究也由此生发，既整合了他早期的教育主张，又凸显了其晚期的关注焦点，成体系地重新解读伊拉斯谟的教育观念成色，尝试全面拓展、完善伊拉斯谟研究的新视域。

第二，文献使用的突破。在研究文献方面，正如前述，本书主要依据拉丁文版原始文献及其英译文献开展研究。在文献的数量和种类上，依据三版拉丁文伊拉斯谟全集、艾伦12卷拉丁文版书信集、多伦多英文版21卷的伊拉斯谟通信集、9卷教育作品集，以及其他相关著作的梳理与释读，突破了国内伊拉斯谟研究主要依据转译文献的"道听途说"及其少量中文译本的尴尬境地。当然，限于某些原因，伊拉斯谟有些相似的观点、其他零散的观点，以及文献的使用深度上还需进一步加强。

第三，研究方法的尝试。有鉴于国内外伊拉斯谟儿童教育思想的研究动态，有鉴于国内外现代教育学理论的驳杂与"叠床架屋"，本书并未对当代众多教育学术语和原理进行盲目引入。一方面固然是因为伊拉斯谟的观念是先出的，以后人理念来硬套难免会出位；另一方面也因为与后人相比，伊拉斯谟教育论述虽然较为全面，但也难免粗疏了许多，在抽象层次上、论述细节问题上深度又有所不足。这造成了研究方法的某些特殊性，毕竟伊拉斯谟既可以是教育史的研究对象，也可以是教育学理论的研究对象。而二者在研究方法上有共通，也各有其侧重。故而笔者尝试在研究方法上，依据分析目的和分析具体内容的差异，尝试结合二者方法，采取跨学科研究，既分析其儿童教育理论预设、逻辑、规律等理论层面，也兼具教育史的研究维度，分析其观念与时代的关联与影响等历史层面。本书努力尝试做到知其然，知其所以然；知其应然，知其实然，知其必然。

第四，研究观点上的发展。本书较为成体系地总结、阐释了伊拉斯谟儿童教育观的内涵，对其教育观进行了批判性研究，提出了一些伊拉斯谟教育研究的新观点，如提出了伊拉斯谟的皮格马利翁效应的教育期待，即"因教育而智慧"的女孩教育理念，一定程度上突破了前人对文艺复兴、对伊拉斯谟忽视女性教育的误解；揭示了伊拉斯谟礼仪教育论的内涵与外延；等等。

## 二 研究框架

在框架的整体安排上，本书共分为七个部分，其中正文部分主要分为五部分。

第一章引言，主要谈论选题的缘起，国内外相关学术研究状况，并对文中的一些重要术语进行界定。

第二章探讨教育思想观念之生发。本章首先是让人们了解其时代脉搏的泵压，以便作为了解伊拉斯谟儿童教育观念的社会基础。重点介绍伊拉斯谟所处的时代背景、政治、社会、宗教、知识和教育等方面的基本发展状况，叙说伊拉斯谟一生的主要经历，并偏重对其学术和教育思想形成有着重要影响的那些人生经历。随后，从时代思潮的影响和古典教育观的启发两个角度探讨伊拉斯谟教育观的萌芽与成形，了解构成他思想观念的古代传统或思想脉络的基础。

第三章探讨伊拉斯谟的儿童教育目的。从一体多面的维度分析伊拉斯谟在人性、美德、宗教、政治与社会等方面的深度思考，展现其在人性与理性教育追求、内心的终极宗教和道德关怀及对基督教共和国的期望，即他的现实政治与社会改革诉求。

第四章探讨伊拉斯谟的儿童教育内容。讨论伊拉斯谟基于性别教育的男童教育以及主要的教育内容，包括以文习德、以语言和文字训练为主轴的文雅教育和以外促内、知行合一的行为礼仪教育等。此外，尤其是就伊拉斯谟在性别教育方面，针对女孩的一些主张和目的进行专题讨论，揭示其女孩因教育而智慧的教育实质与无限价值。

第五章探讨伊拉斯谟的儿童教育方法。主要阐述伊拉斯谟中庸而和缓的儿童教育范式，谈及数条重要的教学原则和方法，如循序渐进、寓教于乐、团体竞争、反对体罚等，以此了解其儿童教育精神。

第六章探讨伊拉斯谟的儿童教育环境论。分别从教育活动中的几个儿童成长的身边人（父母、教师等主要角色）入手进行专题讨论，展示三者之间相对的关系与责任，并将人的活动带入伊拉斯谟的儿童教育观中。

结语，主要透过他与同时代人文教育家的一些简单比较，讨论其儿童教育思想的特色，了解人文主义教育观的本质，同时也寻出他的儿童教育思想在时代中的角色。

此外，附录部分提供了伊拉斯谟的主要人生行路简表和伊拉斯谟主要著作翻译对照表，以备查验、参考。

# 第 二 章

# 教育思想观念之生发

伊拉斯谟（1466—1536），全名德西德里乌斯·伊拉斯谟（Desiderius Erasmus），生活于 15 世纪后期到 16 世纪前期的欧洲。在这个世界中，他是一位"欧洲公民"。他的足迹几乎踏遍西欧，从荷兰城市鹿特丹（或高达）走出，德文特、斯海尔托亨博斯、代夫特，法国的巴黎，英国的伦敦、剑桥，意大利的威尼斯、帕多瓦、佛罗伦萨、都灵、罗马，比利时的鲁汶，德国的弗赖堡、瑞士的巴塞尔……他的经历投射出这数十年中欧洲社会的巨大变迁。每一位伟大的思想家都是其自身经历和社会经验的产物，其思想观念的提出和发展是其个体与世界的相遇过程中对自我生存及审美式生活的彰显，是对自己鲜活而生动的感性生命与理性思考的呈现，也融入了特殊的时代背景与现实需求。因此，在伊拉斯谟的人生、思想行路中，我们可以清楚地看到时代脉搏、社会与个人经验如何触动了他的教育情怀和儿童教育问题的生成，这些又如何与时代互动，在潜移默化中推动欧洲历史图景的变迁与历史进程的演进。

## 第一节　社会性之源：欧洲时代脉搏的泵压

人是世界上一种独特的存在，一经诞生就具有其独特的存在和发展逻辑。对人的本质的探寻，也成为哲学研究中恒久不衰的话题。就人的存在范式的某个层面而言，人是自然性与社会性的统一，是物质性与精神性的统一，是时代精神或悖逆的产物。自 15 世纪末至 16 世纪以来，欧洲社会正在经历急剧而深邃的变化。这一时代脉搏的剧烈跳动与压力，也是伊拉斯谟等时代宠儿的强烈胎动。

## 一 社会冲击与社会新需求

伴随着迪亚士、哥伦布、卡波特、达伽马、麦哲伦等欧洲冒险者远洋航海冒险活动的展开，葡萄牙、西班牙的船只发现了更为广阔的外部世界。他们的船只身影出现在大西洋、太平洋、美洲加勒比海、印度洋……稍后，荷兰（当时的尼德兰）、英格兰等国也奋起直追。这些国家在海外进行的冒险、探险和殖民活动，在为欧洲人带来了大量金银财富、促进西方经济转型的同时，也一下子将欧洲人的视野和活动空间真正扩大到世界范围。各种消息、新闻不断传入欧洲，他们看到了更多不同于欧洲的各种社会形态，尤其是在新大陆遭遇的美洲族群及其各种原始文化和地方社会。骤然扩大的世界空间带来了心灵的极度震撼，也促发了欧洲社会精英的不断思考：何为人？何为兽？人和其他生物的区别是什么？如果这些新发现的族群和文明也归属人类，那么它是文明人还是野蛮人？如果是文明人，与欧洲文明相比，孰高孰低？又应该如何确立有教养的文明人与无教养的野蛮之人的区分标准？有教养的人是如何出现的？应该如何看待欧洲人自身的文明？欧洲人应该如何与世界相处？如何对待较低文明发展程度的人或野蛮人？诸如此类的问题层出不穷，每一个人都在试图构建一种新的尺度、新的标准，并以此进行思维和考量。

与此同时，在欧洲内部，自中世纪中期以来农业、商业与金融的日益发展，为欧洲社会的财富累积和城市的繁荣创造了更好的条件。随之而来的是城市文化的愈加繁荣，与此相适应的新阶级或阶层也逐渐出现。他们具有新的视野、价值观和思想，试图打破中世纪的枷锁，以适应快速变化、日益增长的物质文化、精神需求。这一时代众多的伟大发现和发明、各种科学和艺术的成就，成为欧洲人一场令其鼓舞、超越国界的集体经历。而德国古登堡式印刷术的出现和传播，更加促进了欧洲诸国家和城市内原本更多掌握在教会、权贵手中的知识的快速传播与扩散。欧洲正在经历一场知识、文化和教育的下移或文化和知识的剧烈革命，或者更准确地说是即将经历一场更大规模的文化和知识革命。这一切似乎都预示着一个全新的欧洲即将到来。然而，剧烈的社会变迁，也隐含着许多巨大的危险和不安，许多久已确定的结构性秩序也就不再像过去那么确定、牢固，古老的权威正在坍塌，新的社会冲突逐渐生成，新的社会整合正在各种冲突中酝酿成形。新的社会安全需求、族群归属感与个人自我超越成为各种思潮的原发动力，知识教育领域成为大变革的前沿阵地。

新的社会安全需求不断增长。欧洲中世纪晚期社会中频繁出现的政治冲突、王朝战争、危害巨大的鼠疫和各类传染病①等社会问题更让人们内心蒙上了一层层阴影。城市商业的繁荣，带来财富资本的快速集中，而这种集中也不可避免地导致了社会中严重的贫富不均和阶级差异。快速的社会变动，人们心中的不满越发累积，社会紧张、焦虑不断加深，各种冲突、敌对、仇恨越积越深，迫切需要寻求发泄不满的出口。变革的呼声不断高涨，各种思想主张由此酝酿、发轫。其间，有人以基督教爱邻如爱己的类似理念主张着眼于社会公共福祉，以人性理想主义号召和平、免战，渴求一位道德君王或哲学之王的诞生，如伊拉斯谟；有人同样渴求伟大君主的出现，但主张以现实主义为出发点，君王应加强身为政治舞台上一名最主要"演员"的政治"表演"，抛弃一切非必要的道德束缚，为了人民可以不择手段，如狮如狐，引领臣民走向繁荣者，如马基雅维里（Machiavelli）②；有或傲慢，或乖戾，或富有激情，或极具野心之人宣扬社会敌对的口号，掀起社会阶层与社会阶层、族群与族群、宗教与宗教等各种对立面的对立、冲突，借以改变社会，并从中谋取权势利益，摇身一变成为宗教革命导师者，如加尔文（Calvin）、路德（Luther）等人。从后世的历史进程来看，从某种程度上来看，伊拉斯谟之类人文主义者的世界主义梦想不过是那个时代精神贵族的一种理想罢了，他的个人命运在时代的变乱洪流中是不合时宜的，注定以理想主义者的悲情结束。然而，这类人性理想者的宝贵之处就在于，为求理想光明，明知是飞蛾扑火，然心之所向，慨然赴火。

既有的族群、宗教文化认同感受到严重冲击。伊拉斯谟身处的欧洲世

---

① 尤其是1348—1349年肆虐欧洲各地的黑死病（主要是鼠疫），造成欧洲人口死亡2000万到2500万，占总人口的1/4到1/3。此后所谓的黑死病又在欧洲不时暴发，每次都造成巨大的人口死亡和社会恐慌。参见［美］威廉·H. 麦克尼尔《瘟疫与人》，余新忠等译，中国环境科学出版社2010年版；［英］弗朗西斯·加斯凯《黑死病：大灾难、大死亡与大萧条（1348—1349）》，郑中求译，华文出版社有限公司2019年版；［美］约瑟夫·P. 伯恩《黑死病》，王晨译，上海社会科学院出版社2013年版。

② ［意］尼科洛·马基雅维里：《君主论》，潘汉典译，商务印书馆2017年版；［英］昆廷·斯金纳：《马基雅维里》，李永毅译，译林出版社2014年版。

界仍然是一个基督教社会。众所周知,基督教在此前的千年时间里曾经在欧洲社会中起到了巨大的积极作用。修道院和教堂在人们的日常生活中也占据着非常关键的位置,成为欧洲人心灵与现实世界的中流砥柱。基督教掌控着人们的精神生活,以洗礼、圣餐礼、婚礼、终敷礼等礼仪规范潜移默化地控制着人们世俗日常生活中的生丧、嫁娶,并以涂油加冕礼等左右着世俗王权的政治合法性。基督教各级教会组织对世俗生活的积极加入也让其成为欧洲世界最大的土地领主和财富拥有者。在基督教的历史发展进程中,它是日耳曼蛮族入侵后四分五裂欧洲的黏合剂,将古代欧洲(尤其是西欧)的各个民族、社会阶层结成了一个庞大的文化共同体,形成了一个极为强大的基督教精神世界。基督教会对欧洲的教育思想、教育实践产生着巨大影响。宗教教育是欧洲中世纪教育的主要方面之一,伊拉斯谟童年所受教育的不少内容即是出自这方面,也形塑着伊拉斯谟对教育的终极诉求和职业生涯。然而,自 10 世纪以来,尤其是 12—13 世纪后,天主教①对权力的无穷欲望、对世俗生活的过多介入,对财富的过度热衷,甚至达到贪婪的程度,让它在迎来了权力顶峰的同时,也在之后遭遇了严重信仰危机。② 再加上 14 世纪后,"黑死病"等疫病的一次次沉重打击、教廷内部无休止的争斗与分裂、教廷和王权此消彼长的争斗、异端和民族教会意识的初步觉醒,这一切使天主教在经历了漫长的时间历程到达 16

---

① 天主教为广义基督教的一支。基督教有广义和狭义之说。广义基督教(Christianity),自 1 世纪前后诞生后,屡经罗马帝国镇压,艰难生存,并不断调整。4 世纪末,成为罗马国教。蛮族入侵后,476 年西罗马帝国覆灭,各蛮族国家逐渐信奉广义基督教之罗马大公教派(the Roman Catholic Church),部分最初信奉异端阿里乌斯教派(Arianism)的蛮族国家也于 7 世纪前后先后改信罗马派,此罗马大公教派即后来国人口中所谓的天主教;东罗马帝国则因地理、文化等差异,逐渐信奉广义基督教之东方正统教派(the Orthodox Eastern Church),此即后来国人口中所谓的东正教;罗马大公教派和东方正统教派相互争夺广义基督教会的最高领导权,加之教义等诸多不可调和的矛盾,1054 年双方正式分裂为天主教和东正教,今之法国、德国、意大利、英国、荷兰、西班牙、瑞士、比利时、挪威、瑞典等西欧、北欧、南欧、中欧国家均信奉天主教;16 世纪,天主教国家内发生宗教改革,天主教发生分裂,母体中出现最初的诸多新教宗派(the Protestant Church),如英格兰的圣公会或安立甘宗(Anglican),瑞士的加尔文宗(Calvinism),德国的路德宗(Lutheran),等等,学术上称为基督教新教诸派,这些新教派也就是国人口中狭义上所指称的基督教(省略了新教二字)。

② 中世纪后期,基督教对财富的过度追逐,明显的例子包括炼狱信条、花钱代祷仪式和赎罪券的购买等的发明,参见孙义飞《16 世纪英格兰炼狱信条消亡原因刍议》,《东北师大学报(哲学社会科学版)》2013 年第 4 期。

世纪时早已积重难返,不仅教会内部弊病重重,还深深地陷入世俗社会的各种矛盾争斗之中。教会的至高无上权威一再被打破。新的族群归属感亟待建设。

## 二　思想知识的变革

在一些人看来,宗教既是问题所在又是解决方案所在。针对天主教会内部无限膨胀的世俗主义,一些人对当时教会内存在的贪婪腐化现象进行了抗争。他们对教会生活的形式主义化和教条主义化表示了不满,转而强调个人内心的精神生活,提出了一系列脱离当时基督教神学正统、充斥着个人体验与非理性的神学直观感受和主张,以期冀摆脱中间介质,在人与上帝之间建立直接联系。教廷神学也出现了某种积极的内部变革的声音,希冀通过对希腊文学、哲学等古典学问兴趣的复兴,对饱受责难的异教文化予以重新评估。与此同时,14世纪后,深受奥斯曼土耳其人威胁、日益衰落的拜占庭帝国为了寻求西欧基督教兄弟国家的支持以及促成分裂的基督教会的再次联合,多次向意大利等基督教国家派出使节、使团。这些使节、使团携带了许多柏拉图、亚里士多德、荷马等人的典籍,其中也不乏精通希腊、拉丁语、柏拉图思想等古代文化的饱学之士,如巴尔拉姆(Barlaam)、曼纽尔·赫利索洛拉斯(Manuel Chrysoloras)等人,他们所携带的柏拉图典籍加速了柏拉图思想在西欧的复兴。[1] 一种比古典晚期融会了基督教思想在内的柏拉图主义更加复杂的新柏拉图主义(Neo-Platonism)在意大利等地蔚然成风,并迅速向外扩散。这种思想认为基督教与前基督教世界的宗教并不冲突,相反,基督教充分展现了这些前基督教世界宗教的精华。前基督教世界古代哲学家的智慧同样也是由上帝赋予的,在古埃及、古巴比伦、古希腊等历史时期的诗歌、文学、宗教隐喻中,同样可以探寻基督全面揭示的真理。一时之间,涌现出许多具有诗性神学的宗教神秘主义派别。

14世纪后期,由尼德兰的一位世俗教士格鲁特(Gerard Groote)和其

---

[1] 参看[美]A. A. 瓦西列夫《拜占庭帝国史》,徐家玲译,商务印书馆2019年版;K. Setton, *The Byzantine Background to the Italian Renaissance*, Philadelphia: Proceedings of the American Philosophical Society, 1956.

他一些俗人修士、低级神职人员创建于尼德兰地区德文特、15世纪广泛流行于欧洲北部地区的现代虔信派运动（拉丁文：Dcvotio Moderna，英文：Modern Devotion Movement，或新虔信运动 New Devotion Movement）即其中之一。他们创办了非教会组织形式的"共同生活兄弟会"（The Brethren of the Common Life），以伦理道德和实践活动为导向，主张基督教的本质就是通过基督与上帝构建起一种精神上的直接联系，内心的虔信远超表面的繁文缛节和对教义的阐释，信徒们应该回到教会初创时代，以圣经为据，回归本源，追求内在灵魂的纯净，自行制定宗教生活的准则。现代虔信派运动是当时欧洲知识界的重要流派之一。他们温和地反对天主教至上教权的主张，为基督教世界注入一股宗教和世俗的活力，而这些活动在某种程度上影响了伊拉斯谟日后在宗教改革方面的主张和较为温和的行为实践方式。

与此同时，虔信运动的成员们积极从事办学活动，大力开展中小学教育。到15世纪末，先后在包括德文特在内的欧洲北部各地建立了众多男生寄宿学校和拉丁文学校，并且首创分年级和班组进行教学的制度。① 这些学校通常要求学生过寄宿制集体生活，严格要求，纪律严明。随着文艺复兴的逐渐传播和影响的扩大，学生学习内容中除传统的基督教宗教教育之外，逐渐增添了更多的人文主义因素，如古典文学、文法修辞、希腊语、拉丁语以及希伯来语教育等。伊拉斯谟曾明确地表述这种人文主义教育的实质。他说："我的全部人生目标是双重意涵的：激励他人创作优秀的人文作品（bonae litterae），将对优秀的人文作品的学习与神学相调和……开启一个进程，赋予优秀的人文作品以真正的基督教注解……其次，神学家们对探寻古典拉丁语和希腊语应有更好的理解，并从整体上提高文学的批判品位，这本身就可以提升和启发神学家对现有习俗的研究。"② 这句话表达出基督教人文主义教育通常具有三重性，即宗教性、古典性和合一律。

中古中期以来快速发展起来的世俗大学、经院哲学以及中世纪后期兴起于意大利的人文主义是当时存在的另外几个重要知识重地，也在经受时

---

① Jill Raitt, Bernard McGinn, John Meyendorff eds., *Christian Spirituality*: High Middle Ages and Reformation, New York: Crossroad Publishing Co., 1989, pp. 178–179.

② K. Charlton, *Education in Renaissance England*, Toronto: University of Toronto Press, 1965, p. 65.

代考验，彰显思想变革。

　　西欧大学的产生与天主教会依然有着极为密切的关联。事实上，知识和教育垄断也是一体两面的事情。早在中世纪早期，教会就严格控制着知识与教育的产生与传播。修道院、教堂也担负着宗教传道和有限知识传播的双重重任。当然，知识和教育依然在缓慢地扩散着。随着城市的兴起，经济的繁荣和复杂社会的发展，对知识和文化的需求日益增加。知识分子为了自身的权益，逐渐走出修道院和教堂，组成具有共同利益和保护团体——教师行会，在另一团体学生行会的共同作用下，大学逐渐从西欧社会中凸显出来。大学逐渐成为知识分子求知、进行自由研究的主要场所。它为西方知识分子的知识创造提供了空间。[①] 一些为数不多的基础性文法学校、私人家庭教师则为大学提供部分生源。正如我们将要看到的那样，伊拉斯谟的受教育背景中，不乏巴黎、都灵等大学的存在，而他也曾担任贵族的私人家庭教师并任教于剑桥、鲁汶等多所大学。大学对伊拉斯谟思想的形成和传播起到重要作用。

　　经院哲学在11世纪后逐渐在西欧大学中形成了一套系统的神学、哲学体系，主要原因之一包括对亚里士多德（Aristotle）著述的"发现"[②]

---

　　[①] 参看［英］艾伦·科班《中世纪大学：发展与组织》，周常明等译，山东教育出版社2013年版；［法］雅克·韦尔热《中世纪大学》，王晓辉译，上海人民出版社2007年版；［英］海斯汀·拉斯达尔《中世纪的欧洲大学——在上帝与尘世之间》（第二卷），崔延强等译，重庆大学出版社2011年版；［比］希尔德·德·里德-西蒙斯主编《欧洲大学史》（第一卷），张斌贤等译，河北大学出版社2008年版；［比］希尔德·德·里德-西蒙斯主编《欧洲大学史》（第二卷），贺国庆等译，河北大学出版社2008年版；张磊《欧洲中世纪大学》，商务印书馆2010年版；宋文红《欧洲中世纪大学的演进》，商务印书馆2010年版；孙益《西欧的知识传统与中世纪大学的起源》，北京师范大学出版社2019年版。

　　[②] 亚里士多德著述的发现的第一个高峰期主要得益于东西方之间自12世纪以来的和平交流和暴力冲撞，尤其是十字军东征中对拜占庭、伊斯兰世界典籍的掠夺。阿拉伯的大翻译运动中保存的一批古代著作及其回流，亚里士多德全集早期的拉丁文本中，有相当多的内容是从阿拉伯文转译过来的；当时被伊斯兰文明占据的西班牙地区的交流；拜占庭文明保有的大量希腊文献，这构成了亚里士多德著述的另一部分主要来源。这些文化交流推动了西欧文化的发展，在西方历史中被称为"12世纪文艺复兴"。参见［英］查尔斯·霍默·哈斯金斯《12世纪文艺复兴》，夏继果译，上海人民出版社2005年版。15世纪文艺复兴前后，衰亡中的拜占庭学者以及西欧学者们的"发现"构成了亚里士多德著述发现的第二个高峰时段。更多相关情况见苗力田"序言"，载［古希腊］亚里士多德《亚里士多德全集》（第一卷），苗力田主编，中国人民大学出版社1989年版；此外，还有一些相关残篇出土，内容也有所差异。故此，一直有人质疑部分署名亚里士多德的著述可能是伪造的。

及其哲学的阐释和翻译。经院哲学家运用亚里士多德的逻辑推论方法阐释神学、哲学问题，最后得出"真理"。这种思辨方法不断被运用于基督教教义教理的分析和阐释上，催生了唯名论与唯实论的论争。这种论争经历了与基督教教义的糅合与调适，也发现了许多与基督教教义冲突的地方，打开了基督教信仰的缺口。这些论争也促进了经院哲学的进一步发展和思想创新。托马斯·阿奎那（Thomas Aquinas）的《神学大全》（*Summa Theologica*）更是集经院哲学之大成，一方面将亚里士多德的自然目的论纳入神创世界体系，即万事万物都由上帝安排，上帝创造了世界，自然界的一切事物都合乎上帝的创世目的。另一方面，将人的理性引入神学中来，并赋予其独特地位，也预示了经院哲学的衰落。① 总之，经院哲学在认识论、形而上学、伦理政治等方面都展开了新的探索，为早期人文主义的发展提供了丰富的营养。更为重要的是，在哲学探讨中，一些中世纪知识分子悄然"偷换概念"，把"人"放在科学、哲学以及神学的中心位置上，强调世界是为人类创造的。② 较之中世纪后期流行的新亚里士多德主义和经院哲学，伊拉斯谟展现出了更多对人文主义、对人的价值的热忱。他认识到过去更纯粹、更本初，自己与之似乎背道而驰，渐行渐远，因而大声呼吁"回到本源"（ad fontes）③。为此他质疑了经院哲学主义的某些主张，反对天主教传统的对教义教理系统的解经过程，主张正本清源，厘清圣经抄写之谬，然后以圣经为本述说真正的上帝之道，并唤醒蛰伏的古代文化，以古代哲学的智慧帮助阐释其著作和理念，以实现真正的宗教虔信。

　　人文主义并非一套结构严密的哲学体系，其内部主张错综复杂，界定难明。但它是一种文化思潮，强调古典文化与人类的价值，是一场以古典文法、修辞、历史、哲学等为基础的学术探究与文化教育运动，重点是通过对以拉丁文和希腊文进行写作的古代作家作品的阅读和理解来宣扬德

---

① 更多情况，请参见 [意] 托马斯·阿奎那《神学大全》（第一集），段德智译，商务印书馆，2013—2014年。

② 关于中世纪经院哲学等内容的进一步了解，可参看 [法] 雅克·勒戈夫《中世纪的知识分子》，张弘译，商务印书馆1996年版；[英] 约翰·马仁邦《中世纪哲学：历史与哲学导论》，吴天岳译，北京大学出版社2016年版；赵敦华等主编《中世纪哲学》，商务印书馆2013年版。

③ Arjo Vanderjagt, *Ad fontes! The Early Humanist Concern for the Hebraica Veritas*, Magne Sæbø. Hebrew Bible/Old Testament, *The History of Its Interpretation*（Vol. II），Göttingen：Vandenhoeck & Ruprecht, 2008, p. 159.

性、人性。① 例如，但丁（Dante）的《神曲》（*La Divina Commedia*）以梦幻般的文学故事和隐喻笔触批判教权统治之弊，展现了理性和人性的觉醒，颂扬了人的个性与世俗生活，直达人性的本质；薄伽丘（Boccaccio）的《十日谈》（*Decameron*）批判了教会的伪善，宣扬个性与爱情。按照英国史学家阿伦·布洛克的理解，人文主义者反对教权，倡导人的价值："文艺复兴时期人文主义按其性质来说是属于个人主义的，它既不是一种信条，也不是一种哲学体系；它不代表任何一个利益集团，也不想把自己组织成一种运动。它只以受过教育的阶级为对象，这是人数有限的城市或贵族精英；不像路德或诺克斯一样，也不像后来反宗教改革的天主教那样，以没有受过教育的广大群众为对象……它所代表的思想，它对人的经验的价值和中心地位——用今天流行的拉丁文原文来说，即人的尊严——的坚持，力量是太大了，它们一旦被恢复和重新提出，就无法加以永远的压制。"② 人文主义者试图从大量的古代希腊罗马典籍中，发掘古代典籍的原貌，发现古代社会的真相，以及过去优美而流畅的希腊文和拉丁文。人文主义者要回溯古代本身去看待古代的作品，他们要以语言学的方法探究知识，用优美的修辞来表达知识。人文主义者从古代的作品中，感受人的创造力和人的尊严。他们认为，在所有生物中，唯独人能够掌握自己的命运，人具有天赋的自由意志，是世界的中心。这种以人为中心的思想，逐渐传布到欧洲北部，并且与具有强烈宗教情怀的现代虔信派合流，从而产生了基督教人文主义，伊拉斯谟就是持有此种思想的代表人物之一。对他们而言，以人为本就要探究人类文化的纯粹根源，而探究欧洲文化的根源，当然要将柏拉图、西塞罗等古代作家的思想文化包括在内。

到伊拉斯谟时代，经院哲学盛极而衰，现代虔信派运动逐渐走向式微没落，人文主义的重心也从欧洲南部的意大利等地转向欧洲北部，但三者依然透过学校教育维持着巨大影响力。正如前述，现代虔信派在出现不久就开始创办各级学校，教导儿童、青年子弟虔诚的信仰和古典的知识。而

---

① Paul Kristeller, *Renaissance Thought and Its Sources*, New York: Columbia University Press, 1979, p. 101.

② ［英］阿伦·布洛克：《西方人文主义传统》，董乐山译，生活·读书·新知三联书店1997年版，第67页。

伊拉斯谟与其渊源颇深。例如，伊拉斯谟 1475 年在尼德兰东部城市德文特就读的圣勒比恩（St. Lebuin）教堂附属学校，以及 1484 年在尼德兰南部城市斯海尔托亨博斯（'s-Hertogenbosch）就读的学校就是由"共同生活兄弟会"创办的。欧洲北部人文主义者更是深受现代虔信派的影响。这些人文主义者很早就注意到学校对传播思想、培育人才的重要性。伊拉斯谟就读的圣勒比恩教堂附属学校的一些教师，如校长亚历山大·黑基乌斯（Alexander Hegius）、教师扬·辛森（Jan Synthen）等也都是当时闻名的人文主义者和教育家。这些人文学者们制定了一整套的教育理论方法，满腔热情地进行人文教育。当时一般中等阶层的子弟受教育的过程，通常是在初等学校或家庭教师那里，获得基本的拉丁文和文学训练，再进入中等拉丁文学校，接受拉丁散文、戏剧以及希腊文的学习，最后进入大学，接受文法学院的文雅教育训练之后，再进入神学、法律、医学等专业发展。而新兴的人文教育的目的之一，就是要透过文法、修辞、语言和道德哲学的训练，重拾古典文化价值，培养出为公众服务的现实完人。他们的教育思想影响了当时的教育内容，尤其是在初等教育方面。同时，由于鼓励商人阶层等接受人文教育，也开始扩大欧洲受教育的人口基数，推动了欧洲教育进步。整体而言，15—16 世纪政治、经济、社会的快速转换，使得人们认识到教育的重要性，识字率大为提升，但绝大多数人仍为文盲，甚至不会书写自己的名字，识字者在各阶层之间、城乡之间的程度以及人数差异都非常大，这也为教育价值的重拾和重新阐释提供了巨大空间。

  除了学校之外，思想家传播理念的重要工具还包括在 15 世纪 50 年代于德国美因茨地区的一家作坊中出现的古登堡金属活字印刷术。在使用金属活字、转轴、油墨等技术手段后，这种机器印刷术可以说是欧洲中世纪晚期和近代转型时期最为重要的技术发明。在古登堡发明印刷术之后的 50 年中，机器印刷的书籍较之欧洲长期以来流行的手抄书籍的成本显著降低，而效率却提升了上千倍。在短短的 50 年时间内，印刷业为欧洲社会"一共印刷了 800 万册书，也许比君士坦丁皇帝于 330 年建立君士坦丁堡以来全体欧洲抄书人完成的手抄书的总和还要多"。[1] 由此带来的就是

---

[1] ［美］伊丽莎白·爱森斯坦：《作为变革动因的印刷机：早期近代欧洲的传播与文化变革》，何道宽译，北京大学出版社 2010 年版，第 27 页。

一场关于书籍、知识及其传播的革命。"活字印刷的发明和发展给西方文明中的思想生活带来了极其急遽的变革,为教育和思想的传播开辟了新的天地,人类活动的各个领域迟早将感觉到印刷术的影响。"[①] 各式书籍的印刷为知识的进步、新的博学原则的发展奠定了持久基础。

　　伊拉斯谟确实也从这项新技术的运用中得到了巨大的好处。伊拉斯谟长期生活于其中的"共同生活兄弟会"就曾创建了许多印刷厂,广泛印制当时的流行书籍和宗教书籍。在他生命历程中学习、阅读所使用的部分书籍就来自这些采用新式方式印刷的书籍。伊拉斯谟本人也拥有许多做出版商、印刷商的朋友,他曾经长期担任巴塞尔的约翰·弗洛本(Johann Froben)印刷厂的顾问,受到后者的赞助和庇护,伊拉斯谟去世后出版的第一部《伊拉斯谟全集》也由这家印刷厂主的儿子小弗洛本印刷出版。此外,伊拉斯谟还与威尼斯、巴黎等地的众多出版商保持着较为友好的关系。他的著作也被很多其他地方的出版商盗印。可以说,他的思想得以广泛传播,并在历史长河中为人所铭记,部分原因也直接得益于他的作品被欧洲各国大量印刷,使能买得起书之人几至人手一册。

## 第二节　个性化起点:伊拉斯谟的人生行路与儿童教育情怀的共鸣

　　德西德里乌斯·伊拉斯谟是他后世的拉丁全名(名字拉丁化是当时人文主义者的标签之一)。德西德里乌斯源于他的创作笔名,而伊拉斯谟源于他的教名,来自基督教会一位著名的早期殉教者圣伊拉斯谟(St. Erasmus)。[②] 伊拉斯谟出生于尼德兰(当代荷兰只是其一部分)的鹿特丹,故而世人也尊称他为鹿特丹的伊拉斯谟。而他的真名则几乎无从考

---

　　① [美]伊丽莎白·爱森斯坦:《作为变革动因的印刷机:早期近代欧洲的传播与文化变革》,何道宽译,北京大学出版社2010年版,第16页。
　　② 这一笔名首次采用可参看附录一。圣伊拉斯谟,又名埃尔莫(Elmo),为罗马皇帝戴克里先迫害基督徒期间的基督教早期殉教者之一,约死于公元303年。相传,为早期基督教的一位主教,基督教十四救难圣人之一,是儿童绞痛、胃痉挛、妇女产痛等疾病、痛苦的看护者;也被尊为水手保护神,传说在暴风雨前和暴风雨后,桅顶上出现的一道蓝色的光,即"圣埃尔莫之火",水手们把它当作伊拉斯谟保护的标志。

查。而且，他的出生时间也存在疑问。

## 一　私生子身份的困扰

纵观其一生，由于伊拉斯谟父母的婚姻采取了"隐婚"方式，因此，伊拉斯谟和他的哥哥均是以私生子的身份降生于这个世界的。这种状况也造成了一些人对他确切出生时间的质疑。他可能出生在1464—1469年中的一年，以至于后人为了弄清这一可能已经永久成为秘密的年份付出了极大心力。① 出现这种状况的原因，一方面，可能源自伊拉斯谟对自己身为一名不被天主教教会法允许结婚的天主教神职教士的私生子这一不光彩身份的有意遮掩。正如前述，基督教在欧洲拥有无与伦比的巨大影响力。在这样的社会中，出身的敏感性、为亲人"亲亲相隐"，以及基督教自4世纪取得合法地位以来对婚姻神圣性和合法性的审慎的宗教态度，尤其是自11世纪以来天主教对神职人员禁欲独身宗教生活的规范，加之社会森严的阶级差别，让伊拉斯谟备感压抑，性情显得较为脆弱、极度敏感而自卑，甚至在他成为教士之时，他不得不因自己的非法出身而特意寻求罗马教皇的赦免。② 因此，基于种种原因，他从未向世人清楚地说明他出生的真实年份，即使在伊拉斯谟所写的自传中，依然对此闪烁其词、语焉不详。③

这篇自传其实是1524年在他久卧病床之后，自感大限将至，遂将一些关于自身的材料书写下来，交由朋友保存，以便在他死后那些愿意为他立传之人进行写作时有文字材料可用。人们对伊拉斯谟的父母了解甚少。更多的了解主要来自伊拉斯谟的自传。他书写的自传伊始，并没有以第一人称进行叙述，反而是以第三人称的口吻写道："他是在10月27到28日

---

① 20世纪早期，学者们对此意见存在分歧，赫伊津哈认为大约是在1466年，而据他的自传可能是1464—1467年之中的某一年。自20世纪末以来，西方学者基本采用哈里·沃德维德（Harry Vredeveld）的证据推定，认为其出生于1466年。参见H. Vredeveld, "The Ages of Erasmus and the Year of His Birth", *Journal of Renaissance Quarterly*, Vol. 46, No. 4, 1993, pp. 754 – 809。

② E. Reynolds, *Thomas More and Erasmus*, New York: Fordham University Press, 1965, p. 3.

③ 他的自传主要内容可参看E. Rummel ed., *The Erasmus Reader*, Toronto: University of Toronto Press, 1990, pp. 15 – 20; John C. Olin ed., *Christian Humanism and the Reformation: Selected Writings of Erasmus*, New York: Fordam University Press, 1975, pp. 22 – 30。

的夜间，出生于鹿特丹，现在已有 57 岁左右，他的母亲是一位内科医生[①]的女儿，名为玛格丽特（Margaret）……他的父亲名为杰拉德（Gerard）。杰拉德怀着结婚的准备，与玛格丽特先有了秘密的爱情关系，而且他们彼此交换了婚姻的誓言。"[②] 然而，这场婚姻从未得到来自伊拉斯谟父系家庭一方的支持与承认，杰拉德的亲人们对此勃然大怒，因此，杰拉德在自己的婚姻受到家庭强烈反对的某种绝望之下离家出走，前往罗马。而此时，杰拉德和玛格丽特已经育有两子，即身为私生子的伊拉斯谟及哥哥彼得。随后，伊拉斯谟的祖父母和伯父又欺骗杰拉德，谓其妻子玛格丽特已经死亡，杰拉德遂在心灰意冷下决定献身宗教，成为一名教士。虽然后来谎言被揭穿，但杰拉德并未离开宗教，也再没有触碰过妻子。自传中，第三人称的书写方式，更像是为了引导他人的相关叙述而做的准备，以便达成伊拉斯谟想要的关于自身身份叙述的既定事实认定。同时，伊拉斯谟坚称其父杰拉德是在成为教士之前生的他，虽然避免了更大的家庭丑闻和社会舆论，但依然无法抹去其身为私生子的事实。私生子的身份和成长经历也终生影响着他对一些事情，尤其是家庭、父母对儿童的影响等方面的错综复杂的观感，以及自身的婚姻和职业选择。

## 二 儿童时代的教育与体悟

幼年时期的伊拉斯谟及哥哥彼得在父母亲的引导下，被送进了教会学校和修道院学习拉丁语、教会书籍以及古典文化。三四岁之时，他被父亲送入位于尼德兰西部城市高达（Gouda）的私人学校接受文雅教育，他的父亲曾在此城居住过。9 岁时，即 1475 年，由母亲带到尼德兰东部城市德文特（Deventer），就读于圣勒比恩（St. Lebuin）教堂附属学校。当然，身为私生子的伊拉斯谟的儿童时代并非都是充满苦难的黑色。聪颖的

---

① 欧洲中世纪的世俗合法医生体系中，内科医生地位最高，此外还有外科医生、理发师外科医生、药剂师等。此外，还有各种不合法的从医者，如江湖医生、巫医、接生婆等。参见[英] 罗伊·波特主编《剑桥插图医学史》，张大庆主译，山东画报出版社 2007 年版，第 46—47、78—81 页；[美] 诺伊斯·N. 玛格纳《医学史》（第二版），刘学礼主译，上海人民出版社 2009 年版，第 121—138 页。

② E. Rummel ed., *The Erasmus Reader*, Toronto: University of Toronto Press, 1990, pp. 15 - 16.

**图 2-1 伊拉斯谟画像**

1523 年德国画家小汉斯·霍尔拜因①（Hans Holbein the Younger）的伊拉斯谟半身绘像

伊拉斯谟遇到的老师也并非都是愚蠢迂腐之辈，相反，他受到的启蒙教育不少来自那个时代负有盛名的教育家。他们向伊拉斯谟介绍了"更高标准的文学"②。虽然时间短暂，但对于孩子而言，遇到几位卓越非凡的老师，且老师能够真正唤起孩子们对自己生活的兴趣和对世界的好奇、求知欲，让他们拥有强烈的愿望和兴趣去用正确的钥匙打开这扇知识之门，走向更广阔的精神世界，这样的孩子无疑是幸运的。伊拉斯谟无疑是这些幸运儿之一。后来，他的教育主张中对教师重要性的表述及对儿童求知欲、兴趣培养方面的主张无疑受到他童年这段经历的深刻影响。在德文特，伊拉斯谟接受了现代虔信派的思想，并且在人文主义者黑基乌斯、辛森等人

---

① 小汉斯被认为是最伟大的伊拉斯谟肖像画家，他为伊拉斯谟至少作画三次，甚至更多。其中，伊拉斯谟的多幅侧面像和一幅四分之三视角肖像都是在 1523 年创作的。伊拉斯谟曾将肖像画作为礼物送给他的朋友。

② D. Erasmus, *The Correspondence of Erasmus*（*Letters 446 to 593*）, in *Collected Works of Erasmus*（Vol. 4）, trans. R. Mynors and D. Thomson, Toronto: Toronto University Press, 1997, p. 405. 古登堡印刷术在欧洲各地的扩散时间并不统一，15 世纪七八十年代快速扩散，如英国就是在 1476 年引入第一家印刷所，一般来说，"到 1500 年，每一个重要的都市中心都有印刷所"，参见［美］伊丽莎白·爱森斯坦《作为变革动因的印刷机：早期近代欧洲的传播与文化变革》，何道宽译，北京大学出版社 2010 年版，第 26 页。

那里受到了古典文化的熏陶。

**图 2-2　位于高达的伊拉斯谟半身像，伊拉斯谟早年曾在此生活**

伊拉斯谟后来认为，这一时期所受教育是他明确走向文雅教育的重要启蒙时期："当我还是一名孩童时，人文学科已经在意大利人之间生根发芽；但是因为印刷术还没发明，或是因为很少为人所知，我们几乎没有什么渠道来获取书籍……然而，有一种神秘的自然力量将我导向文雅研究。我的老师们也许会对此予以禁止。即便如此，我依然竭尽所能地在所能获取的书籍中，偷偷陶醉于它的芳香。"[1] 由于他的学习能力极强，时常受到老师的表扬，据说有一次，他的一位老师对他说："加油吧，伊拉斯谟，终有一天你将抵达知识的高峰。"[2] 这种鼓舞构成了伊拉斯谟儿时幸福时光记忆中的一部分，也激起了年少的伊拉斯谟的学习动力，通过不懈的努力，伊拉斯谟成就一代知识精英。对幼童时期开展教育的重要性认

---

[1] E. Rummel ed., *The Erasmus Reader*, Toronto: University of Toronto Press, 1990, p. 22.
[2] John C. Olin ed., *Christian Humanism and the Reformation: Selected Writings of Erasmus*, New York: Fordam University Press, 1975, pp. 32-33.

知，以及对文雅教育的推崇、对赞扬的肯定、对阅读的重视等也是日后其儿童教育思想中的重要内容之一。

### 三 成年际遇与儿童教育理想的开启

1483—1484 年，伊拉斯谟十七八岁时（也可以说是他童年的最后时光）遭遇了严重不幸。他的父母先后死于瘟疫。在父母双亡后，伊拉斯谟的监护人可能是出于经济原因无法为其找寻更好的工作，也可能是急于甩掉包袱，勉强为他和哥哥彼得找了个可以糊口的场所，即将他和哥哥分别送往不同的修道院，以便他们可以生存下来，并期望在未来可以获得不错的社会地位上升机会——成为神职人员。在被送往修道院之前，他不得不在尼德兰南部城市斯海尔托亨博斯的一所学校和小于他的同学们待了两三年时光。这所学校同样是由"共同生活兄弟会"所开设，该组织虽然教授男童们拉丁语和希腊语等基础的古典语言，学习西塞罗（Cicero）、维吉尔（Virgil）、贺拉斯（Flaccus）等古代学者的著作。但学校以培养教士作为主要宗旨，主张修道院生活改革，学校人士深信只有拯救自己的灵魂才能在世间生存下来，并要远离俗世的诱惑和灾难，为此特别强调极为严苛的教学纪律，伊拉斯谟对此印象深刻。这构成了伊拉斯谟童年最后几年教育观感中的另一部分，即痛苦。他不太满意从这里接受的某些早期教育方式，认为学校为了教导儿童谦让等美德，不惜搞垮幼小孩童的心灵。[①] 而在伊拉斯谟的儿童教育观念中，儿童的心灵首先是要被小心保护的。然而，从另一角度来看，伊拉斯谟在"共同生活兄弟会"教育组织中得到进一步的古典语言教育对其也影响颇深，为他成年后从事古典语言写作奠定了坚实的基础。他与"共同生活兄弟会"这一组织的直接联系一直持续到他青年时期20岁，其后又花费了7年时间慢慢疏远这一组织。但是，这些教育的影响在他的写作生涯中日渐凸显，无论是古典语言还是对这段痛苦教育经历的深刻反思。

随后，由于经济问题，伊拉斯谟兄弟无法进入大学学习，而是分别被送进了不同修道院。彼得进入代夫特（Delft）的锡安（Sion）修道院，伊

---

① E. Reynolds, *Thomas More and Erasmus*, New York: Fordham University Press, 1965, pp. 4 – 5.

拉斯谟在高达附近的斯得恩（Steyn）进入圣奥古斯丁修道院的修会，成为圣奥古斯丁修会的一名修士，并在那里待了大约 7 年。在后来对这段青葱岁月的回忆中，伊拉斯谟承受的痛苦教育观感进一步增强。在后来的几年里，伊拉斯谟声称他是迫于压力才宣誓成为修士的。他的作品《蔑视世界》（*De Contemptu Mundi*，写于 14 世纪 90 年代，出版于 1521 年）中充分表达了他的苦闷和焦虑。它表面上是对修道院生活的赞美，一开始建议隐居和遁世，但最后却以对修道主义衰落的哀叹结束，并警告修道者不要轻率地发誓。伊拉斯谟非常不满圣奥古斯丁修道院的沉闷和压抑，苦恼于修道院的糟糕食物，他不愿意吃白煮鱼，却被野蛮地要求待在饭厅中。这些早年的经历让伊拉斯谟蔑视世俗，称赞宗教独居生活价值的同时，也让伊拉斯谟对成长环境、父母、老师在儿童生活、教育中的作用有了极为深刻的体悟。这也形成了伊拉斯谟性格中的重要一面，即他极度渴望自由，只愿听从自己内心的呼唤，而不愿屈从于他人和外物的束缚，不愿听从修道院严格管束的生活安排，甚至不愿穿修道院的修道士服装、受斋戒。伊拉斯谟发现自己的身体和心理都不适合修道院的生活，他一点也不喜欢这所修道院，甚至对这所修道院充满了敌视，并宣称他永远反对父母将子女送到这所修道院之中，一旦有机会逃离这个人间地狱，他将永不回去。他希望逃离，希望去上大学。为此，在伊拉斯谟想方设法逃离修道院后，他一次又一次以各种理由回拒修道院长召他回修道院的要求，起初曾游说康布雷（Cambrai）教区主教海因里希（Heinrich）资助他前往巴黎求学以逃避修道院的召回，后来甚至不惜"以极其巧妙的借口从两位教皇那里获得不穿教士长袍的豁免。他凭一张医生的健康证明摆脱了斋戒"。① 果然，他自离开这所修道院后从未回去过，即使是在那些他声名显赫可以衣锦还乡的时月。

但这段时光也算是伊拉斯谟一生中一段颇为安静的学习时光，伊拉斯谟学识进展飞速。在此期间，他更加熟练地掌握了拉丁文，阅读了许多意大利人文学者和基督教父的作品，并且完成了作品《反对野蛮》

---

① ［奥］斯蒂芬·茨威格：《鹿特丹的伊拉斯谟：辉煌与悲情》，舒昌善译，生活·读书·新知三联书店 2016 年版，第 26—27 页。

(*Antibarbari*)①，批评野蛮粗野，赞扬教养，赞颂修道院独居生活的价值，并将之视为走向天堂的准备之路。事实上，他的一生的确未曾娶妻生子，一生都在倡导文明优雅，反对野蛮无教养。同时，他还翻译了瓦拉（Lorenzo Valla）的《优雅的拉丁语》（*Elegantiae Linguae Latinae*）。这既是一篇纯净古典语言文法习惯的纲要，也是一篇反对学院那些糟蹋了古典语言的野蛮人的宣言。在伊拉斯谟眼中，那些阻挠他学习古典著作的修道院院长和修士都是野蛮人。修道院生活的野蛮、压抑和对意大利人文气息的向往，最终让伊拉斯谟选择了逃离。1492年，他在荷兰乌特勒支被授予天主教牧师（Catholic priest）神职，成为其伟大生涯中的一个重要转折点。然而我们并不清楚他是否喜欢这一工作。② 因为能说一口流利的拉丁语，以及对前往意大利学习希腊文的执着和热情，使伊拉斯谟在1493年成为陪同权重一时的康布雷教区主教海因里希前往罗马的随行人员，充任拉丁文秘书。虽然此行未能真正成行，不过海因里希主教非常欣赏伊拉斯谟的才能。1495年，主教决定将他送往巴黎大学学习神学。然而，伊拉斯谟的生存情况并未有多大改善。最初，他居住在由扬·史丹东克（Jan Standonck）创立的蒙塔古学院（College of Montaigu），是一名工读生，即免缴学费，但需要打理学院内部杂务。伊拉斯谟在这所学校的处境似乎更加水深火热，斯得恩的修道院与之相比，都更像天堂。史丹东克是一位极端的苦行者，他所创立的学院采用类似修道院的修士生活制度，教师、管理人员严酷如暴君，以更为严格的、甚至是体罚的方式教导学生。学院环境脏乱不堪，弥漫着厕所的恶臭，饮食更加糟糕，甚至提供变臭的鸡蛋、变味的葡萄酒作为饮食，这些对伊拉斯谟的健康造成许多不良的影响，本就瘦小虚弱的伊拉斯谟多次饱受胃溃疡之痛。每年的斋戒和严苛的生活模式，让伊拉斯谟经常病倒，而且病得非常重。伊拉斯谟曾在所著书籍中借用两个人的对话对此予以调侃："甲：你从哪里来？乙：蒙塔古神学院。甲：

---

① 国内有学者将barbari译为蒙昧主义，似乎不妥，蒙昧主义主要是指反理性、反科学的思想。笔者以为，该词具有蒙昧、野蛮等多种义，根据中文词义，蒙昧更强调未开化的原始状态，而野蛮更强调粗鄙、蛮横，具有不文明无教养的含义，结合伊拉斯谟所处环境、遭遇和其后来的行为、主张，野蛮更为合适。

② E. Reynolds, *Thomas More and Erasmus*, New York: Fordham University Press, 1965, pp. 9–10.

那你必定头戴桂冠啦？乙：哪里啊，满头虱子。"[1] 如果结合现代教育研究理论，这即是现代教育学者鲍姆林德（Baumrind）阐释出来的一种非常典型的专制型（athoritarian）教养风格的集合体。鲍姆林德通过对儿童行为的测量，描述了这种教养风格的典型行为模式：更为强调控制和无条件的服从，突出社会约束，试图要求儿童遵守一系列的行为规范，而儿童则因被严格控制而不能独立作出选择，一旦有儿童违反，通常就会使用惩罚式的管教方式来惩罚儿童，管教者更为冷漠，缺少温暖，而这种环境培养出来的儿童也容易产生不满、孤僻和不信任他人等负面行为或情绪。[2] 事实上，严苛的管理、初级的教育内容确实让伊拉斯谟越来越不满，更是与伊拉斯谟近三十岁的年龄和成熟的心智越来越格格不入，他不得不离开这所学院。然而他进入的下一所学校依然采用此种体制，他不得不再次离开，转而寻求赞助人以支撑学术研究。这些经历也影响到伊拉斯谟日后的教育主张和思想，以至于他的几部重要著作都是献给达官显贵的，以谋求更多的青睐和资助，寻求更好的生存条件和生活环境。

在巴黎大学，他时常接触经院哲学的神学研究，但这些研究过于琐碎和无聊，伊拉斯谟对此似乎并不太感兴趣。1499 年 10 月，他在写给英国学者科利特的书信中，对当时的经院哲学如是表示：

> 当你告诉我，你不喜欢现在那些一生都在吹毛求疵和诡辩中度过的神学家们时，我非常赞同你的观点。……那些学问是孤立的，……只能让我去传播知识或品味争辩。……他们以一种枯燥而微妙的方式虚耗智慧，而不是用生命的活力来启迪智慧，也没有向智慧中注入生

---

[1] 《拉丁语常用会话》，译文参考了［奥］斯蒂芬·茨威格《鹿特丹的伊拉斯谟：辉煌与悲情》，舒昌善译，生活·读书·新知三联书店 2016 年版，第 31 页。

[2] 鲍姆林德最初是研究父母和子女关系的，本文借用了她的研究观念，用来比附伊拉斯谟和他生活的修道院、学校之间的关系，这种关系与某种抽象的专制父母与子女的关系有着异乎寻常的相似。参见 D. Baumrind, "Hamonious Parents and Their Preschool Children", *Journal of Developmental Psychology*, Vol. 4, No. 1, 1971, pp. 199 – 102; D. Baumrind, "Effects of Authoritative Parental Control on Child Behavior", *Journal of Child Development*, Vol. 37, No. 4, 1966, pp. 887 – 907; "Child Care Practices Anteceding Three Patterns of Preschool Behavior", *Journal of Genetic Psychology Monographs*, Vol. 75, No. 1, 1967, pp. 43 – 88; "Current Patterns of Parental Authority", *Journal of Developmental Psychology Monograph*, Vol. 4, No. 1, 1971, pp. 1 – 103。

命气息;最糟糕的是,他们以生硬凝滞、肮脏的文风让伟大的科学、神学女王失去了吸引力,她曾因古代的雄辩风格而丰富多彩、光彩夺目;他们就像荆棘一样,蔓延于早期思想家已经清理并试图解决所有问题的科学道路上,对此,他们宣称,这不过是因为一切都笼罩在黑暗之中。因此,你看她,曾经备受尊崇,充满威严,今天却近乎沉默、贫穷、衣衫褴褛;而我们却被一种变态的、贪得无厌的、吹毛求疵的热情所诱惑。一场争吵接着一场,我们带着异乎寻常的傲慢,不停辩论一些毫无意义的问题,为鸡毛蒜皮的小事争吵不休。……现在,我想说这些话……针对那些卑鄙的、吹毛求疵的神学家们,他们认为除了他们自己外,所有人都一文不值。……此外,如今几乎无人致力于神学研究……①

这种对待经院哲学,甚至是哲学不感兴趣的态度一直贯穿着伊拉斯谟的一生,因而,伊拉斯谟的教育作品很少有那种他所认为的务虚而诡辩的经院哲学文风,而更加务实。

伊拉斯谟在巴黎也接触到一些巴黎大学的人文学者,如法国历史学家高更(Robert Gaguin),并参加了其历史作品的写作,从而在人文主义者圈子里有了一定的知名度。伊拉斯谟更为全面而广泛地收集、学习、阅读、背诵古典作品,为其后来编写著作《箴言集》(*Adagiorum Collectanea*)做准备。其间,为了维持生计,伊拉斯谟开始寻找赞助人,兼职做家庭教师,所招收的学生中就包括几名英国人,如罗伯特·费舍尔(Robert Fisher)、托马斯·格雷(Thomas Grey),以及蒙乔伊勋爵威廉·布朗特(William Blount),最后一位也是后来伊拉斯谟的好友和第一次英国之行的主要赞助人之一。事实上,伊拉斯谟对教育作品的最早关注和投入也正源自1495年到1499年他为所教授的私人学生编写的一些教材。《对话集》(*Colloquia*)、《箴言集》、《拉丁语会话读本》(*Familiarium Colloquiorium Formulae*)、《拉丁文书信写作指南》(*De Conscribendis Epistolis*)、《丰富多

---

① D. Erasmus, "The Correspondence of Erasmus (Letters 1 to 141)", in *Collected Works of Erasmus* (Vol. 1), trans. R. Mynors and D. Thomson, Toronto: Toronto University Press, 1974, pp. 203 – 204.

彩的拉丁语词汇》(*De Copia Verborum ac Verum*) 等作为学习拉丁语的辅助读物由此诞生。这些作品随着他名气的不断上升，不久就为欧洲各地的人文主义学校所广泛采用。

1499 年，他受私人家教学生布朗特（时年 21 岁）的邀请前往英国。英国是伊拉斯谟的福地，也是其人生中作出的明智抉择。在英国，伊拉斯谟结识了诸多英国友人，其中最著名者如托马斯·莫尔（Thomas More）、约翰·科利特（John Colet）、约翰·费希尔（John Fisher），以及曾前往意大利求学的威廉·格罗辛（William Grocyn）、威廉·拉提莫（William Latimer）、托马斯·林纳克（Thomas Linacre）等人。伊拉斯谟、莫尔、科利特三人的亲密友谊持续终生。格罗欣等人将流行在意大利的新柏拉图主义带入英国，为英国注入了颇具人文特质的学风。这些吸引了伊拉斯谟的注意，他曾对此地古典知识的大量涌现欢欣鼓舞。当然，在学术上对伊拉斯谟影响最大的英国友人，应属科利特。有学者就曾指出："1499 年 5 月伊拉斯谟前往英国之旅是其生命中极为重要，甚至是决定性的事件……他所遇到的朋友，尤其是科利特对他的影响，坚定了他的决心，帮助他树立了生命目标。"[①] 事实上，科利特在牛津大学从历史背景和作者角度重新阅读和讲授圣保罗书信时，就给伊拉斯谟留下了极为深刻的影响。这为圣经研究开辟了一条新的路径，也刺激了伊拉斯谟思考应该用什么方法来研究神学，如何将他对古典文化的兴趣和他的宗教关怀结合在一起。同时，在教育方面，科利特认为儿童应该在宗教和书本的双重熏陶下成长，并试图以建立学校来实现他的教育理想。他对科利特的教育志向深感佩服，儿童教育也吸引了伊拉斯谟更多的关注。因此，1510 年，伊拉斯谟再次访问英国时，在科利特的邀请下，得以参与英国的教育进程，包括在剑桥任教、为科利特编写教科书等，并逐渐意识到教育的重要性。伊拉斯谟终于有机会展现自己出类拔萃的才华，作为一名外国人，与莫尔、科利特等英国人一起成为研究英国 16 世纪人文主义教育最为常人所提及的几位先导人物之一，推动了英国人文主义教育的发展。

他的社交天赋在欧洲城市之间辗转时也得到了淋漓尽致的展现。伊拉

---

[①] John C. Olin ed., *Christian Humanism and the Reformation: Selected Writings of Erasmus*, New York: Fordam University Press, 1975, p. 6.

斯谟逐渐获得了欧洲上流社会的认可。在英期间，伊拉斯谟还通过布朗特认识了布朗特的好友和学生，其年尚幼，但颇让人称赞和佩服的有着高贵气质、优雅举止，如同天生君主一样的亨利王子，即未来的英国国王亨利八世。王子的言行让伊拉斯谟有了对儿童言行举止重要性的部分切身感悟。英国之行，成为伊拉斯谟人生经历中的另一个重要转折点，让他逐渐确立了人生的努力方向，即思考通过什么样的具体方法将古典文化与基督教结合。笔者认为，伊拉斯谟对儿童教育相关问题的思索如果说此前还尚处于经验层次的朦胧思考的话，那么，英国一行，直接促成伊拉斯谟儿童教育观的成熟，使之逐渐成型，尤其是在教育性质、目标、教育内容方面。当他返回巴黎后，发现自己对圣奥古斯丁著述的兴趣并不像对圣哲罗姆那样投缘，于是勤学希腊语，深入探究拉丁教父圣哲罗姆的作品。[①] 圣哲罗姆被认为是利用古典知识为神学服务的典范，伊拉斯谟决定追随圣哲罗姆的脚步，成为新时代人文知识与神学的领导者。伊拉斯谟认为，人文知识应该为宗教服务，应该将人文学科的方法运用于圣经研究中，而希腊文是这项工作不可或缺的工具。伊拉斯谟儿童教育中对古典语言的重视以及教育目的也逐渐成型。

1506 年，他以英王御医热那亚人博埃利奥（Boerio）之子家庭教师的身份监督、陪伴他的两位学生进行了前往意大利的游学与朝圣之旅。游学，这在当时，几乎是家庭殷实的权贵之家的儿童都要接受的教育。[②] 意大利是伊拉斯谟一直向往的古典知识圣地。因为那是文艺复兴的起源地，也是罗马文化的摇篮。为了追求古典知识以及增加自身在学术上的权威性，伊拉斯谟一直渴望前往意大利。游学期间，他于都灵获得神学博士学位，并游历意大利的威尼斯、费拉拉、帕多瓦、锡耶纳等地。在意大利游历期间，他使用拉丁语与意大利学者进行交谈，并努力提升希腊语水平，通过结识一些知名希腊语学者、收集古希腊作家品达等人的作品和校订希腊古籍等活动，迅速打开知名度，使自己成为当时欧洲北部最为优秀的希

---

① E. Reynolds, *Thomas More and Erasmus*, New York: Fordham University Press, 1965, p. 11.
② 当代的伊拉斯谟项目也是效法此种方式而来，学生们前往各国合作学校接受教育，侧重以开放的心态对多元语言、文化等的学习与交流。

腊文学者之一。同时，他所出版的古谚语集，也让他名利双收，学界地位大为提升。此外，他还结识了威尼斯的一些印刷商，并担任了一家印刷厂的顾问。伊拉斯谟的人脉也大为扩展。在帕多瓦，他还遇到了另一位贵族学生，苏格兰国王詹姆斯四世（James Ⅳ）的私生子圣安德鲁大主教亚历山大·斯图亚特（Alexander Stewart）① 和他的弟弟，双方关系融洽。1509年，伊拉斯谟到达罗马，声名远播的他受到了众多罗马名流的欢迎。在此，他广泛交游意大利贵族和罗马教廷上层，如同样对人文主义和古典哲学感兴趣、出身美第奇家族的未来罗马教皇利奥十世（Pope Leo X, 1513—1521年在位）。罗马教会也认识到他的价值，因为他的作品广泛传播，已成为当时颇负盛名、独具风格的拉丁语作家，可以在未来的某一时刻成为对抗宗教改革的利器。伊拉斯谟小心计算着自身的得失，但不管如何，在这群教俗权贵之间，伊拉斯谟进一步镀金成功，载誉而归。离开意大利时，他的人际网络已经拓展到了重要的教会人士、知名学者和出版家，成功走进欧洲学术圈的核心，也结识了一些欧洲各国显贵。当然，他也更加了解教会高层对金钱的贪婪，对名利的追逐，对道德和虔诚的背弃。他沉痛地指出，除了遍地的废墟、遗迹之外，罗马几乎一无所有，今日的罗马，除了教皇之位和教廷，不过是个空名而已。② 不久后，他写下《愚人颂》（*Moriae Encomium*），这是一个暗指英国好友托马斯·莫尔（More）的双关语，直译就是莫尔颂。伊拉斯谟写这本书的时候和他在一起，语义双关，一面赞扬莫尔，一面借颂扬愚人对当时的教会予以嬉笑怒骂。当然，基于谨慎、和平的态度，伊拉斯谟厌恶暴力，并没有选择正面对抗教会，也不愿点燃革命之火，而是告诉人们他写作此书只是"自娱自乐"，是为了"分神"，以便"缓解病痛带来的不适感"，即便是在作品广受赞誉时，也谨慎地放言"我自己很困惑人们究竟喜欢它什么"。③ 正如前述，了解伊拉斯谟性格的人都知道这不过是他向外界释放的烟幕弹而

---

① 此人1509年回国后不久，不幸莫名死于1513年的一场战争中。

② W. H. Woodward, *Desiderius Erasmus Concerning the Aim and Method of Education*, Cambridge: Cambridge University Press, 1904, p. 18.

③ ［美］亨德里克·威廉·房龙：《伊拉斯谟的故事》，宫维明译，现代出版社2016年版，第60页；另可参看［荷］伊拉斯谟《论基督教君主的教育》，李康译，商务印书馆2017年版，代序 X。

已，以免自己被他人误解而卷入不必要的口舌之争。毕竟，对伊拉斯谟而言，虽然他也希望利用讽刺作品来揭露教会的腐朽与堕落，但其间的隐藏目的不过是试图以此来点醒教会自行进行内部改革而已。不过，这场意大利之旅也使他在内心深处更为关注教育对于宗教虔诚的重要性，并强化了他心目中试图以教育手段来达成自身某种目标的认知，新的宗教人的教育目标呼之欲出。留居意大利期间，他广泛吸收意大利文艺复兴的光辉内涵，对好战而世俗的时任教皇朱利安二世（Julius Ⅱ）的活动多有嘲讽。甚至有人将朱利安去世后出现的讽刺作品《朱利安被拒于天门外》的作者归于伊拉斯谟的杰作，虽然他极力否认。①

图 2-3　小汉斯·霍尔拜因在伊拉斯谟所著的
《愚人颂》页边作画（1515 年）

## 四　"伊拉斯谟精神"与人生理想的崩灭

之后数年，伊拉斯谟曾短暂地在英国剑桥大学教授神学、希腊文。更多的时间则致力于教育与神学工作，编纂了许多教科书，作为基础教育之用，诸如《学习方要》②《丰富多彩的拉丁语词汇》以及其他书籍。他与

---

① ［英］埃蒙·达菲：《圣徒与罪人：一部教宗史》，龙秀清译，商务印书馆 2018 年版，第 55 页。

② 也常译为《论拉丁语的学习方法》。

莫尔的关系也更加莫逆,以致在他去世时,鲁汶三语学院的一位院长彼得·南尼乌斯(Peter Nannius)形容二人之间的关系:"伊拉斯谟,我们时代的荣光,活在莫尔心中。莫尔,他的国家不列颠的唯一光芒,活在伊拉斯谟心中。"① 1516 年,伊拉斯谟还出版了神学作品《新约》及其注解,校订圣经。1514—1518 年,伊拉斯谟风光无限,如日中天。他曾担任西班牙国王卡洛斯一世(Carlos Ⅰ,即日后神圣罗马帝国皇帝查理五世,Charles V)的顾问,写下《论基督教君主的教育》。各地王侯赞誉有加,一时间其作品,哪怕只言片纸的信件都"洛阳纸贵"。1517 年,他在鲁汶大学(位于今之比利时)协助建立了一所新式的三语学院(Collegium Trilingue),以拉丁、希腊、希伯来文为主要课程。可以说,伊拉斯谟对欧洲北部地区知识的普及以及水平的提高,尤其是古典文化的学习方面,具有非常重要的贡献。这一时期,活泼的文体(不少作品都是对话体)、优美的文字、幽默的对白,让他的作品极受欢迎,成为风靡一时的教材,被广泛印刷,分送各地学子之手。而鲁汶学院也成为当时文化主流、中心所在。他撰写了《反对野蛮》,还将上课的教材编纂成书,1518 年出版了《对话集》(Colloquia)。伊拉斯谟内心的文化使命感油然而生。在写给教皇利奥十世的信中,他乐观地谈及,如果存在黄金时代的话,他想他们的时代很有可能成为这样的时代。② 他在《基督教战士手册》之中描绘了他对理想社会场景的设定,这是信望爱和谐统一的社会,它是以基督为中心、秩序井然、和谐互爱的社会;每个人都各居其位、各司其职;每个人都能清楚了解基督的意旨,并加以践行;所有人又因身具共同的信仰,而凝聚在一个基督教共和国中。③ 对于他在这一时期的贡献,有学者指出,透过他的人文教育作品,这一时期德国、法国等地语言知识获得了提升。④

---

① E. Reynolds, *Thomas More and Erasmus*, New York: Fordham University Press, 1965, p. 241.

② D. Erasmus, "The Correspondence of Erasmus (Letters 446 to 593)", in *Collected Works of Erasmus* (Vol. 4), trans. R. Mynors and D, Thomson, Toronto: Toronto University Press, 1997, pp. 38 – 39.

③ E. Rummel ed., *The Erasmus Reader*, Toronto: University of Toronto Press, 1990, p. 140.

④ John C. Olin ed., *Christian Humanism and the Reformation: Selected Writings of Erasmus*, New York: Fordam University Press, 1975, p. 46.

但马丁·路德以及其引起的宗教改革，让处于宗教中立立场的"老好人"伊拉斯谟陷入了尴尬境地。学界通常认为，德国的宗教改革是所谓的"伊拉斯谟下蛋，马丁·路德孵蛋"①。一方面，伊拉斯谟校订圣经、纠正先贤神学谬误等行为削弱了《圣经·新约》以及古代教父们的旧有神学权威。另一方面，他在《愚人颂》中对天主教神职人员的无情揭露，客观上加速引发了路德对天主教和罗马教廷的背离。因此，伊拉斯谟应该发声澄清立场、明确站队。宗教保守派认为，为了撇清与路德的关系，声望极高的伊拉斯谟应该撰文批判路德。而新教势力却认为，作为他们曾经的精神导师，伊拉斯谟如果能够出面声援路德，更能彰显宗教改革派的声势。事实上，两派人马都鉴于伊拉斯谟具有的巨大社会影响力，希望他能支持自身阵营。而伊拉斯谟对于路德派，自身虽同情路德对宗教虔诚的追求以及对教会腐败的批判，但用他自己的话来说，却"不愿攻击任何一个人……不愿让任何人受伤"②，不赞成路德采用过于激烈的宗教分裂行动将民众引向偏激和狂热，以免因为宗教改革破坏了基督教世界的整体和谐，因此他主张应该在统一的教会内进行和平变革。而对于路德派，伊拉斯谟并未完全意识到路德可能对天主教权威产生潜在的巨大挑战，因而并不赞同罗马教廷对其强烈镇压，而是希望通过相互宽容、调和的方式予以平息。③换言之，相比于路德这位狂热的行动派，伊拉斯谟更像是一位安静的思考者。茨威格也认为，"伊拉斯谟认为自己的使命和人生的意义就是通过讴歌人性，调和各种对立"。"他天生就是一个善于兼容并蓄的人""真正的力量是……通过善意的相互理解使冲突得到缓和，使是非曲直得到澄清，使纠纷争端得到平息，使有分歧的各方重归于好"，这种多方面起作用、寻求谅解的意愿被同时代人称为"伊拉斯谟精神"。④ 在这场宗教冲突中，伊拉斯谟显得卑微而沉默。卑微是怕事情走向极端，而沉默也是需要勇气的。伊拉斯谟既不完全拥护天主教（虽然他多次明确表明他

---

① E. Rummel ed., *The Erasmus Reader*, Toronto: University of Toronto Press, 1990, p. 195.
② E. Rummel ed., *The Erasmus Reader*, Toronto: University of Toronto Press, 1990, p. 20.
③ E. Reynolds, *Thomas More and Erasmus*, New York: Fordham University Press, 1965, p. 245.
④ ［奥］斯蒂芬·茨威格：《鹿特丹的伊拉斯谟：辉煌与悲情》，舒昌善译，生活·读书·新知三联书2016年版，第4页。

的天主教徒立场）的全部主张，也不支持进行激烈的宗教改革。立场上的这种摇摆不定，虽然让其成为中间路线最理想的追随者，却也让他陷入双方阵营的共同责难之中：支持宗教改革的新教派认为其懦弱无能、墙头草，而与德国宗教改革者路德的某些矛盾、论争，路德后来在德国新教地区的如日中天，路德派对伊拉斯谟的厉声诅咒，使伊拉斯谟的人气快速流失；而保守派则叱责其为异端，嘲讽、憎恨也接踵而来。往昔的赞美尽归今日的斥骂，过往的好友多变为此时的仇敌。他的作品开始受到更为严格的检查，乃至在身后数十年惨遭封禁。

　　谨守着心中虔诚，各种威逼利诱并未使伊拉斯谟内心屈服。但世态炎凉和现实中的不得已，这位四海为家、居无定所的"世界人"只能前往巴塞尔寻求好友、印刷厂主约翰·弗洛本的庇护。其间，伊拉斯谟依然致力于业已确定的学术道路，以古典文化探究学问。1522—1529 年，他完成了《拉丁语书信写作指南》（1522）、《基督教婚姻守则》（1526）、《拉丁文和希腊文的正确发音》（1528）、《论西塞罗派》（1528）、《论儿童的早期文雅教育》（1529）等著述。然而新教浪潮在巴塞尔也日渐汹涌，新教徒大肆捣毁圣像圣物，甚至帝国享有盛誉的巴塞尔大教堂［the Basler Münster（Minster，Cathedral）］部分也遭到一定程度的毁坏。群情汹涌之下，遭到新教徒敌视的伊拉斯谟在痛心、无奈之下，不得不前往弗赖堡避难。其间，伊拉斯谟完成了《论儿童的礼仪教育》（1530）一书。伊拉斯谟选择过安静生活，让他的余生大多是在孤独、苦闷中度过。他在总结自己著述目录的文章中，曾就自身所处的异端等争议进行反思，不无苦楚地叹息："起初我满心希望不被任何人攻击，也不去攻击别人，希望我的笔调轻快，不沾染任何血腥暴力。然而，毫无疑问，我的希望落空了……在这一切接连不断的纷争之后，必定有着一场阴谋存在。他们以为只要将我从这个世界驱逐出去，就可以不再听到古代语言和人文学科了。"[1] 而在他的传记中，也有类似的话语表达。[2]

---

[1] E. Rummel ed., *The Erasmus Reader*, Toronto: University of Toronto Press, 1990, pp. 37 - 38.

[2] E. Rummel ed., *The Erasmus Reader*, Toronto: University of Toronto Press, 1990, p. 20.

**图 2-4　瑞士巴塞尔大教堂内伊拉斯谟的墓志铭及墓茔**[1]

晚年的不幸境遇，人生梦想的破灭，庇护人弗洛本的去世，好友莫尔、费希尔因坚决反对国内宗教改革而被早年曾受伊拉斯谟称赞的英国国王亨利八世处死等一系列打击下，1536 年 7 月 11 日，伊拉斯谟孤独地在巴塞尔去世，死后被葬入已成为基督教新教教堂的巴塞尔大教堂。二十多年后，脾气暴躁、极端保守的高龄教皇保罗四世（Paul Ⅳ）将他列入异端名单，其著述也被归于罗马教廷禁书目录。时代洪流滚滚向前，欧洲历史的宠儿，各种富有激情、行事肆无忌惮的成功冒险家、狂热分子轮番登场，最终伊拉斯谟这位富有理性、冷静而克制的失败者彻底湮没在历史长河中。

## 第三节　历时与共时性之基石：伊拉斯谟儿童教育思想之学养渊源

从伊拉斯谟的那些对话式作品和成长经历中，我们可以清楚地看到孕育其伟大思想的土壤既来自希腊罗马的古代文化、基督教文化，也来自当

---

[1]　该墓志铭由红色大理石制成，敬献给鹿特丹的伊拉斯谟。他在巴塞尔待过数年，于 1536 年死于此地。虽然他是一名罗马天主教徒，但他被埋葬在当时已成为巴塞尔新教徒主要教堂的巴塞尔大教堂内。伊拉斯谟骸骨在 19 世纪教堂改建过程中曾一度丢失。1928 年，大教堂的发掘过程中在安葬伊拉斯谟的大致位置发掘到一具骸骨，人们认为发现了这位伟大的人文主义者的坟墓。但这具骸骨上有梅毒的痕迹。然而，没有什么迹象和证据可以表明伊拉斯谟染上了梅毒。直至 1974 年，在靠近相邻地方又发现了另一具骨架，上面有一面大勋章，其上刻有伊拉斯谟的肖像，故而，人们认为这副骨架属于伊拉斯谟，这才得以重新确定找回伊拉斯谟的遗骸。现在这具骸骨就安息在他的墓志铭之下。

时文艺复兴的人文主义思想。

可以说，在某种程度上，古代希腊罗马文化与人文主义奠定了伊拉斯谟的基本学术素养，也形塑了他的儿童教育观。他的著述中可以清晰反映出他对古代希腊罗马文化作品的推崇。笔者在阅读其著述时能够深刻感受到他对古典作家教育理念的借鉴和学习。例如，他在教学课程中对西塞罗、贺拉斯、维吉尔等古典作家及其作品的推介；在他所提供的儿童教育方法、内容的系统方案方面，如早教、心灵教育、文雅教育、雄辩术、文法教育等也清晰可见古代普鲁塔克、昆体良等人儿童教育思想的学养渊源和对西塞罗古典教育理念的批判吸收。同时，从他的字里行间，也依稀可见同时代人对他的某些影响，如共同兄弟会举办学校教育的利弊，莫尔的家庭女性教育实践对他的影响，科利特对他的文法教育的启发等，还可以发现他与同时代之人如维夫斯、比代等人对某些共同理念的分享。

**一 历时性之基：古典时代的教育智慧**

现代的学术研究表明，我们可以找到许多关于儿童与古代希腊罗马文化在教育领域有着诸多联系的证据。虽然直至今日，我们对古代希腊罗马儿童教育方面掌握的信息依然十分有限，但根据现有的资料、碎片，我们大致可以推断、还原出这一时期儿童的诸多生活画面，如柏拉图、阿里斯托芬等各式作品中提到的对儿童身体健康的关心、儿童的娱乐、游戏和儿童的社会化适应过程，甚至自希腊化时代以来希波克拉底、亚里士多德、索拉诺斯等涉及儿科医学、儿童生理学、育儿法等对儿童关怀的理论。然而，更多的可能是苏格拉底、亚里士多德那些映射了儿童生活现实的哲学思考和哲学想象。伊拉斯谟真正喜好的从来不是那些深奥的哲学思辨，于他而言那是枯燥无味的，而且伊拉斯谟似乎对此也并不擅长。但这并非说他从不在著述中讨论哲学，而是认为他真正想要表达的哲学，"不是在辩论要素、原质、运动和无限，而是让心智摆脱芸芸众生之谬见，摆脱不当之欲望，求诸永恒力量奠立之典范，展现正确治理之原则"。[①] 所以，在古典作品中，古希腊罗马时期那些深邃的哲学思考自然无法吸引伊拉斯谟太多的关注。例如，虽然他在著述中十分推崇柏拉图，却对柏拉图主义理

---

① ［荷］伊拉斯谟：《论基督教君主的教育》，李康译，商务印书馆2017年版，第4页。

解得既不深刻也不全面。他真正喜好的是那些条理清晰、简明扼要、论证具体而实用的古代德性观念，就如同古罗马时代的普鲁塔克、昆体良、维吉尔、贺拉斯等人在作品中展现的那样。正如我们所看到的那样，在其儿童教育思想观念的构建之中，伊拉斯谟使用的材料和理念不少是借鉴自古罗马时代的普鲁塔克、昆体良、西塞罗等古典作家。而在这之中，较之古希腊哲学思维，古罗马儿童教育思想和实践与他的喜好更加契合。

首先，普鲁塔克、昆体良、西塞罗等人的儿童教育观是伊拉斯谟儿童教育观的重要构成部分和学养基主之一。

虽然说文艺复兴时期和近代早期西欧的教育作品多是针对青年或成年人，但也出现了为数不多的针对儿童所写的教育作品。而这些作品或多或少受到古典作家普鲁塔克的启发。这些儿童教育作品效法普鲁塔克，围绕贵族教育，强调对儿童品德的熏陶、对文雅教育的倡导等。伊拉斯谟也概莫例外，深受普鲁塔克的影响。一个关于伊拉斯谟的有趣故事可以从侧面透视这一点。伊拉斯谟编纂的《古代箴言集》，辑录了诸多古希腊古罗马的智慧言行。此书出版后，有人曾指责该作品与普鲁塔克的《箴言辞典》（*Apophthegmata*）多有雷同，迫使伊拉斯谟不得不对自己的作品加以大量增补。[①] 普鲁塔克的影响，尤其显现在家庭教育、优生与早教、天性与后天教育的关系、儿童教育内容等方面。

普鲁塔克的儿童教育观念主要从生、养、教等三个方面来讨论父母、教师等在儿童教育方面的重要性。普鲁塔克极为重视家庭的重要性，认为家庭应该为子女的出生与成长提供必要的保障。普鲁塔克在《道德论丛》一书的开篇就明确认为生育子女是父母的责任区域：只有拥有高贵家世的父母才能产下高贵的子女，所以做父亲的绝不可任意与娼妓、侍妾等没有良好家世出身的妇女厮混，否则他们的子女终生都有着与生俱来的、无法消除的卑贱过往，会始终成为别人谴责和嘲笑的话题。[②] 这种龙生龙凤生凤的阶级固化思维在伊拉斯谟的早期儿童教育观中也是存在的，明显的例

---

① [奥] 斯蒂芬·茨威格：《鹿特丹的伊拉斯谟：辉煌与悲情》，舒昌善译，生活·读书·新知三联书店 2016 年版，第 249 页。

② [古希腊] 普鲁塔克：《道德论丛》（第 1 卷），席代岳译，吉林出版集团有限责任公司 2015 年版，第 1 页。

证就是《论基督教君主的教育》，而后期的儿童教育对象超越贵族阶层的突破也成为伊拉斯谟超越普鲁塔克的明证。同时，普鲁塔克也具有初步的优生认知，他指出父母本身的恶习也极有可能会遗传给他们的子女，所以普鲁塔克特别提醒做丈夫的，要孩子前，切勿饮酒，否则恶习将导致孩子长大之后喜爱杯中之物，个性冲动，头脑不清。① 这些话语和伊拉斯谟的优生认知可谓一脉相承。

生与养是密切相关的。普鲁塔克秉持着某种教育环境决定论的理念，即类似于中国古代的"近朱者赤，近墨者黑"的观念，坚持心灵教育。他认为，儿童的心灵就像是一个最为柔软，极具可塑性的模子，一旦被刻印上深刻的印痕，就不容易消除。为此，母亲应该亲自抚育自己的孩子，还应该非常关注保姆、奴仆、玩伴等这类与儿童往来密切的身边人物。必须严格挑选品性纯良之人来担任这类身边人角色，切勿让儿童与品性低劣、无教养之人成为伙伴。② 此外，为了塑造良好的儿童心灵，普鲁塔克也谈到，有必要制定出一些端庄文雅的举动和谦恭有礼的行为规范，以使儿童有所遵循，遵守秩序，展现彬彬有礼的行为，避免与下流之人交往，感染恶习，甚至父亲要以身作则，成为儿女的表率。③ 正是因为普鲁塔克等教育家对内在心灵与对外在行为的关注，以及伊拉斯谟自身的体悟，让伊拉斯谟更加注意到了塑造儿童心灵以及进行中庸而和缓的儿童教育行为方式的重要性，提出了类似的儿童心灵教育论、儿童教育环境论、身边人论、儿童外在行为教育论等丰富多元的儿童教育思想。

在儿童教育问题上，普鲁塔克构造起天性与教育习得的良性氛围。他认为，儿童良好行为的始点源自天性，但天性要获得发展、臻于至善必须经过教育习得，没有经历教育习得的天性是茫然无所从的，而缺少天性的教育习得也无法获得完美之果。所以，天性和教育习得必须有机结合方能产生最好效用。他以种田来比喻人的教育习得活动，田地要结出甜美的果

---

① ［古希腊］普塔塔克：《道德论丛》（第1卷），席代岳译，吉林出版集团有限责任公司2015年版，第2页。
② ［古希腊］普鲁塔克：《道德论丛》（第1卷），席代岳译，吉林出版集团有限责任公司2015年版，第4—5页。
③ ［古希腊］普鲁塔克：《道德论丛》（第1卷），席代岳译，吉林出版集团有限责任公司2015年版，第16—23页。

实，需要数个先决条件的介入，即要求田地要丰沃、耕种者技艺要精湛、种子质地要优良。在教育习得活动中，他认为人的天性如同田地，教师如同耕者，教师的言行、规范和劝导如同播撒在学生心中的种子。这三者应紧密结合，良性互动才能产生超凡入圣的个体。所以，儿童到达一定的年龄后就应当交给行为举止正当高雅、经验丰富的教师去耕耘，以免耽误儿童成长的农时。①

  儿童应该接受哪些方面的教育内容呢？普鲁塔克认为，儿童应当接受心灵教育，而心灵方面的疾病，唯有哲学方能治愈。为此，他将哲学当成目标，"要将哲学置于所有教育的顶端和前列"②。而且，哲学习得可以赋予儿童成长的所需，儿童们能够清楚地知道，在成功、逆境、快乐等各种重要时刻，何者可为，何者不可为。"经由哲学以及与哲学有关的科目，所能获得的知识：在于明辨荣辱与是非，简而言之就是取舍的拿捏；举凡如何与神明、父母、长者、法律、外人、部属、朋友、妇女、子女和奴仆建立伦常关系……"③ 实际上，普鲁塔克所强调的主要是道德哲学层面的知识，是儿童在公共社会生活中应具备的基本修养。故而，熟悉文雅教育中的每一个科目也顺理成章地成为儿童教育的主要内容之一。当然，除了文雅科目之外，他也没有忽略身体锻炼的重要性，他仍然保有古希腊时代雅典教育的理想，主张父母应该送孩子们去接受体育训练，但是运动量不可过度，以免有害学习。④ 类似地，西塞罗也认为，儿童接受的教化指的是灵魂方面的培育，在心中播种哲学的种子，通过哲思拔除恶习，获得种子成熟后的丰硕收获，达到人自然发展的最高境界。⑤ 对此，正如前述，与普鲁塔克、西塞罗有所差异，伊拉斯谟对玄奇空泛的哲学兴趣不大，他感兴趣的更多是普鲁塔克等人提出的那些具体而微的范例和主张。

---

 ① 具体请参考［古希腊］普鲁塔克《道德论丛》（第1卷），席代岳译，吉林出版集团有限责任公司2015年版，第3页。
 ② ［古希腊］普鲁塔克：《道德论丛》（第1卷），席代岳译，吉林出版集团有限责任公司2015年版，第11页。
 ③ ［古希腊］普鲁塔克：《道德论丛》（第1卷），席代岳译，吉林出版集团有限责任公司2015年版，第12页。
 ④ ［古希腊］普鲁塔克：《道德论丛》（第1卷），席代岳译，吉林出版集团有限责任公司2015年版，第13页。
 ⑤ Cicero. *Tusculan Disputations*（Ⅱ & Ⅴ），Oxford：Oxbow Books，2015，pp. 22-23.

在教学行为方面，普鲁塔克、昆体良等古典教育家，也具有初步的儿童心理学的认识，都十分反对对儿童施加体罚。他认为体罚或凌辱的方式只适合用来处罚奴隶，对自由人的孩子使用赞扬与谴责的方法更为有效，以便帮助其形成高尚的品性，而且责备和鼓励应该以不同方式交替使用，松弛有道，对儿童个性、时机等的拿捏也非常重要。他说："充满信心的小孩因为责骂感到无地自容，称赞他们可以让他们振作精神，如同效仿奶妈的办法，婴儿哭闹不休的时候，就用喂乳予以安抚。提倡赞扬最重要的是恰如其分，过度的夸奖会使他们自命不凡，助长骄纵之心反而坏事。"[1]

其次，伊拉斯谟从古典，尤其是古罗马时代的西塞罗到昆体良的雄辩家教育传统及古典文雅教育体系中汲取了大量的营养要素。

文艺复兴时期的人文主义教育吸收、借鉴、扬弃了古代的修辞学教育传统。修辞学教育传统源于古希腊时期的普罗泰戈拉（Protagoras）等人代表的智者学派（the Sophists），经过与苏格拉底（Socrates）、柏拉图、亚里士多德等人的批判、论战与改造尝试不断发展，并为后来的西塞罗、昆体良等人所传承、扬弃与重构。它主张，通过文法修辞等教育习得以及文雅课程的教育内容，培养人的德性与善，增长人的智识，训练人在公共事务中依据听众或读者的接受心理去选择恰当的修辞风格从事演说或撰写文章等实用技能。

西塞罗在这个教育传统中融汇了更多的哲学思维。一方面，在他的著作《论雄辩家》中，他的教育理想即培养一位真正的雄辩家。而所谓真正的雄辩家必须具有哲学、政治、文学、艺术、数学等很多方面的文化修养和知识素养。而人类的优越性与价值在于品质和精神方面拥有高尚的品德、丰富的智慧和对具体事务的责任而非空谈，因此，在雄辩家的培养训练中，他将道德哲学与社会责任置于中心位置。另一方面，西塞罗也认为知识必须要能有所用，能对行动实践有所助益。[2] 因此，一位优秀的雄辩家应该具有能够做出正确社会价值判断的能力，也应当拥有在公共讲坛上

---

[1] ［古希腊］普鲁塔克：《道德论丛》（第1卷），席代岳译，吉林出版集团有限责任公司2015年版，第14页。

[2] 转自［古罗马］昆体良《昆体良教育论著选》，任钟印选译，人民教育出版社1989年版，第188—232页。

准确表达自己信念的能力，以期引导他人追随自己的理想，从而不断增进城邦的公共福祉。"……不论在讲话中突然出现什么论题，他都能就这个论题以渊博的知识、巧妙的方法、诱人的魅力与很强的记忆力以及落落大方的文雅举止发表演说。"① 所以，在雄辩家的教育中必须进行修辞的训练，培养出动人有力的演讲口才与言辞文采。换言之，智慧要与文采携手并进，哲学要与修辞联手而行，才能打造出一位真正的雄辩家。对能力、社会责任感与道德的强调，与伊拉斯谟的儿童教育理想也是契合的。但西塞罗看重的只是教育结果，对教育的过程、方法等没有过多涉及。伊拉斯谟弥补了西塞罗的部分缺憾。

昆体良是古罗马教育史上的一座里程碑式的人物。但昆体良不像西塞罗那样过度看重哲学的价值，而是更加强调人们对公共事务的积极参与和道德培养。昆体良的《雄辩术原理》即强调以培养政治公共事务方面人才为目标的系统儿童教育思想。它不同于西塞罗的重理论轻实践，这是昆体良为培养雄辩家而设立的一套具体而完善的训练体系，也是儿童文雅教育的实施方案。昆体良将儿童教育过程主要分成三个阶段，即文字训练、文法训练和修辞训练，主张在不同阶段进行不同层次水平、不同教学内容的教育实践。由于伊拉斯谟的儿童教育主张部分借鉴于此，比如，他同样赞同类似的三阶段论。笔者在此将之较为详细地列出，以便笔者对二者之间的关联与异同做一铺垫。

在第一个阶段，即幼童教育阶段，昆体良特别强调它是所有教育的基础，人格的早期塑造就是从这里开启，而且早期的家庭教育也将对儿童的将来造成最为久远的影响。所以，孩子一经出生，父亲就应该对子女抱有最大的希望和关注，从一开始就精心关怀、时刻关注儿童教育。首先，最要紧的是，应该为儿童谨慎地选择一位"最好的保姆"，她至少受过教育、品德纯良而且语言必须准确，因为"儿童首先听到的就是她们的声音，首先模仿的是她们的言语"，"无论如何也要有一个在语言上有良好修养的人陪在孩子身边"，以免不正确的语言成为根深蒂固的习惯，那样

---

① ［古罗马］昆体良：《昆体良教育论著选》，任钟印选译，人民教育出版社1989年版，第207页。

的话，再想纠正也不过是亡羊补牢之策罢了。[①] 至于认字等教育训练，昆体良认为从儿童很小的时候就可以慢慢培养。但是昆体良也特别提醒父母和教师，切勿贪多求快，采取暴力强迫手段去压服儿童学习。例如，千万不要强求他们完成挤得满满的作业，不要在他们还不能热爱学习的时候就因为在儿童时代品尝过苦艾而厌恶学习。[②] 而且，教师要使早期的儿童教育成为一种娱乐，积极地进行学习引导，努力使教育和学习活动变得有趣，让儿童通过游戏来学习，并使用言语鼓励竞争，激励他们进行学习："要向学生提出问题，对他们的回答予以赞扬，绝不要让他以不知道为快乐；有时，如果他不愿意学习，就当着他面去教他所嫉妒的另一个孩子，有时要让他和其他孩子比赛，经常认为自己在比赛中获胜，用那个年龄所珍视的奖励去鼓励他在竞赛中获胜。"[③] "对我而言，我喜欢学生有敏感的荣辱观，因荣耀而自豪，也因挫败而流泪。"[④] 由于昆体良倡导团体竞争，故而在崇尚师生一对一或处于儿童不同年龄层次的一对多的家庭私人教学活动中难以有效展开。因而，昆体良也希望儿童可以被送到公共学校的教育体系之中接受儿童教育，以便所倡导的教学手段得以有效展开。

昆体良倡导尊重儿童个性。因而，一位擅长教学的高明教师的首要职责是洞察孩子的能力和天赋素质。[⑤] 换言之，高明的教师必须善于通过细微的观察，了解每位儿童所具有的学习能力和性格的差异，他们或长于逻辑分析，或长于形象记忆，或长于体育运动，或长于雄辩表达，或长于音乐、绘画……正如昆体良所言，"因为各个人的才能的确有着不可思议的

---

① ［古罗马］昆体良：《昆体良教育论著选》，任钟印选译，人民教育出版社1989年版，第10—11、13页。

② ［古罗马］昆体良：《昆体良教育论著选》，任钟印选译，人民教育出版社1989年版，第14—15页。

③ ［古罗马］昆体良：《昆体良教育论著选》，任钟印选译，人民教育出版社1989年版，第15页。

④ ［法］加布里埃尔·孔佩雷：《教育学史》，张瑜、王强译，山东教育出版社2013年版，第39页。

⑤ ［古罗马］昆体良：《昆体良教育论著选》，任钟印选译，人民教育出版社1989年版，第25页；［法］加布里埃尔·孔佩雷：《教育学史》，张瑜、王强译，山东教育出版社2013年版，第39页。

差别，人心之不同，各如其面"。① 因此，教师必须尊重每位儿童的个体价值，承认每位儿童具有相异的天赋和个性，不能用统一或一刀切的教学形式去对待。伊拉斯谟同样秉持此种认识。

已经在第一阶段顺利学会阅读和写字的儿童，他的学习在第二个阶段就需要升级了，要从简单的读写，扩大到文法写作、天文物理、音乐等训练。这一阶段学习的主要特点是偏重文雅教育，尤其是文法教育。至于教学的具体方法则是让学生通过接触大量的古代文化经典，借由恩培多克里、西塞罗、贺拉斯等人的作品启发儿童的心智，训练儿童的文学风格，而后使学习者书写流畅、演讲动人，辅以身体恰当、得体的动作。而引导者的价值越发重要，学习者能否领会作品的意涵，学有成效，就取决于是否拥有一位学问渊博、品德高尚的教师。② 可以说，伊拉斯谟与此教育理念是一脉相承的。

第三个阶段是儿童教育的最后一个阶段，也是最为高深且专业的修辞训练阶段。课程安排上，这一阶段以写作和演讲训练为主，还要学习其他知识以增强演讲的效果。在这一阶段，教师的角色同样重要。教师要严于律己，以慈父态度对待学生，代行父亲的职责，以仁慈纯净之心保护儿童免受恶习的侵染。教师对待学生要严峻但不能冷酷，和蔼而不纵容，既不吝啬于表扬学生，也不能过于慷慨浮夸。他也不能讽刺挖苦、辱骂、嫌恶学生，以免挫伤儿童的学习积极性。③ 相对地，学生尊师也不亚于重道，应当将教师视为自己心智上的慈父，相信教师的教导，愉快地听讲，愿意仿效教师，并且专心学习、努力用功以获得教师的珍爱。昆体良相信，教师的职责是教，学生的职责是证明他们是可教的；师生之间这两种义务是缺一不可的。如果没有传递者和接受者之间的协调一致的合作，教育习得就无法臻至完满成熟的境地。④

---

① ［古罗马］昆体良：《昆体良教育论著选》，任钟印选译，人民教育出版社1989年版，第89页。

② 参见［古罗马］昆体良《昆体良教育论著选》，任钟印选译，人民教育出版社1989年版，第28—63页。

③ ［古罗马］昆体良：《昆体良教育论著选》，任钟印选译，人民教育出版社1989年版，第64—69页。

④ ［古罗马］昆体良：《昆体良教育论著选》，任钟印选译，人民教育出版社1989年版，第92—93页。

昆体良的教育目的是培养一位优秀的雄辩家。笔者以为，昆体良认可的演说家最重要的特质不在于西塞罗所认可的滔滔雄辩的能力，而是必须首先是个善于言辞的善良之人。"既然雄辩家是善良的人，我们不能想象这种人是没有高尚道德的人；高尚道德虽然来自某种天性的冲动，它仍需教育使之完善。雄辩家的学习首要的是培养德行，他必须了解一切关于正义的、值得尊敬的事项，不了解这些，任何人都不能成为善良的人，也不能成为精于雄辩的人。""不论何人，如果没有洞察人的本性，如果没有通过学习和反省形成自己的道德，他就不可能在演说上臻于尽善尽美之境。"① 所以，在昆体良的教育中，道德教学和雄辩训练是密不可分的。雄辩家不仅要有杰出的演讲技艺，而且要身具高尚的道德德性，换言之，品格的陶冶与智慧的养成是一体两面的关系。

如果我们将伊拉斯谟的儿童教育思想与西塞罗、昆体良，尤其是昆体良教育理念做一番比较，就会发现其中具有的相似性。从对雄辩家的培养过程、循序渐进的教学过程、对教师品格和责任的重视、对师生关系的梳理、对体罚的反对，到尊重个体差异的教学方法，我们可以从伊拉斯谟的字里行间发现昆体良的认知对伊拉斯谟具有无与伦比的影响力，二人有着共同的人道精神以及崇高的道德目的。对伊拉斯谟相关观念的探讨，笔者将在后文中予以详细评介。此处仅略做铺垫。

总之，无论是普鲁塔克还是昆体良，抑或其他古代作家，都不过是伊拉斯谟取之不尽的古代智慧源泉罢了。在伊拉斯谟这位人文主义立场的教师看来，无论是古代基督教的著作还是古代异教徒的著作都可"有教无类"，用来培养特别的视野眼光和思维习惯，以便塑造德性。事实上，伊拉斯谟在他的作品中借教导王子为君之道的机会，提出了一套学习古代智慧的系统程序：

> 如果有哪一位导师接受我的建议，一旦男孩掌握了语言，就给他读所罗门的箴言、传道书、智慧书，不要让小伙子在夸夸其谈的解经者手下受那臭名昭著的四种义理的折磨，而要以简明便捷的方式向他

---

① ［古罗马］昆体良：《昆体良教育论著选》，任钟印选译，人民教育出版社1989年版，第165页。

展示与良君之职司切切相关的职责。首先，必须培养对于作者及其作品的一种喜爱之情。可以说："你天生注定为王。这位作者教导了为君之道。你是国王之子，自己就是王储；你会听到最睿智的国王如何教育他正准备继承王位的儿子。"接下来就是福音书。在这里，你用什么样的方式在男孩心中点燃对于作者和作品的热爱非常重要。因为事情要进展得顺利合意，有赖于解经者心思巧妙，口才娴熟，能够简洁、清晰、令人信服甚至令人激动地和男孩交流，不是教给他所有东西，而是那些与君王角色特别相关、有助于清除他脑海中属于庸君的危险立场。第三步，是普鲁塔克的《格言集》，然后是《道德论丛》，因为你再找不到什么别的东西比这更健康明智了，并且我认为他的《希腊罗马名人传》比其他任何人的类似作品都更值得指定阅读。普鲁塔克之后，我不难指定是塞涅卡，因为他的作品催人奋进，激励读者以令人赞叹的方式培养正直的人格，提升精神，超越世俗关怀，尤其是它们还反复不断地斥责暴政统治。从亚里士多德的《政治学》和西塞罗的《论责任》中确实能摘出许多非常值得留意的嘉言警句，但依我之见，柏拉图在此问题上的论述更显纯正，而西塞罗在其讨论《法篇》的著作（因为柏拉图的《理想国》业已失传）中也在一定程度上仿效他。当然，我现在并不是不承认，从阅读史家当中可以获取相当的智慧，但你也会从同样这些作者那里得到颇具破坏性的观念，除非你预做准备，读有取舍。①

## 二　共时性之基：同时代人思想的共鸣

大约从15世纪下半叶开始，意大利文艺复兴思潮逐渐向北推移。但欧洲北部并非将南方意大利的思想予以完全移植。究其原因，从宗教层面上来看，正如前述，15世纪后半叶正是16世纪初即将到来的宗教改革的最后酝酿时期，针对教会内部的改革呼声不绝于耳，许多欧洲北部学者的视域投射在宗教事务之上是应有之义。在政治层面上，北部诸国较为稳固的君主政体迥异于意大利各地区商品经济发达的城市或城市国家文化，因

---

① ［荷］伊拉斯谟：《论基督教君主的教育》，李康译，商务印书馆2017年版，第82—83页。

而欧洲北部的思想必然要与君主统治的政治环境相契合。在文化层面上，意大利地处地中海贸易圈，商品贸易发达，商业、法律等世俗性应用文化较为发达，且是古罗马文化的所在地，人文传统较为浓郁。故而，传入欧洲北部的意大利人文主义思潮出现了地域性特点，形成了所谓的基督教人文主义的新类型。该人文主义类型讨论宗教或神学目标，倡导古典文化和修辞、演讲等技巧训练，且兼具重视帝王镜鉴之学。伊拉斯谟正是这种基督教人文主义的代表人物之一。意大利的文艺复兴对他而言，是启迪，更是共鸣。文艺复兴带来了新知识的流行，首先就是古典知识的再生与更新，尤其是传统累积的拉丁、希腊等语言以及古典文学的复兴；其次是新方法的兴起与使用，它主要表现为以考古学、文献学，尤其是文献校勘学，对圣经、教父神学等古代基督教文献资料进行考辨纠谬、重新释义等。当时社会流行的对人的地位、人的德行的讨论，以及前文提及的人文主义教育思想也是伊拉斯谟的关注焦点之一。

首先，伊拉斯谟具有时代现实主义精神，积极汲取各种新兴的新知识、新方法。

从思想发展脉络来看，一般来说中古时期思想界可以视之为柏拉图、亚里士多德思想的某种较量。中古前期流行糅合了基督教思想的柏拉图主义，然后逐渐让位于中古中后期的新亚里士多德主义，文艺复兴则存在一个不断质疑此主流传统的过程，尤其表现在此时期新柏拉图主义的兴起。但实际上，虽然文艺复兴中蕴含对亚里士多德主义的某些反抗，但亚里士多德主义的思想基础依然十分稳固，从长远来看，新柏拉图主义也未能取代亚里士多德主义。同时，我们也不能忽略在中古时期的学术中，也存有其他古典知识传统，如雄辩家传统与自由七艺教育传统等。所以，文艺复兴时代的新知识，并非真正新兴创造的知识，而是对包括亚里士多德和柏拉图思想在内的古典文化的再融汇、再认识、再阐释、再评价。

这一时期的人文主义学者从仰慕古代、崇尚古典文化的情怀出发，像找寻被掩埋的宝藏一样在欧洲各地的图书馆、修道院、教堂，甚至废墟中，发掘尘封已久的古代希腊文和拉丁文作品，其中包括对当时教育思想产生了极大影响的几部作品，即西塞罗的《论雄辩家》、昆体良的《雄辩术原理》、普鲁塔克的《论儿童的教育》。同时，他们还从前来求助或逃难的拜占庭①学者手中得到了大量的古代典籍。人文主义者从新取得的各种版本中发觉旧有的版本和注释作品中存在着诸多文字和时间上的差异，甚至是讹误，于是他们致力于校订文本，却意外地从中发现了一个崭新的古代世界，一个不尽相同于他们从中古西欧的注释文本中所了解的古代希腊罗马文明。罗马文明的荣光以及展现在经济上的活跃、政治生活中的自由以及艺术表现上的高度，尤其是地域上的某种重合，更是让意大利人感到一种天然的亲近感，将自己视为罗马的正统、嫡系传人。然而，让他们痛苦和困惑的是，他们在这一过程中认识到，中古时期其实也是古典文化艺术不断衰微的过程。意大利的中古文明已经不纯粹，在很多方面它混杂了基督教文化、日耳曼文化以及其他说不清道不明的杂质，与古典文化产生了诸多差异、隔阂，甚至因这种混杂而呈现出倒退的迹象。因此一种历史文化使命感油然而生。因此，他们希冀回到本源，找回最初，以古代本身来理解古代。

人文主义者这种情怀引发了许多认识古代的新方法的兴起，例如，对古迹古物的重视与保护，直接开启了博物学派的现代发展。而最常见的是文献考古方法，通过文法、字源、修辞等加上历史学、考古学等辨明真伪，以便真正提升自身对古代的认知，改变以往重论轻史的某种研究习惯。在这方面，瓦拉（Lorenzo Valla）②，尤其是瓦拉的主要作品《新约注释》（*In Novum Testamentum ex Diversorum Utriusque Linguae Codicum Collatione Adnotationes*）对伊拉斯谟的影响较大。瓦拉挑战了中古以来的神学研究方法。他指出，圣经研究应该从希腊和罗马语言、历史等着手，因此他使用文献校勘的方法对早期基督教父及其他基督教派的众多作品进行考证，并校订了拉丁文圣经中多条或传抄或翻译或理解讹误的地方。瓦拉影

---

① 拜占庭，一般说来，330年罗马帝国营建东都君士坦丁堡（今土耳其的伊斯坦布尔）后，统治重心从罗马逐渐东移，后又以君士坦丁堡和罗马各自为都分为东西两部罗马，西罗马灭亡后，东部罗马存续，即学术上所称的拜占庭帝国，信奉基督教（东正教），直至1453年被奥斯曼土耳其人灭亡。文艺复兴早期，拜占庭风雨飘摇，不断向基督教兄弟国家求援，由此拜占庭典籍不断传入西欧。拜占庭灭亡后，更多书籍随贵族逃难者的携带而流入。

② 历史上关于教皇国国土合法性来源最为著名的文件《君士坦丁的赠礼》的证伪即是瓦拉使用此方法的杰作，瓦拉依据文献中的文法修辞、词汇拼写等，与同时代文献进行比较，发现许多拼写、用法在同时代并未出现，而是在8世纪文献中广泛存在，证明这一中世纪时被当作权威的文件并不是4世纪君士坦丁大帝时期的文件，而是8世纪后伪造的。

响了许多基督教人文主义者①,除了伊拉斯谟以外,还包括他的好友科利特等人。他们不但检校拉丁文圣经的正确性,也产生了这样一种认知:由语言文字构成的文本意义的阐释应该由文法修辞学家来完成,而非哲学家的工作;圣经研究应该回归古代基督教作品本身,也就是回归圣经本身和早期教父的作品中来,并且和历史学、文献学相结合,方能够剥离各种谬误,正本清源。

这种认知与当时各种新知识、新方法的兴起,也影响了伊拉斯谟儿童教育的部分基本内容,例如,教学内容上注重语言文字等的训练,并以包括基督教和异教作品在内的古代作品的学习为基础,从精神思想的层面、文献学角度等多元理解古代文学艺术,并且追求优雅、简明而又符合现实的修辞方式和文学表达。

其次,人文主义教育对伊拉斯谟的影响。

一般认为,现代教育开启于文艺复兴时期,正是在文艺复兴时期逐渐成型的一些教育方法经过后来长期发展、完善,并不断被运用于教学实践,最终促成了现代教育的诞生。不论人文主义者的美德观与既有社会制度的结合有多么深刻,他们共同的信念都是人的尊荣与高贵,应该由人的德性来决定,而非单纯以出身和血统作为标准,这与伊拉斯谟主张人并非生而为人,教而为人,以及出身低微的人更应该学习文雅教育的出发点是一致的。但德性又如何产生呢?包括伊拉斯谟在内的人文主义者则将此重大责任放在教育以及教育者的肩膀上。

实际上,大多数的人文主义者本身就拥有类似伊拉斯谟这样的教师身份,充当家庭教师或学校教师,只有极少数人可以依靠神职或文学创作、出版书籍或担任政府官职为生。这些教师所教导的主要科目就是诸如文学、哲学、历史、艺术等在内的人文学科(studia humanitais)。人文(humanitas)一词通常被认为源自古代希腊学者的文化理念。与现代人文学科的概念有所不同的是,古希腊教育所倡导的是思想人文方面的教化

---

① 基督教人文主义者,Christian Humanist,西方学者认为这一术语虽然方便易记,但也容易引起误解,最好扔掉这一标签,单独个案考量,如同样被冠以基督教人文主义者名号的科利特就不信任希腊文学,不主张学习希腊文,自身也不会希腊文,而莫尔、伊拉斯谟等人则主张学习这两种语言。参见 E. Reynolds, *Thomas More and Erasmus*, New York: Fordham University Press, 1965, p. 247。

(paideia）被翻译成拥有类似含义的古罗马拉丁文的 humanitas，用以指称人类培养具有全方位优秀素质之人的教育或文化，而二者所提供的就是经由研究古代文化的精神与价值，来充实与提升人的心灵。同时，古代人文概念狭义上往往在通常所称的文法、修辞等学科之外，有时也会将天文、地理、代数、几何等学科囊括在内。从广义上论，它带有文明开化、智慧渊博、人性善良正直、言行举止文雅礼貌等形容人类一切美好德性、完善品格的含义。在古代希腊罗马学者以及文艺复兴时期的学者看来，这些人文素养并非人类与生俱来的禀赋，人唯有通过教育、规训等发展起自身的理性，进而由理性获得自身的独特人性。如对西塞罗而言，成为人就意味着不断地学习和自我规训，而从事教育事业也是他可以为共和国所做的最好的和最伟大的贡献。[1] 文艺复兴时，瓜利诺（Batista Guarino）也指出："万物皆有天赋本能，马天性能跑，鸟天性善飞，人的天性是学习。因此，……我们称之为人文学科的，就是属于人性的追求和活动，……没有一种知识所及范围是如此广泛。"[2] 这与伊拉斯谟的某些儿童教育观念是一致的。瓜利诺还曾翻译普鲁塔克的《论儿童的教育》，而昆体良的《雄辩术原理》也被人在修道院中发现。这两本书在当时引起了广泛关注，也刺激了许多教育作品的产生。

在众多的教育理论书籍中，他们的教育理想大致可以归纳为博学多识与能文善辩。就博学多识而言，人文主义者尝试打破传统的知识与职业契合的知识樊篱的习惯设定。中世纪时，西欧人常有群体属性设定，例如有祈祷的人（教会神职人员）、作战的人（贵族与骑士[3]）、劳作的人（工商农从业者）。[4] 教育与知识也有着浓厚的职业功能取向，典型的是神学家（神职人员）、骑士、医生（又可区分为内科医生、外科医生，地位不同）、律师……这些人各自接受不同的专业学科训练，完全局限在他们所属的身份群体或团体，如行会之中。其中最大的区隔属于祈祷的人和其他

---

[1] ［法］加布里埃尔·孔佩雷：《教育学史》，张瑜、王强译，山东教育出版社 2013 年版，第 36 页。

[2] W. H. Woodward, *Vittorino da Feltre and Other Humanist Educators*, Cambridge: Cambridge University Press, 1897, p. 177.

[3] 二者关系复杂，一般而言贵族可以成为骑士，但骑士未必都是贵族。

[4] 朱寰主编：《世界古代史》（下册），高等教育出版社 2016 年版，第 135 页。

两类俗人，即作战的人与劳作的人的教育。作战的人的社会职责就是为维护秩序与扩大生产空间而战，因此除了必要的基础文字、宗教教育之外，以军事能力为主，强调骑士精神、战略战术等。工商业者的教育也大致以其特殊的职业技能为导向，以实用为基础，不必太过讲究文辞优雅与知识品位。

  15 世纪初，人文主义者开始尝试消弭这种旧有区隔，或更准确地说是试图以新的区隔建构来取代旧有的职业功能区隔。新的时代兼容各种知识，广泛地吸收有关文学、哲学、神学、历史、天文、数学、军事、地理等各类知识，他们似乎不再追求知识的专精，而是向往塑造一种新时代的文艺复兴之人，与时代同步。但事实上，他们并不是真的要去追逐一种百科全书式的知识教育，在教学科目侧重上还是以古典语言、古典文学、修辞雄辩、历史与道德哲学为主。因为他们相信通过这些科目的训练才能使人达于至善，臻至完美。他们吸收了古代的人性理念，认为人之所以有别于其他动物，最为重要的关键在于人具有语言的能力，具有判别是非善恶的能力，因此他们强调的这些科目就着重锻炼人类语言的华彩，启迪人类择善祛恶的心灵。所以，究其实质，人文主义者并非以彻底开放的心态坦然面对各种知识，在某种程度上，他们依然具有强烈的专业取向。如有学者就清晰地表达出："我理想的学生，是一个真切的、具有远大抱负之人，对任何一种有价值的知识都会感兴趣。但是选择能力非常重要。对某些知识，我希望他能有所节制，而对另一些知识，我将全力鼓励。因此，对某些知识，常识就已经足够，更精细的研究和过分的热情投入似乎颇为浪费。譬如数学与天文学就是此类，不值得精心研究。"[①]

  能文善辩，主要指的是知识的书面和口头表达能力。古典时代，这近乎是西方精英的一种职业技能。人文主义者认为丰富的智慧、广博的学识如果不能够流利地予以表达，那只是完成了一半工作。况且，人具有社会性，生活在群体之中，理所应当对周边的家庭、社会和国家，有所思有所感有所担当。因此，较之沉思安逸的清谈离世的生活方式，他们更为欣赏那些积极入世参与公共事务之人。而参与公共事务活动，是古希腊罗马文

---

[①] W. H. Woodward, *Vittorino da Feltre and Other Humanist Educators*, Cambridge: Cambridge University Press, 1897, p.126.

明人的主要表现和生活特征之一，也成为人文主义学者的某种时代共识。为了让知识充分发挥效用，他们认为人应该将其所学知识通过优美的文法修辞，向外传达给社会，并且能够深深牵动读者听者的情感，进而产生共鸣，引导听者读者朝向善行与美德的道路不断行进。换言之，真理需要文采的助益，哲学应有修辞为伴："它们是知识研究的一体两面，不能分割，而应相互助益。文章流畅却无真理和事实，则华而不实，而只有广博的内容却无优美的表达，则浮云蔽日，光芒不显，毫无用处。……如果两者都能存在于某人身上，既博学多识，又能文善辩，那么他才会获得最持久的美誉。"①

因此，修辞学在人文主义教育中扮演着十分重要的角色，它不是锦上添花的装饰品，而是一项新时代文雅人必备的素养。优美而流畅的表达展现着一位雄辩家广博的人文学养、清晰的理性逻辑以及崇高的道德品行。因此一位卓越的雄辩家就是意大利人文主义学者所认可的理想公民。古希腊罗马时代的哲学家教育传统和雄辩家教育传统在其后漫长的西方千年历史中沉沉浮浮，并行发展，时而对立，时而对话、交融。文艺复兴时期，这两种传统的嬗变、拓延带来了各种各样教育思想的提出和教育实践。它们或关注公民治理国家的研究能力，或侧重公民的表达能力，或教人永无止境地追求真理，追求高深知识，思考人类的终极关怀以及与命运相关联的政治、法律、伦理等事务，或探讨智识精英与演说修辞技巧的具象关联。古罗马时代，尤为如此。能担负领袖职责，能够进行公开的公众辩论，道德高尚、能力出众的雄辩家是罗马教育的主要培养目标之一。这种教育目标更为关注受教育者与社会的内在联系和现实价值，也与人文主义有着更高的契合性。可以说，意大利人文主义学者的教育思想，基本上有着浓厚的城市和世俗取向，因为他们主要训练的对象是世俗的城市市民而非神职人员，所强调的主要科目是古典的语言和文学，而非教士的宗教神学。人文主义教育的对象基本上是那些掌控城市主要政治经济权力与生活的人，包括统治阶级、工商业中上层人士及其子弟。领导民众、发表演说、传播信息是这一时期意大利人文主义者主张的政治领导者的基本行事

---

① W. H. Woodward, *Vittorino da Feltre and Other Humanist Educators*, Cambridge: Cambridge University Press, 1897, pp. 132–133.

方式，美德、高尚人格与演讲口才也是政治领导者吸引民众的基本素质。到了 15 世纪下半叶，这种趋向更加明显。许多政治镜鉴书作家专门针对君主、大臣写下了许多有关教育的书籍。例如，著名的卡斯廷利欧写于 16 世纪初的《廷臣论》，从出身、仪容、美德、言行举止等方面探讨了一名作为完美廷臣应具有的基本素质。

16 世纪，欧洲北部的人文主义教育大致接续了 15 世纪意大利人文主义学者的思维认知与实践探索。而这一时期教育观念的几点特色对出身欧洲北部的伊拉斯谟教育观念的形成产生了重要影响。

其一，人文主义的价值观与社会既有权力体系密不可分，而教育的新理念与当时统治阶级的结合意愿更是非常强烈。在欧洲的人文主义学者中，不少人尤其强调以人文主义教育来养成统治者的美德。同时，这一时期的一大特色即出现了众多关于如何教育君主（王公贵族）的作品。人文主义的主要教育目的之一就是要提供"一个受过教育的统治阶级，通过对他们进行教育，为王公贵族和公共福利服务，这是现代国家的主要需要"①。他们非常喜欢借用古希腊时代亚里士多德教导亚历山大大帝的事例，鼓励王公贵族要接受古典文化的陶冶，让文字教化的力量取代他们刀剑的力量。这也反映出人文主义学者具有一种以教导君主为己任、以服侍君主为主务的态度。伊拉斯谟也未能免俗，《论基督教君主的教育》可见一斑。另外，在教学对象、方法上也直接或间接增强了这种与统治阶级相结合的倾向。因为人文主义教师十分重视对贵族的教育，重视知识的背诵与记忆，往往要求学生不断重复背诵所学的文法、发音等，而不加质疑。文艺复兴时期的西塞罗派便是如此。因此，从这一点上看，人文主义教育与古代传统另一脉强调质疑、辩驳的教育训练相比，缺乏独立、怀疑态度以及对于政治权威的批判精神，反而强调对政治权威的遵循和服从，显得驯服而温顺。而这种价值理念也是当时西欧主要国家纷纷建立起绝对君主制、加强中央集权的思想基础之一。

其二，人文主义学者宣称在教育对象中"发现"了儿童，提出一整套新的教育课程和教育目标，对儿童教育有了新的理解。或许是受到昆体

---

① K. Charlton, *Education in Renaissance England*, Toronto: University of Toronto Press, 1965, p. 85.

良、普鲁塔克等古代作家的影响和刺激,尤其是普鲁塔克相关儿童教育著作的发现,以及对中世纪的过度贬抑,人文主义学者宣称发现了一度为中世纪所忽视的儿童,注意到儿童教育是一切教育的始基,儿童的全面发展如果没有他人的帮助就无法真正实现,因而父母、教师,乃至整个社会都有责任有义务为儿童提供良好的教育。同时,"天命之谓性,率性之谓道,**修道之谓教**"①,他们也主张教育应基于天性而行,父母、教师应该细心观察孩子特有的天性和兴趣,一旦清楚了解儿童的性格后,就应该采取正确的方法,因材施教,约束和培养教育者与学生之间的关系,仔细平衡、思考教育内容和传授方式的关系等教育问题,以便让孩子们能够率性发展。这种对儿童教育的重视,充分显现在伊拉斯谟的各种教育作品中,与其他人的散乱相比,伊拉斯谟的《论儿童的早期文雅教育》和《论儿童的礼仪教育》二书更是专门讨论儿童教育问题的著作,其间既有继承发展,又有开拓延展。

人文主义学者在传统的身心二元论上有所突破,更加强调对外在行为塑造的可能性并凸显其价值。他们鼓励学生学习良好的礼仪,包括在教堂、卧室等各种场合所应遵循的礼仪规范、服饰、身体姿态等种种合宜有礼貌的行为规范。20世纪德国学者埃利阿斯认为,这种倡导实际上就是一种文明化的过程,最终形成"自我控制的社会控制",即人应该懂得以规范来制约自己的欲望、冲动,并自觉地追求有教养的社会言行举止,成为一个文明人。② 在这些对礼仪相当重视的早期人文主义学者之中,伊拉斯谟是学说最为系统、影响最大的一位。他的作品《论儿童的礼仪教育》几乎成为当时和此后三百年欧洲各国精英家庭和学校教养儿童规范的标准参考书。

其三,人文主义学者虽然关注男性群体,但少部分人也关注到女性。文艺复兴时期的权力结构虽然基本上是由男权主导的,女性备受压制。当时的妇女,虽然也可以接受人文主义教育,也有少数才学卓越出众的女子,但她们的学问似乎只能存在于闺房之内。如果轻率地在大众面前展现

---

① 语出《中庸》。
② [德]诺贝特·埃利亚斯:《文明的进程:文明的社会起源和心理起源的研究》(第1卷),王佩莉译,生活·读书·新知三联书店1998年版,第114、121—130页。

精妙的文采，则会被视为不恰当的行为。因此，女性学者难以进入男性学者主导的公共领域之中，而且她能否成为一名人文学者也必须视她贞洁与否。当时男性对女性学者的赞誉，往往与社会既有的性别理想一致，诸如温驯、贞洁、谦逊、美丽这一类，但这并不代表着人文教育者不重视女子教育。当然，更多的是从养育子女的功能性角色来看待女性的教育，认为温文有德的母亲才能培养出优秀的男性公民。有现代女性主义学者对此并不满意，认为人文主义教育革命的一个最终结果是加剧了男性的公共职能和地位与女性的私人职能和地位之间的分裂发展。① 伊拉斯谟教育的对象虽然也是以男性为主，对于女性的教育也多有涉及。他的主要视角之一是从婚姻的角度来看待女性教育的，这一方面的作品如《论基督徒寡妇》《婚姻礼赞》《基督教婚姻守则》等。事实上，他还是一位超越时代的倡导女性教育的男性教育家。他所倡导的教育体系改革，超越了对女性的基础读写能力教育，也倡导女性教育要回归文本，探索古代文本。其间既有时代的烙印，也促进了女性教育的时代进步。女性在家庭中的地位和男性在公共领域中的地位是社会组织中一个长期存在的部分，这种分离是一个长时段现象，并未因文艺复兴和人文主义而加剧，反而孕育了未来女性通过教育走向共享公共领域的新起点和无限可能。

总之，对于伊拉斯谟这样一位思想家而言，他那振聋发聩的伟大儿童教育思想观念的生成依赖于时代的氛围刺激、前人的智慧汲取和时人的启发、个人的经历遭遇与情怀感触。

---

① Kate Aughterson, *Renaissance Women: A Sourcebook*, London: Routledge, 1995, pp. 161 - 162.

第 三 章

# 成为至善完人：一体多面的教育目的论

教育活动要回答的首要问题是，它将会将学生引向何方，换言之，它有着怎样的目的性，要培养怎样的人。通常而言，目的性是人类活动的根本属性之一，构成了人类活动与动物活动的基本差别。教育活动的目的性，也是教育健康发展的重要保证。教育不仅仅是一项传授知识的活动，更重要的意义在于它也是一项立德树人、培养有用之人的活动。教育作为一项培养人的活动，涉及每个人的发展，涉及要将每个人培养成怎样的人等教育问题。而教育若没有目的，就如同航船没有舵轮，将会失去方向的指引。教育目的也将清晰呈现教育家心中高尚的理想和制度化的社会期望。伊拉斯谟的儿童教育目的论展现出他对人性、美德、宗教、政治与社会等的深度思考。

## 第一节 "认识你自己"：人性的重塑

西方文明的出发点之一就在于人。西方上古时代的神话传说中，就存在诸多先民对人的问题的最初思考。古希腊罗马时代，人类很长时间一直对人的尊贵和优越有着清晰的认知。古希腊神人同形共性的宗教观、德尔菲神庙石碑上铭刻的"认识你自己"（希腊文：γνῶθι σεαυτόν，英文：Know thyself）这一箴言以及苏格拉底"认识你自己"的名言，昭示古希腊人对自身地位及其主观认识能力重要性的认识。[①] 古希腊著名史家修昔底德也不厌其烦地在作品中借助他人之口宣称人是第一重要的。罗马帝国

---

① ［英］罗素：《西方哲学史》（上卷），何兆武等译，商务印书馆2005年版，第78—79页。

后期虽然受到基督教的影响，但基督教神学人性观尚未全面笼罩人们的思考。而在圣奥古斯丁等神学家的努力建构之下，中世纪的千年时光中基督教勃兴，传统中人的自然本性认知，人的地位与价值折损于亚当、夏娃的堕落及人类被逐出伊甸园，人的尊贵逐渐让位于神的至高无上，人类永无止境的悲惨境遇和神的意旨以及最终救赎故事成为中世纪西方人思考的主题。无所不知、无所不能的上帝成为西方所有知识分子的导师，人类的天赋能力成为上帝的赐予之物，"先信仰，后理解"（拉丁文：fides praecedens, intellectum sequens）成为基督教所倡导的认知论的出发点，宗教也由此成为教育的目的。[①] 15—16 世纪，宗教虽然受到巨大冲击，但依然具有巨大的时代价值。宗教改革家路德将宗教作为教育的最终极目标，代表了他的内心对信仰和人类救赎的深切关怀。而伊拉斯谟的教育目的也指出，"教育者的第一工作是将宗教虔诚的种子植入稚嫩的心灵"。[②]

文艺复兴时期是一个重新发现并塑造人的时代。文艺复兴时期的新发现源于对古代智慧的搜集与认识。人文主义学者们从亚里士多德、柏拉图等人的著作中发现，人的灵魂与肉体、人的天赋才能与技艺、人的快乐与情绪等涉及人自身的问题才是他们关注的中心议题，因而逐渐形成几个引发激烈争论的问题，这包括神人关系中对人的地位、灵魂是否永生不朽等问题。这些问题不但彰显出人类自信心的增强以及人类寻找自我，重新定位神人关系的尝试，也表现出当时人们追求现实名声与荣耀的心理因素——赢得生前身后名。虽然也有人对人类命运持有悲观态度，但大多数人文主义者类似于苏格拉底、亚里士多德等充分肯定人类的无限潜能，鼓励人要不断去实践和开发自己的天赋与才能，而荣誉、名声便是成功的象征。又因为人类灵魂的不朽，今世的名声可以抗拒会腐朽的肉体，延伸为永生不朽的美名。但与加尔文、路德等神学家不同的是，伊拉斯谟不仅对人性的善与人类的理性充满信心，倡导教育的必要性，先天禀赋再通过后

---

[①] 上帝的信仰（fides）与理解（intellectum）是中世纪奥古斯丁（Augustine）、安瑟伦（Anselmus）等基督教哲学家探究的哲学核心问题之一。奥古斯丁认为，上帝的存在是自明性的，只需信仰；安瑟伦提出信仰寻求理解（fides quaerens intellectum），除非信仰，否则无法理解。参见［古罗马］奥古斯丁《上帝之城》，吴飞译，上海三联书店 2012 年版；［意］安瑟伦《信仰寻求理解——安瑟伦著作选集》，溥林译，人民大学出版社 2005 年版。

[②] E. Rummel ed., *The Erasmus Reader*, Toronto: University of Toronto Press, 1990, p. 140.

天教育即可实现,更关注教育的自觉性与自为性,一切教育的目的均以发扬人的理性和善念为基础,才能追求道德的提升和信仰的虔诚,实现对整个国家和社会的改革。

故而,儿童教育研究的出发点和终点都离不开对人性的讨论。如何培养人性也是古往今来教育研究中一直关注的主要问题之一。儿童是否可教,如何教育,要培养怎样的人,这些哲学问题很大程度上都基于具体的人性假设观点之上。事实上,长期以来,绝大多数的观点都认为儿童是可教的,欧洲教育家围绕着性善论、性恶论、复杂人性、理性人性、空白平和中正等人性假设产生了诸多不同的教育观点。人性是什么?通常而言,人性即是人与生俱来的性质,是未经后天作用的人的本性。然而,从某种角度来看,诸多前人所谓的人性,并不仅仅是本原之性,也涵盖了人性发展的一种可能性,即后天之性,而对这种本原之性、发展可能性的重视也引发了在基督教产生后的最初几个世纪中对儿童行为愈加强烈的关注。从《忏悔录》开始,中世纪的儿童研究者们以审慎的目光对儿童的笑容、哭泣、语言学习、智力和记忆、游戏、学校学习内容、与他人的关系、性格、感情等进行观察,研究内容既有新事物,也有儿童的脆弱、任性与含糊不清的话语。由此,也形成了一种关于儿童天性的道德和宗教观,它既可以展现儿童的积极性,也让儿童受到质疑,从而形成一种一直持续到中世纪以后的儿童二元观点:儿童既不成熟,厌恶学习、酷爱游戏,又被迫读书,因为上帝将这变成了好事,也没有善恶之分,有缺点和优点,因贪玩而忽视父母的告诫,脆弱而天真。① "我是凭仗你——我的天主赋予我的理智,用呻吟、用各种声音、用身体的各种动作,极力表达我心里的意念,企望我的欲望得以满足⋯⋯"② 这种儿童认知二元观成为各种各样基督教宗教著述中评论的对象。这种对儿童特殊性的定义导致儿童成为被更仔细观察的对象。而伊拉斯谟的人性论也奠定了其儿童教育观念的基石。

## 一 人的可教性:儿童教育的可能性

伊拉斯谟肯定了人的可教性,他从自然界的诸多现象出发,探讨教育

---

① [古罗马]奥古斯丁:《忏悔录》,周士良译,商务印书馆1963年版,第11页。
② [古罗马]奥古斯丁:《忏悔录》,周士良译,商务印书馆1963年版,第13—22页。

的本质，肯定了人选择的自由和人学习的能力。这也奠定了伊拉斯谟儿童教育之所以可能、必要和重要的哲学基础。

类似于荀子从哲学认识论出发所得出的对认识主体和客体的理解，"凡以知，人之性也，可以知，物之理也"①，即人是具有认知事物的能力的，事物是可以被认识的，从而阐释了人的知识并不是天生的，而是后天学习积累的结果，也驳斥了生而知之的先验论，具有某种意义上的唯物主义。伊拉斯谟将其研究对象"人"进行了概念化对象剥离。他将人从所有动物种类中剥离出来，从分析动物的优势出发和直面人类的劣势。他在著述中明确指出，自然界的禽兽、昆虫等生物往往一出生就天生具有某种天然优势，或会飞能游、会跳善跑，或是拥有快速移动的腿或翅膀，或是敏锐的眼睛，或是强大的听觉，或是强硕的身体，或是覆盖全身的皮毛与锋利的爪牙，诸如此类，不一而足，这些优势使它们能够更好地保护自己、捕猎食物和养育幼崽。② 这也使这些动物具有了强大的、天生的独立求生能力，却也让其只能服从于自然赋予的天性本能去生存。然而，人的生命历程之初，却存在天然的生命缺陷，这是因为人生之初，人类显得非常孱弱、无蔽、几无抵抗力。在本能行事的动物世界中，人类居于明显的生存竞争劣势。如果按照后世达尔文强调的优胜劣汰的自然法则，人类无疑将成为被淘汰的一员。

那么，又是什么支撑着人类生存下来并不断发展呢？伊拉斯谟接下来对人的属性进行了一定的抽象理解，即由后世之人达尔文进化论开启的"生物人"类型的早期雏形。这种生物人类型认为，人的个体发展是包括自然选择、基因文化等进化而产生的一种自然—社会行为。笔者认为，在伊拉斯谟的观念中，人具有不同于其他动物的独特属性，换成现代话语而言，人的发展是人的心灵及其外发的行为共同作用的结果。他认为："自然，万物之母，她给了野兽较多的本能去完成其物种所特有的功能，却独独给了人类理性，所以她将人类成长的重担放在教育

---

① 参见《荀子·解蔽》。
② Desiderius Erasmus, "A Declamation on the Subject of Early Liberal Education for Children", in *Collected Works of Erasmus* (Vol. 26), trans. Beert Verstraete, Toronto: University of Toronto Press, 1985, p. 301.

上。"① 换言之，在伊拉斯谟看来，这是自然之母对于有着天然缺陷的人类的一种弥补，因为"她给了人类一个具备知识的头脑"。② 进而言之，人具有强大的理性认识能力。伊拉斯谟对人何以认识这一问题给出了自身的明确理解。在人何以认识这一哲学问题上，古往今来，无数哲人对此给予了不同理解。有人认为，人的认识能力是后天发展而来的，有人认为这是人性的一部分，是人所特有的，超越了动物。伊拉斯谟显然站于后者的立场之上。他认为，人和动物具有明显的差别，官能能力各有不同，然而，人在认识、学习能力上，具有明显的优势。通过人类自身的智能活动，人类可以弥补自然的生命缺陷，而这种强大的手段就是教育之能，教育的本质蕴含了人类成就的可能性。因此，伊拉斯谟认为必须透过教育使人懂得辨别善恶是非与高低良莠，要透过教育去陶冶儿童的灵魂，使其成为真正的人，而不是任由其堕落为一头残忍的野兽。③ 事实上，关于人类的智能及教育之功，早已为现实世界的成就所证实，人类不断完善自身的知识，聪慧自身的头脑，将头脑中的思想变成现实，同时，人类善假于外物，从饲养动物、使用牛马等畜力到发明汽车、火车、飞机，探索深海远洋、宇宙太空……人类的足迹不断延伸。

## 二 人的地位：儿童教育的特殊性

伊拉斯谟凸显人的地位，主张人的身体和灵魂的某种平衡与相应。

伊拉斯谟界定了人在宇宙中的地位，这也是他的人性论的出发点。他在《基督教战士手册》一书中指出，宇宙由三个高低分明的世界构成的，它们分别是：智识的、不可见的天国世界（intelligible and invisible world），这是上帝与天使居住的精神世界，也是永存的真理和终极的追

---

① Desiderius Erasmus, "A Declamation on the Subject of Early Liberal Education for Children", in *Collected Works of Erasmus* (Vol. 26), trans. Beert Verstraete, Toronto: University of Toronto Press, 1985, p. 301.

② Desiderius Erasmus, "A Declamation on the Subject of Early Liberal Education for Children", in *Collected Works of Erasmus* (Vol. 26), trans. Beert Verstraete, Toronto: University of Toronto Press, 1985, p. 301.

③ Desiderius Erasmus, "A Declamation on the Subject of Early Liberal Education for Children", in *Collected Works of Erasmus* (Vol. 26), trans. Beert Verstraete, Toronto: University of Toronto Press, 1985, p. 306.

求，由上帝的心灵力量（spiritus）统领一切；具有特殊性的人的世界（man world），虽然人在物质世界所见的一切不过是浮光幻影，稍纵即逝，不值得留恋，但它位居上述两个世界之间；形而下的可见世界（visible world），这是主要以太阳为最高地位星体的、由星体及一切受造物所组成的物质世界。人的特殊性就在于他同时参与了另外两个世界的运动，即一方面透过灵魂进入不可见世界，精神世界由人的灵魂彰显，另一方面透过人的身体参与，表现可见的物质世界。①

同时，人格的身体和灵魂这两种组成部分在伊拉斯谟的教育观，尤其是儿童教育中得到了重点关注。伊拉斯谟主张灵魂和身体相应，努力在身体与灵魂的关系中保持一定的平衡。

伊拉斯谟并没有全盘接受基督教的身体与灵魂两分的对立的主流观点。他并不忽视身体的健康和仪态，他将身体视为灵魂的工具，灵魂的意念与力量必须通过身体来表现，就像工匠要有精巧的工具才能展现精湛的手艺。他也将身体比喻为灵魂的外衣和居所②，灵魂的美丽与丑陋决定了人的外观，灵魂的意志也决定了人的言行举止。实际上，伊拉斯谟汲取了源自柏拉图的身体、灵魂认知模式。这种模式认为人是由驻扎在大脑中的智性精神、驻扎在心脏中的感性灵魂以及驻扎在内脏的动物性存在或生殖性存在组成的。③ 伊拉斯谟也将人分成相对应的、高低不同的三个部分，灵（spiritus）、魂（anima）、体（corpus），正如前述三个世界的反景。灵即上帝的心灵力量，人们重现神的形貌、使人联结于神、与神合一；体即身体，引发人类低层次的行动，一旦身体被击溃，就将与魔鬼同行；魂介于灵与体之间，使人可以感知自然和神。人的魂游移不定，可趋向灵的世界，也可以趋向身体的世界。所以，伊拉斯谟指出："灵使我们为神，肉体使我们为兽，魂则使我们为人；灵使我们虔诚信仰，肉体使我们反宗教，魂则非此也非彼。灵追求属神的事情，肉体追求享乐，魂则找寻需要

---

① Desiderius Erasmus, "The Handbook of the Christian Soldier", in *Collected Works of Erasmus* (Vol. 66), trans. Charles Fantazzi, Toronto: University of Toronto Press, 1988, pp. 65 – 66.

② Craig R. Thompson ed., "The New Mother", in *Collected Works of Erasmus* (Vol. 39), Toronto: University of Toronto Press, 1997, pp. 267 – 285.

③ ［英］约翰·罗布、奥利弗·J. T. 哈里斯主编：《历史上的身体：从旧石器时代到未来的欧洲》，吴莉苇译，格致出版社、上海人民出版社2016年版，第234页。

之物。灵使我们升至天国，肉体将我们拉下地狱，魂则与此无涉。"① 因此，伊拉斯谟主张心灵重于外物，真正的虔信不在于对服装、食物等的选择。他借用圣奥古斯丁的话语："要用品格而非服饰来赢得他人的尊重。"② 但他也不认为外在的事物（如服装、食物、仪式）因与身体有关，就应当被弃如敝屣。总而言之，他认为，灵魂与身体的关系是有机的互动，彼此相辅相成。所以，伊拉斯谟相信，"你不只是一个灵魂，而是一个带着身体的灵魂"。③ 而他希望身体与灵魂相称而美、相得益彰，就如同一匹高大强壮的马（身体）需要有一位英姿勃发的骑士（灵魂）执缰而驭。④ 甚至，他还夸张地认为，俊美的外表有多么吸引人，灵魂的德善就有多么美丽；丑恶畸形的脸有多么碍眼，受邪恶侵扰的心灵就有多么令人厌憎。⑤ 这也是他在儿童礼仪教育中一再强调的内在灵魂与外在举止相应、返照之美。

### 三 人性之善与"无定"论：儿童教育的必要性

他的人性论具有性善论的特征，肯定人的理性，也显现出环境决定论的特点，这构成了伊拉斯谟人性论以及儿童教育观目的论的基础。

伊拉斯谟指出，人生快乐的首要条件是天性，所谓天性，即人与生俱来的能力及善念。⑥ 人内在灵魂真善美的种子就根植于人的天性之中。《基督教战士手册》中就展现出性善论的某些特征。事实上，伊拉斯谟基

---

① Desiderius Erasmus, "The Handbook of the Christian Soldier", in *Collected Works of Erasmus* (Vol. 66), trans. Charles Fantazzi, Toronto: University of Toronto Press, 1988, p. 52. 相关翻译也参考了林美香《身体的身体：伊拉斯摩斯与人文学者的服饰观》，《台大文史哲学报》第 77 卷，2012 年，第 255—257 页。

② Desiderius Erasmus, "The Handbook of the Christian Soldier", in *Collected Works of Erasmus* (Vol. 66), trans. Charles Fantazzi, Toronto: University of Toronto Press, 1988, p. 16.

③ Craig R. Thompson ed., "The New Mother", in *Collected Works of Erasmus* (Vol. 39), Toronto: University of Toronto Press, 1997, p. 596.

④ Desiderius Erasmus, "Oration On the Pursuit of Virtue", in *Collected Works of Erasmus* (Vol. 29), trans. Brad Inwood, Toronto: University of Toronto Press, 1985, p. 6.

⑤ Desiderius Erasmus, "The Handbook of the Christian Soldier", in *Collected Works of Erasmus* (Vol. 66), trans. Charles Fantazzi, Toronto: University of Toronto Press, 1988, p. 66.

⑥ Desiderius Erasmus, "A Declamation on the Subject of Early Liberal Education for Children", in *Collected Works of Erasmus* (Vol. 26), trans. Beert Verstraete, Toronto: University of Toronto Press, 1985, p. 311.

本的态度是对人性充满乐观的看法,对人类理性予以肯定。这也是他在宗教上主张自由意志的原因。那么,人类本性导引何以成为可能?伊拉斯谟认为,神的恩典、人类的自由意志、理性等构成了人类本性导引或教育的可能性。

他认为,神的恩典是救赎的首要原因,这一因本身完全自足,是一切拯救之先决条件。事实上,伊拉斯谟倡导人的价值,并不像路德那样卑微地主张人的意志在上帝面前的匍匐与奴性,只是有所保留地接受了基督教人性观的原罪论,他主张人具有宗教自由意志,即在救赎的过程中,人具有某种程度的选择能力,并且和上帝形成一种合作关系。但此工作的完成也必须透过上帝赋予人的自由意志,这也是第二因,予以选择来运作,即人必须运用他的自由意志,在善与恶、对与错的矛盾冲突中,选择那些正直、合宜的言行生活,才能获得上帝恩宠。人的意志虽然渺小,但确是人的救赎中不可或缺的。① 同时,他对人类的理性充满赞扬,认为理性不是教育的目的,而是教育能够立足的工具。他指出,"人真正的天性是什么?难道不是依理性而活吗?这就是他为什么被称为理性的生物的原因,这也是他不同于动物的地方。对人最大的伤害是什么?是无知。除非父母能在一开始就填补这个自然的真空,否则孩子无法学得善良,也不会懂得去除愚蠢"。② 他相信,只有良好而正确的教育,才能使人的理性光芒得以绽放,以理性为指引,择善而行,才能超脱于动物的自然本能的需要;只有增强人性中的善与理性,促使人们追求内在灵魂的提升,才能使人获得幸福而正直的生活。换言之,这种教育的重点是传统的古代德性伦理,即在天性的基础上发挥具体的道德。这是教育的功能,也是教育的首要目的。所以,对伊拉斯谟而言,人若无自由意志,无理性,教育的基础就全盘崩解。

当然,伊拉斯谟并非一位性恶论者,也非严格意义上的性善论者。伊拉斯谟也认识到,人性是复杂的,人的种种表现很难用非善即恶的简单标

---

① James Bruce and Mary Mclaughlin eds., "On Free Will", in *The Portable Renaissance Readers*, New York: 1962, pp. 679–687.

② Desiderius Erasmus, "A Declamation on the Subject of Early Liberal Education for Children", in *Collected Works of Erasmus* (Vol. 26), trans. Beert Verstraete, Toronto: University of Toronto Press, 1985, p. 312.

准予以清晰划分，因而在这一点上，伊拉斯谟提出了颇具特点的"天性"论。因为他曾指出，"你不可能永远保有儿童的淳朴和天真，如果你不去陶冶儿童的灵魂，使其成为真正的人，灵魂就会自己堕落为一头残忍的野兽"。① 伊拉斯谟在《论儿童的早期文雅教育》中也强调，自然赋予小孩子特殊的模仿能力，而孩子模仿恶的冲动更甚于模仿善的冲动。② 事实上，伊拉斯谟以大量的篇幅指出人性的无定。人的天性并非生来就决定的，人具有巨大的潜能和可塑性，即人具有成为完人的先在素质，在后天的人性发展中也存在走向善或恶的一切可能性，人可能因各种原因沾染邪恶，走向罪恶之路，也可能因善意善行而走向高尚人生。换言之，人的本性具有未完成性和可塑造性的特点，人性走向善还是恶，关键在于对人性的引导，并由人性引导的可能性引发出人性应该如何引导、应该引向何方等一系列相关问题。伊拉斯谟的儿童礼仪教育也因此具有了存在价值。因而，从这一点来看，伊拉斯谟更像是一位环境决定论者而非单纯意义上的性善论者。这也让他截然不同于那些奉行传统基督教性恶论的教育者。如果说，性恶论执着于人性之恶，更多凸显的是对教育必要性的强调。那么，伊拉斯谟的人性观念，更加凸显的是对教育可行性和教育自觉性的追求。

## 第二节 灵魂之美：新的"宗教人"之求

不同于后世亚当·斯密、边沁等人关于人是经济人的论断，虽然这种论断也认为社会情感对于社会和个人发展都是重要的，是构成完美人性的重要一环，但它更为强调自私是人的第一属性，也是人类行为的根本动机之一。③ 伊拉斯谟对人性持有乐观态度，对身体与灵魂的关系展现出某种

---

① Desiderius Erasmus, "A Declamation on the Subject of Early Liberal Education for Children", in *Collected Works of Erasmus* (Vol. 26), trans. Beert Verstraete, Toronto: University of Toronto Press, 1985, p. 306.

② Desiderius Erasmus, "A Declamation on the Subject of Early Liberal Education for Children", in *Collected Works of Erasmus* (Vol. 26), trans. Beert Verstraete, Toronto: University of Toronto Press, 1985, pp. 308 – 309.

③ 于伟：《现代性与教育——后现代语境中教育观的现代性研究》，北京师范大学出版社2008年版，第218页。

平衡。然而，人性既然具有被引导的可能性，那么，它将被引向何方？是指向诸如权势、地位、声名等身外之物的追逐，还是指向对人自身品质的改善？何者为最？

## 一 身体与灵魂的相应性：宗教人的目的

对伊拉斯谟而言，他的思想中强烈透露出人内在灵魂之光才是一切价值的最高归属，是人一生的终极关怀。为此，他主张人的灵魂支配着人的身体，鼓励人们追寻内在的、不可见的永生不朽的灵魂之美与精神价值。他批评同时代之人，只在乎那些稍纵即逝的美貌、健壮等外表，却忽略了灵魂也像身体一样，具有生老病死、饥渴寒热、美丑强弱等有机体的问题。他质问人们为何偏偏执着于对畸形丑陋的脸的厌恶，却不去厌憎那些受邪恶侵扰的心灵呢？他说："身体的死亡让你惊惧，但更令人害怕的是灵魂的死亡。你为可见的毒药而颤抖，因为毒药会让身体死亡，但更令人战栗的是可以摧毁灵魂的毒液。"①

笔者以为，伊拉斯谟是在主张灵魂具有如身体般的有机特质，他的目的也只是想提醒人们更加珍视灵魂之美，就如同对身体的健康重视一样。基本上，他仍视身体为流动的、不定的物质，而灵魂则具有永恒、固定的特质。尽管身体会死亡，但人的灵魂则可以映照上帝与精神的世界，永生不朽。他鼓励人们摆脱现世的、外在的、一时的追求，转而追求内在的、不可见的、永生不朽的灵魂之美和精神价值。

伊拉斯谟关于灵魂与身体关系的人性论具有强烈的时代性特点。一方面，他的人性论受到《圣经》的影响，脱胎于基督教的神学和人性论。基督教相信上帝的存在和意志，相信天堂与地狱，相信上帝的最终救赎，相信善恶有偿罚，它从根本意义上是一种有关身体的宗教，然而，在另外一个层面上也是一种反对身体的宗教。自古希腊以来关于物质的论断被塞到一个全新的观念结构之中。在教义上，它集中围绕精神与物质对立的思想，由此规定了物质秩序由精神秩序约束。神学家对于身体行为的整个范围，诸如饮食方式、服饰、治疗、魔法等都必须以基督教的观点来明确表达。而身体与灵魂这组对立的概念为基督教统治时代提供了广泛的话语条

---

① E. Rummel ed., *The Erasmus Reader*, Toronto: University of Toronto Press, 1990, p. 143.

件。"凡有血气的,尽都如草;他的荣美都像草上的花。草必枯干,花必凋谢。"① 即身体是肉欲的、必死的、易于腐朽的;灵魂是精神的、神圣的、永恒的。它以简单的二元形式构造了古典时代晚期以来欧洲思想的基石,直至今日依然在欧洲人思维的某些方面延续。

表3-1　　　　　　　　　基督教神学经典二元论

| 存在形式 | 精神—物质 |
| --- | --- |
| 人类的组成部分 | 灵魂—身体 |
| 暂时性 | 永恒—短暂 |
| 价值 | 超越性—尘世性 |
| 道德 | 纯洁—有罪 |
| 信条 | 祈祷与禁欲—沉溺肉欲 |
| 归宿 | 天堂—地狱 |

但自相矛盾的是,身体又随处可见。身体世界包括多种多样鲜活的思想,各种理论以多种方式彼此碰撞和彼此缠绕,尽显中世纪身体与灵魂理论上的多元形态与张力。诸如保持身体与灵魂同在这类表达也展现出一个复杂的身体世界。基督教重视精神的同时,也并不忽视身体的重要性。《圣经》经文中多次提及身体的重要性。"岂不知你们的身子就是圣灵的殿吗?这圣灵是从神而来,住在你们里头的;并且你们不是自己的人,因为你们是重价买来的,所以要在你们的身子上荣耀神。"② 此种外在形貌与内在品格的相应思维,13世纪基督教哲学家阿奎那在作品中也曾透露出类似想法。如他认为,人是一个灵魂占据、使用着一个身体而成,上帝赋予了人的身体最好的倾向性;形式不是为了质料,而是质料为了形式。换言之,人的灵魂和身体的复合性运动是同一的,人是灵魂和身体的统一体,只不过灵魂是人的第一原则,属性是主动的,而身体则是第二位的,是被动的。③ 法国哲学家吉尔松认为,阿奎那改变了柏拉图所认为的灵魂

---

① 《圣经·彼得前书》1:24。
② 《圣经·哥林多前书》6:19—20。
③ 参见 Robert Pasnau, *Thomas Aquinas on Human Nature*, Cambridge: Cambridge University Press, 2004。

与身体的结合只不过是一次堕落的偶然结果，从此灵魂被关在肉体里面，就如同进入监狱或坟墓的论断，开辟了灵魂与身体有机结合的一条新理路。①

## 二 培养有教养的灵魂：柏拉图灵魂观念之维的拓展

关于灵魂和身体等问题的讨论，在当时颇具影响力的还有柏拉图的思想主张以及后世不断加以发展、变化的各种柏拉图流派，如流行于3—5世纪的早期融合了基督教思想的柏拉图主义、15世纪下半叶的佛罗伦萨柏拉图学院派等。伊拉斯谟以及与之相交甚厚的科利特、莫尔、林奈克等人都曾对那些流派有一定了解，或曾翻译过其作品，或在作品中引用、表达出相似思想观点。

在柏拉图影响深远的哲学体系中，灵魂观念得到了较为详细的阐释。在柏拉图及其早期拥趸的思想中，灵魂是分层级的，他们基本上将人的灵魂置于灵魂层级的中间，介于神与万灵中间。柏拉图认为人的灵魂是不朽的，灵魂是一个特征鲜明的存在形式，存在于可即时感知的可见世界之外。他的镜子理论和洞穴比喻都说明，灵魂是属于永恒的、本质的以及理想的形式层面，能感知上帝、天使等，灵魂和祂们之间有着亲和性，而在尘世短暂的物质事物中只是不完美地映射。② 在后世佛罗伦萨学院派的观念中，大抵也以此证明人类灵魂的神性与不朽。他们改变了传统的具有神本主义教育观的"宗教人"教育目的。这种传统的宗教人教育目的曾支配了教育史很长一段时间，时至今日，依然深具影响。宗教人的形象往往特别强调人是上帝的摹本、人的原罪和高贵灵性，教育的根本价值在于通过人对上帝的信仰、赞颂与服从，使人的不完善得以完美。③ 佛罗伦萨学者重建了宇宙秩序论，即人类灵魂居于物质世界和精神世界的中间地位，是整个宇宙的结合点，可以通过自身选择或升或降，成为上下层之间的任

---

① ［法］吉尔松：《中世纪哲学精神》，沈清松译，上海人民出版社2008年版，第149页—160页。

② 可参见［古希腊］柏拉图《理想国》，郭斌和等译，商务印书馆1986年版；［古希腊］柏拉图《理想国》，顾寿观译，岳麓书社2018年版。

③ 参见于伟《现代性与教育——后现代语境中教育观的现代性研究》，北京师范大学出版社2008年版，第139—140页，第204页注12。

何形态。而且由于人与上帝的亲和性，人类灵魂普遍地获知一切真理、善，又借由它自身的神性，能够支配自然界所有元素，但人类并非上帝，人的灵魂只是无限趋近于上帝的形象。由此，人类的灵魂就成为人类尊贵与价值的根本。如此一来，教育的目的就是要实现与神性相一致的人性，使人成为充分成型、完美之人，培养有教养的灵魂。同时，人类在自然世界中没有明显而固定的特质和位置，因此人类有了所有的可能性，必须透过自己的自由选择去决定他在宇宙间的位置。因此，人的高贵与人生的目标就在于去选择最高等的、最具道德与知识的生命形态。换句话说，人之所以是优越的，就在于他具有选择的自由，故而有教养和无教养将成为人是否优越的分界符。

事实上，伊拉斯谟一定程度上承袭了柏拉图的主张，并将上述一些新柏拉图主义和佛罗伦萨学院派以及阿奎那的某些宗教思想主张融汇、运用于他所提倡的哲学上。他将上述对上帝与人之间关系的理解，化作其教育目的论的理论基础。伊拉斯谟的许多知识教育理念是为有教养的灵魂而写，这些灵魂既能理解自己是知识王国的公民，也能理解自己是构成基督身体的个体成员。如何把知识智慧与宗教虔信结合起来，是他们寻求意义和救赎的共同核心问题。伊拉斯谟也莫能例外。因此，伊拉斯谟发出了一个许多天主教人文主义学者都有同感的迫切问题，一个人所学习的东西和他的生活方式之间有着怎样的关系。换句话说，人们应该如何将他们的工作精神化并过一种真正虔诚的宗教生活。伊拉斯谟儿童教育目的即借由此种问题及其认知，清楚地看到人类自身的不完善性、有限性与上帝的完整性与完善性，经由天性、理性、教育等手段，选择通向最完美的人生道路，增强向往上帝的可能性，最终在儿童身上实现神我一致、完善圆满的新的充满人本主义的"宗教人"理想。因此，有教养的灵魂也就成为伊拉斯谟对柏拉图灵魂观念内涵的拓展。

### 三　宗教虔诚与古代知识之用

另一个层面上，伊拉斯谟对古代作家及其著作的强调使他俨然成为重振古希腊罗马文化的旗手，也让人容易简单认为恢复古代文化就是伊拉斯谟教育的目的。然而，正如英国宗教哲学家怀特海所主张的那样，教育的本质在于它的虔诚的宗教性，它谆谆教导受教育者要有宗教的责任感和虔诚感。① 伊拉斯谟的真正主张恰恰隐藏在恢复古代文化背后，其真正的目标实际也是指向宗教的，只不过他很好地在他的新宗教人主张中协调了二者之间的内在逻辑关系。

如何对待古希腊罗马文化以及它与基督教之间的关系与冲突，这是自基督教在罗马社会诞生以来学者们一直就在思考的问题。古希腊教父和拉丁教父，如圣克莱蒙特、圣安布罗斯、圣哲罗姆、圣奥古斯丁等人都对古希腊罗马文化采取了较为宽容的态度，而且他们本身也都具有较为深厚的古典学术素养，因而，他们通常主张在不违反基督教宗教原则的前提下，尽可能地吸收古希腊罗马的知识成就，并将之作为研究圣经和传播宗教的工具。人文主义者也面临着当初这些早期教父们同样的问题。更多的人文主义者选择的是延续和传承，而非断裂和决绝。伊拉斯谟传承的也是早期教父们这种兼容古代文化以增进宗教研究的态度。

伊拉斯谟对古代知识的推崇，在其著述中表露无遗。在《反对野蛮》一书中，他严厉地批评了那些愚蠢自私的教士，指责他们毫无理智地排斥人类文明中最为珍贵的知识财富，他发誓要诉诸笔墨来报复这些无知之人。② 但他也指出，一切的知识均来自上帝的赐予，同时也是上帝为基督教时代准备的果实："在他们的时代创造和思考的成果获得了丰收，这些成果与其说是为了他们自身，不如说是为了成全我们。就好比一个地区无法提供全部种类的产品，一块土地无法生长出各种东西，所以我认为每个世纪似乎都各有不同的天赋……但真正至高的善与最完美的天赋是由上帝为他自己的时代所保留的。"③

伊拉斯谟试图调和前基督教文化和基督教知识之间的关系。古代异教世界中最高的成就就是知识，伊拉斯谟相信这是上帝之功，正所谓前人栽树后人乘凉。因此，伊拉斯谟认为古代文化与基督教文化是可以相通相融、互补的，甚至他认为世俗知识在某种程度上也可以被称为是基督的，

---

① ［英］怀特海：《教育的目的》，徐汝舟译，生活·读书·新知三联书店2002年版，第26页。

② Desiderius Erasmus, "The Antibarbarians", in *Collected Works of Erasmus* (Vol. 23), trans. Margaret Phillips, Toronto: University of Toronto Press, 1978, p. 16.

③ Desiderius Erasmus, "The Antibarbarians", in *Collected Works of Erasmus* (Vol. 23), trans. Margaret Phillips, Toronto: University of Toronto Press, 1978, p. 60.

因为他们都是有关于基督的知识。① 因此,伊拉斯谟反对那些宣称异教的、世俗的知识有碍于宗教信仰的说法,他认为基督的哲学必须透过知识学习而习得,人文主义者的工作就是要证明古典异教文学中的自然伦理与基督教伦理是互补的,而并非基督教伦理的对立面。如此一来,一方面,古代的语言和文化是研究圣经的工具,另一方面,所有知识的学习都应该以基督为中心,以了解基督为最终目的。他说:"学习基础学科,研究哲学,研究雄辩术的目的即在于认识基督,发扬基督的荣耀。这是所有知识与所有文采的目标。"② 这既诠释了他的新宗教人教育目标,也是他被赋予基督教人文主义者这一标签的主要原因之一。

即使基督教与古代文化有着许多相容的基础,但他们在观念上也依然存在某些不可避免的冲突。在对待这一问题上,伊拉斯谟的主张,即以基督教作为去芜存菁的标准,也凸显出他对基督教的宗教目的认同是超越古代学术复兴的目的的。事实上,他曾将西塞罗派人士称为撒旦的喽啰,因为他们奉西塞罗为古代文学的唯一权威,以模仿西塞罗的修辞用句为学习的唯一目标,完全不考虑其是否与基督教观点相悖。他认为这些人失去了作为基督徒的正确立场,反而在内心成了一名异教徒,因为真正占据他们心灵的是来自异教的观念与思想,而非以基督为中心的基督教信仰。③ 之所以如此,原因之一即在于这一时期诗性神学的过度发展,以致在吸收异教思想的方式上出现了重大偏差。一些人文主义者在传播古代知识时,逐渐培养出一种过于精致的西塞罗式拉丁文学风格,甚至有人刻意卖弄一些极具挑衅的异教文化,如开放同性恋等。对异教作者和价值观的过分尊崇,如不加以限制,将会使基督教走上与传统预设和态度彻底决裂的道路。因此,伊拉斯谟对这种可能导致学术文化和宗教精神融合不确定性后果的学习行为加以批评,试图将之引回基督教传统道路,引回人文主义传播的正确道路上来。

---

① Desiderius Erasmus, "The Antibarbarians", in *Collected Works of Erasmus* (Vol. 23), trans. Margaret Phillips, Toronto: University of Toronto Press, 1978, p. 90.

② A. Levi ed., "The Ciceronian", in *Collected Works of Erasmus* (Vol. 28), Toronto: University of Toronto Press, 1986, p. 447.

③ A. Levi ed., "The Ciceronian", in *Collected Works of Erasmus* (Vol. 28), Toronto: University of Toronto Press, 1986, pp. 388 – 394, p. 447.

在伊拉斯谟眼中，一切学习都应遵循基督教的标准。西塞罗式的拉丁文固然值得学习借鉴，但他毕竟是古代异教世界的产物，在他的作品中找不到任何与耶稣基督、圣经等有关的字眼，而现实时代是基督教的社会。而且真正合宜的演说或文章应当因地制宜、因时制宜、因事制宜，结合主题、听众、地点、时间等要素来调整内容，既然古代时光已逝，一成不变地僵化使用西塞罗的方法已经不适合当下基督教社会背景下的心灵和思考。他说："我们这些基督徒在其他的基督徒面前讨论的这些问题，能和异教的西塞罗在异教徒面前讲得完全一样吗？难道我们生命中的每一个举动不应当时时以基督为准则吗？如果你的言论脱离了这个标准，就算是一个好的演说者，也不是一个好人。"① 他呼吁包括西塞罗派在内的所有人都应当将心灵置于圣经和基督的言语之上，而非彻底地同化于异教思维。

此外，伊拉斯谟认为面对古代遗产真正合适的态度应当是更具智慧的效法（emulation），而非单纯的模仿（imitation），因为模仿的目标是为了相像，但效法则是为了更好。② 换言之，效法是在古代作品中发掘古人崇高的精神与德性，继而超越古人的成就，为基督的宗教信仰服务，而不应该拘泥于对古人的寻章摘句之中。因此，无论他如何强调古代文学在教育上的重要性，其最终目的依然是为了提升人们的宗教热情，改善当时社会弥漫的重仪式、重外表的宗教态度。他要透过知识对人类理性的开拓，使人们在身心、灵魂上拥抱基督，而不是在教堂中注重对圣人圣物等崇拜的外在仪式。他想要人们从外表可见的事物中脱身，观看真实而不可见的内在："如果你已经真诚地将基督放在你的内心，如果你已在新生命中与基督同行，那么我认为你称得上是一位基督徒了。你若没有彻底扫除内在灵魂的污浊，为你洒上几滴圣水又有何用？你敬畏地向圣徒拜伏，你喜悦地触摸圣人遗物，但你却不去遵从他们伟大的行迹和毫无所咎的生活典范。"③ 换言之，伊拉斯谟追求的焦点是基督教的真正内核，是隐藏在基督教的经典——《圣经》以及哲罗姆、奥古斯丁、安布罗斯等早期教父

---

① A. Levi ed., "The Ciceronian", in *Collected Works of Erasmus* (Vol. 28), Toronto: University of Toronto Press, 1986, p. 387.

② A. Levi ed., "The Ciceronian", in *Collected Works of Erasmus* (Vol. 28), Toronto: University of Toronto Press, 1986, p. 379

③ E. Rummel ed., *The Erasmus Reader*, Toronto: University of Toronto Press, 1990, p. 144.

著作中的内核，他要将基督的道、医治、救赎、死亡、复活以及圣人们的伟大行迹带到世人面前。这是伊拉斯谟的时代宗教改革呼声。

## 第三节 宗教人目标的具象化：美德之求

既然人的灵魂在宇宙之间具有如此之大的升降空间，人的意志又对自己的命运握有巨大的权柄，那么人应该如何行事才能提升自身的灵魂以达到天国呢？这涉及伊拉斯谟宗教人目标的具象化，或教育分目标，对美德的追求。

### 一 君主美德镜鉴的特殊性

自古典时代、中世纪以来，礼仪镜鉴类写作形式一直长盛不衰。这些镜鉴书多数由神职人员或统治阶级成员书写，或为劝诫统治者修德牧民或为教化信徒虔敬信仰或为教导青少年及子女社会规范。9世纪时，塞普提马尼亚公爵夫人多达（Dhuoda of Septimania）为其子威廉（William）写作礼仪书《与儿书》，告诫为人、为子、为臣的"完美男性"之道，堪称礼仪书的早期典范。[①] 及至中世纪晚期和近代早期，礼仪书涉及待人接物、服饰穿着、身体管理、家庭和仆人管理以及虔诚的宗教实践、圣经学习等广泛内容，道德修养更是主要内容之一。人文主义者多认为，人应该致力于对美德的追求，才能成为一个真正的人，而且只有美德才能使人值得荣耀、享有不朽的名声。出于对人类能力的肯定，他们也相信只要人能够努力，必然可以获得美德。文艺复兴时期，意大利人文主义者逐渐扬弃将一切美德的获得归之于上帝的看法，主张回归古代完美的德行。他们认识到普鲁塔克等古代学者都曾注意到道德的重要性，关注和激发道德心的内在力量，激发心智使其处于积极的活动状态。心灵并不是一个被动等待灌输的陶瓶，而是有待主动点燃对知识和真理的渴望和热爱。事实上，这种回归，更多的是将基督教所倡导的信望爱、古代智勇等理念结合，从而构建起人文主义者的德性架构。早期的时候，他们针对所有受教育的阶层，但到了15世纪下半叶，意大利人文主义者对德性的论述，更多地将

---

[①] A. Romig, *Be a Perfect Man*, Philadelphia: University of Pennsylvania Press, 2017.

焦点对准了君主和贵族阶层。学者认为只有德性才能使人尊贵，也只有将国家放在有美德的人手中，才能拥有真正的秩序和和谐。原因在于，一方面，在欧洲北部地区的美德观与传统领导阶层的结合相对更稳固，他们认为君主等既存的领导阶层更有能力获得美德，是最能展现优良德性的一群人，能够将德性发挥得淋漓尽致，其象征就是一个稳固的国家。反过来说，如果一位君主想掌控自己的王国或是建立一个新的王国，为自己戴上荣誉、光荣、伟大的光环，也只有依靠美德。另一方面，他们主张某种乌托邦式理想君主类型，就像15世纪末人文主义者帕特里奇（Patrizi）等人认为的那样，君主应有的特质和德性，应该和一般受统治的平民有所差别，因此有必要区分开两者所需具备的美德，① 在欧洲北部地区，由于政治环境的关系，多认为政治的成功有赖于统治者个人美德的提升，而且出版了相当多的有关君主德性与教育的书籍。如英国人埃利奥特（Elyot）的《统治者之书》（*The Book Named The Governor*）就谈到君主必须具有的德性，包括公正、坚毅、节制和智慧等，伊拉斯谟在他的《论基督教君主的教育》中也指出政府的目的就在于达到至高的美德。因此，为了维护政治和社会的稳定，不应该消除既定的社会层级差别，相反，还要尽可能维系阶层和秩序的正常运转。

在这种特殊性中，伊拉斯谟注重幼年君主和君主继承人的教育。由此推彼的教育思维在伊拉斯谟的理念中表现得十分突出。

## 二 宗教与道德教育的并轨

宗教虔信，则是每一位学者都非常重视的德性，做一个好的基督徒就是每一个君主所需的基本条件。简言之，学者们对君主的理想就是他能够遵循一切美德与良好的行为，远离并憎恨一切的罪恶。对基督教人文主义者而言，至高的美德、虔诚的基督教信仰、完美幸福的国家三者之间，具有内在三位一体的关联性。因为一位真正虔诚的基督徒不在于他是否受过洗礼、涂油、上教堂忏悔、做弥撒，而在于他是否"在内心深处信奉基

---

① James Hankins, *Virtue Politics: Soulcraft and Statecraft in Renaissance Italy*, Cambridge: The Belknap Press of Harvard University Press, 2019, pp. 386 – 422.

督，并通过秉持基督精神行事来表现这一点"。① 一名真诚的基督徒也不在于他对神学或教会组织有多少了解，最重要的是他必须过着充满德性的生活。如果一位领导者能使自己充分具备一切德性，一切为公众利益、公共福祉进行考量，他便是一位虔诚的基督徒，如果他是虔诚的基督徒，他必然能建立一个完美且幸福的国家。反之，若君主不具有无可指摘的品性和秀冠群伦的智慧，不依照荣耀的准则要求、约束自己，一个国家将永无安宁与和平，君主本人也不可能获得光荣和名声，除非他能遵循通向荣誉的路径。②

整体而言，文艺复兴时期对神—人关系和美德的讨论，对伊拉斯谟的教育思想有着重要的意义。伊拉斯谟对当时的许多学术问题有着尖锐批评，认为在他的时代以及之前的一段时间，很多学术问题做得非常糟糕。他指责经院哲学宣扬了一种错误观念，即神学是一门沉思的学科，从而将笃敬上帝与宗教传道分离。他不断告诉人们，人们需要知识的陶冶，要通过向上帝祈祷来抵抗邪恶的力量，而教育与学习是良好的基督教生活方式的基石，这是基督徒灵性的标志。伊拉斯谟是个伟大的学者，对美德的追求，尤其是对精英阶层、领导阶层以及未来的领导阶层美德的陶冶，成为他教育的一大目标。因而，他试图以最简单的方法让读者们去思考学习和生活之间的关系。他的基本意图似乎很明确：人们应该超越狭隘定义的学术学科，去拥抱那种鼓励高尚生活的知识。伊拉斯谟认为，首先在孩子还不会开口说话之前，就应当开始让孩子学习良好的行为和虔诚的宗教态度，要让公民"从孩童时代就熟悉这种荣辱观，从而让他们知道酬赏得自良行，而非财富或关系"。③ 伊拉斯谟肯定人类理性的存在和重要价值，主张教育必须以效法古代作为基础，因为那是人类理性表现的最佳典范。他在各种作品中不断强调古代文学和语言的重要性，强调在古代作品中发掘古人崇高的精神与德性，进而超越古人的成就。④ 例如，他在狮子和熊

---

① ［荷］伊拉斯谟：《论基督教君主的教育》，李康译，商务印书馆2017年版，第22页。
② ［荷］伊拉斯谟：《论基督教君主的教育》，李康译，商务印书馆2017年版，第8、22—38页。
③ ［荷］伊拉斯谟：《论基督教君主的教育》，李康译，商务印书馆2017年版，第115页。
④ A. Levi ed., "The Ciceronian", in *Collected Works of Erasmus* (Vol. 28), Toronto: University of Toronto Press, 1986, p. 379.

的对话中，借狮子之口主张用那些与基督教和个人社会责任有关的格言来教导道德。① 他搜集了古代诸多格言、谚语，集腋成裘，以作教化。他在许多文章中不断提出自己心目中可供学生效法的古代作家，如琉善、狄莫斯尼、希罗多德、阿里斯托芬、荷马、欧里庇得斯、泰伦斯、普劳图斯、维吉尔、贺拉斯、西塞罗、凯撒、普林尼、昆体良、圣奥古斯丁、圣安布罗斯、圣哲罗姆等。②

对伊拉斯谟而言，宗教的至上追求和道德的真正提升是一体两面的事情，一个真正虔信的人也必将是一位好人，在行为上必然契合基督的要求。他的理想是知识、虔诚和美德三者能合而为一。没有虔诚和美德的知识，不是完整的学习，还不如完全没有知识，相反，没有知识的陶冶和辅助，宗教和道德的热忱也不可能实现。③ 所以，伊拉斯谟要求父母们从孩子幼小之时就开始教导宗教和道德。对他来说，培养儿童好的品格和好的文学修养是最为荣耀的事情，没有什么比这个时段对儿童的培养更能取得丰硕的成果了，因为儿童是国家的财富、物质和文化生存和延续的基础。④ 因而，伊拉斯谟留下了大量的对儿童（主要是男童）的教育见解。而对于女孩教育，伊拉斯谟也确实注意到，女孩应该被教导，因为没有什么更有助于好的思想或美德的维护了。但限于时代因素等，他没有在著述中留下像男孩那样的详尽笔墨去解释她们应该被如何教导。相较于男孩教育，他更专注于女孩的贞洁和道德的维护。他注意到，"童贞这种宝贵财富一旦被亵渎就无可挽回。正如我所说，这是为何女孩的思想应该被灌输最纯洁的教育，为何她们应该首先学习去了解何为荣誉，然后是爱的第一个原因。第二个原因是她们可以清晰地避开每一个可能丧失名誉的污点。

---

① Desiderius Erasmus, "The Right Way of Speaking Latin and Greek", in Collected Works of Erasmus (Vol. 26), trans. Maurice Pope, Toronto: University of Toronto Press, 1985, p. 387.

② Desiderius Erasmus, "On the Method of Study", in Collected Works of Erasmus (Vol. 24), trans. Brian McGregor, Toronto: University of Toronto Press, 1985, p. 669; J Sowards ed., "Introuction", in Collected Works of Erasmus (Vol. 25), Toronto: University of Toronto Press, 1985, p. xiv – xv.

③ Desiderius Erasmus, "The Antibarbarians", in Collected Works of Erasmus (Vol. 23), trans. Margaret Phillips, Toronto: University of Toronto Press, 1978, pp. 72 – 75.

④ Desiderius Erasmus, "The Correspondence of Erasmus (Letters 142 to 297)", in Collected Works of Erasmus (Vol. 2), trans. R. Mynors and D. Thomson, Toronto: University of Toronto Press, 1975, pp. 186 – 187.

一个从未了解罪恶的人不会去热爱邪恶。第三个原因是，她们可以避免懒惰，这是美德最危险的瘟疫"。① 当然，如果将伊拉斯谟的零散说法聚集起来，也可以大致勾勒出伊拉斯谟对女孩教育的主张。笔者将在后文中予以专门讨论。

## 第四节 人的担当：政治与社会秩序之求

人是社会性动物，而文明的进步维度之一就是人的发展。因此，人与社会之间的关系是紧密关联的。而贵族儿童更为未来政治统治的中坚力量，对政治稳定和社会发展有着不可推卸的责任。伊拉斯谟在目睹了当时社会和政治的困境之后，将希望放到了受过良好教育的人身上，例如更有条件和能力接受教育的君主、贵族，尤其是上等阶层儿童身上。

### 一 儿童的社会责任教育

伊拉斯谟在《论儿童的礼仪教育》中说："培育年轻人的工作是由许多方面构成的。首先也是最重要的，是在他们稚嫩的心灵中植入宗教虔信的种子。其二灌输他们对文雅知识的喜爱。第三，教导他们人生的责任。第四，在他们很小的时候就给予他们以礼仪的训练。"② 也就是说，根据原则，使人成为符合伊拉斯谟期望的虔诚、文明、文雅之社会人。而伊拉斯谟所说的责任就是人对社会的责任，即个人将知识道德运用于国家社会整体之幸福的责任。由此可知，伊拉斯谟口中的人，不仅仅是单数的人在品德和能力上的提升，也是群体的人，是群体利益的增长。

伊拉斯谟身处的时代对欧洲人提出了许多挑战，他们希望世界上的生活能够满足他们对意义的需求和对群体利益的保障。接连不断的战争和社会混乱对此造成了严重困扰。基督教的君王们不断发动针对其他基督徒的战争，而当基督教神圣罗马帝国皇帝的军队于 1527 年洗劫罗马时，这种

---

① D. Erasmus, *Desiderii Erasmi Roterodami Opera Omnia* (Vol. 5), Lvgdvni Batavorvm: Cura & Impenfis Petri Vander Aa, 1704, pp. 716 – 717.

② Desiderius Erasmus, "On Good Manners of Boys", in *Collected Works of Erasmus* (Vol. 25), trans. Brian McGregor, Toronto: University of Toronto Press, 1985, p. 273.

战争暴力达到了象征性的顶峰。这些社会现实生动地说明了这样一个事实：基督教的普世目标甚至在欧洲内部都前景堪忧。异教的奥斯曼土耳其人向欧洲地区不断推进，在1453年灭掉基督教兄弟国家拜占庭后，接着一次又一次威胁着维也纳的城墙，引起了基督教世界对生存的真正恐惧。与此同时，马丁·路德（Martin Luther）对天主教会的抗议及其后愈演愈烈的天主教徒和新教徒之间的冲突，摧毁了基督徒任何统一的幻想。对许多人来说，这些似乎都是基督教思想中世界末日即将来临的迹象。即使对伊拉斯谟和其他没有仔细思考末日启示录的人来说，这些历史发展也像是一个残酷的提醒：基督教并没有创造和平，哪怕是在欧洲的基督徒中间。因此，伊拉斯谟同情大众在君主私心引发的战争中颠沛流离的苦难，因为战争带来的疫病和破坏摧残了生命，也摧毁了社会原有的秩序。而交战双方往往都是基督徒，所以他不认为有任何战争可以被称为正义的战争。

　　同时，相较于欧洲其他地区，无论是伊拉斯谟的故乡鹿特丹城还是所在国家尼德兰都处于欠发达地区，甚至向别人提及自己的故乡时，他也是兴致缺缺，略显自卑。在他看来，低地国家尼德兰远离真正的文明中心，缺少真正的顶级王室气派或贵族气派，充斥着缺少教养、品位低下的粗鲁无礼之人，从人们身上看不到礼貌而优雅的言行，和他们也很难展开令人愉悦的交谈，总之，他们身上缺少那些可以增添迷人魅力的气质与品位。因此，虽然伊拉斯谟并未向他人清晰描绘他的理想国是什么样子的，但他知道有品质的生活对于人们的重要意义，也为之不断努力着，长期居于更符合其理想的法国、英国、德国、瑞士等地，而不愿返回故土，当然也可能是不愿再回忆过往的痛苦经历。他相信政府如果能够帮助人们培养这样优秀的品质，并在旧世界的基础上建立一个崭新的世界，这个新世界就会像那些最虔诚的基督信徒最初宣扬的那样，在融合古典文化和基督教教会的美德的过程中，不会产生任何矛盾。

## 二　作为社会舵手的君主责任教育

　　面对这样的问题，他希望通过教育诉诸人性的善和理性来获得和平。更为明显的是，他将希望寄托在一个良好而公正的君主政体内，而其核心是君主，他将之比附为乘船航行时的掌舵手。他说"我们乘船远航时，不是将舵交给同行之中门第最好、财富最多或外表最好的那一位，而是交

## 第三章　成为至善完人：一体多面的教育目的论　◆　103

给掌舵技能最好、最灵敏、最值得信赖的那一位"。① 他认为君主关系着国家的好坏，当风暴来临之际，王国最好交给比其他人更好地具备了智慧、正义、节制、远见卓识等国王之资的人，他们更熟练的技能和强韧的力量方能把持航向、避免翻船，甚至他们可以决定一国人民的道德、公共福祉的高下。② 因此，伊拉斯谟写作了《论基督教君主的教育》一书。③ 他将地上君主神圣的地位看作天上的上帝一般，上帝在圣经里身具最大的权威、最大的智慧和最高的善，所以地上的君主也应当具有这些。若权威没有善的调和，君主就会肆意妄为，成为导致生灵涂炭的暴君；若缺乏智慧，国家就会陷入混乱不安。他又将君主和臣民比作心灵和身体的关系，心灵要高洁纯净才不受疾病入侵，身体才不会腐朽，而心灵中最重要的部分就是存储智慧的理性。④ 关于这一点，同样可以从中国古代历史或传说中寻找到诸多君王或无智或无德的典型事例，如殷纣王也可以说是才力过人、智见敏捷、闻见敏锐、徒手斗兽的文武双全之人，然而却以智拒谏，文过饰非，终致身死国灭；隋炀帝也能诗文，善用兵，然终因不恤国力，滥用民力与军力而霸业成空。因此，统治者必须要智德兼备。在伊拉斯谟那里，任何要为每个人、每件事做计划的人必须具有智慧，最适合君主这个角色的人就是柏拉图所说的哲学之王。所以伊拉斯谟说，一个幸福的国家，将是王子都是哲学家或者哲学家掌握政权的国家。所谓哲学家，就是一个抛弃了一切虚妄的假象，无畏地寻求真理、追随真与善的人。伊拉斯谟认为"如果你不是一个哲学家，就不能成为一位君主，而只是一个暴君"。⑤

培养一位良君的希望在于对君主行为的改变、情绪的控制和信仰的矫

---

① ［荷］伊拉斯谟：《论基督教君主的教育》，李康译，商务印书馆2017年版，第7页。
② ［荷］伊拉斯谟：《论基督教君主的教育》，李康译，商务印书馆2017年版，第188页。
③ 伊拉斯谟的君主使用的拉丁词语是 principis，也可翻译为国君、王公，可以指代欧洲主要王国和诸多公国、侯国的统治者。因为中世纪欧洲并未形成类似中国的大一统的中央集权国家，而是真正意义上的封建、封邦建国，诸侯林立，割据自雄。另外，所谓的国君教育实际上也涵盖了那些已成为国君和未来将成为国君之人的教育。
④ ［荷］伊拉斯谟：《论基督教君主的教育》，李康译，商务印书馆2017年版，第45—47页。
⑤ ［荷］伊拉斯谟：《论基督教君主的教育》，李康译，商务印书馆2017年版，第18页。

正。① 而要成为具有智慧和善的基督教君主，伊拉斯谟认为必须从教育着手，从儿童的教育着手。君主教育不能从惨痛的经验中获得，因为那可能是无数残酷的战争换来的，而要从书本中学习治国的智慧和美德，从贤人口中得到人生的教训。同时，良善君主的教育必须从小开始，现在的君主要在未来的一国之君年幼之时就为他选择保姆和良师，在男孩稚嫩的心中撒播下种子，让他免受可耻和粗鄙的念头、愚蠢的意见、谄媚的朋友和滑稽小丑的包围，让他自觉自愿地学习真正的为君之道。如果他到继位之时才开始学习，代价将是全国人民的安危。因此，伊拉斯谟认为："生活当中，最有裨益的莫过于有一位贤明良善的君主统治；反之，祸害最深的莫过于一个愚蠢邪恶的君主统治。"②

而对一般人的教育也非常重要，所以统治者"必须对各类公立私人学校，对于女孩的教育，给予最充分的关注，让他（她）们直接接受最好、最可信赖的教师的关照，既吸收基督教教义，也学习品味端正、有益于国家福祉的文学。以这样的方式，其结果将会是许多法律或刑罚真的没有任何必要了，因为公民已经自觉自愿地遵循了正确的道路"。③ 换言之，教育能使一般人天赋的理性和人性战胜冲动，了解人与人之间互爱互助的重要性，彼此之间冲突、战争的可能性也就随之减少，最终实现和平。

伊拉斯谟最后的理想就是建立一个基督教共和国，在这个国度中以基督为中心，人人尊奉共同的信仰，人人友爱平等，没有无休的战争。他乐观地说道："一定过不了几年，我们就会有一个真实无虚，像保罗所说的基督徒社会在各地出现，人们将不会只是在仪式和三段论的命题里，保有基督的哲学，而是充满在他们的心灵和全部的生命里。"④

总之，伊拉斯谟的政治观和和平观，他心中理想的基督教君主结合了柏拉图的哲学之王和虔诚的基督信仰，以仁爱而非恐惧来统治臣民，以公利而非私心为出发点，不因私欲引发战争，损害人民生命。甚至至高的美

---

① ［荷］伊拉斯谟：《论基督教君主的教育》，李康译，商务印书馆2017年版，第61页。
② ［荷］伊拉斯谟：《论基督教君主的教育》，李康译，商务印书馆2017年版，第25—26页。
③ ［荷］伊拉斯谟：《论基督教君主的教育》，李康译，商务印书馆2017年版，第99页。
④ John C. Olin ed., *Christian Humanism and the Reformation: Selected Writings of Erasmus*, New York: Fordam University Press, 1980, p.99.

德是君主必备的条件,他必须比一般人具有更高的道德标准,他的行事必须在基督允许的范围之内,欲望和目的不能超越手段,这与同时代的马基雅维利从政治权术的角度来评定成功的君主有所不同。在马基雅维利那里,那是一个去道德化的政治图景,君主在不与人民为敌的前提下(这一点往往被绝大多数马基雅维利者视而不见,却为那些喜好权谋、厚黑学的自私拥趸所喜闻乐见),可以不受任何道德原则的束缚,随心所欲,只要对自己有实际利益的事情,即可大胆施行。相较而言,同时代的伊拉斯谟和马基雅维利面对动荡的时局都突出了自身的解决之道,重视君主的作用,将道德、荣誉等视为政治权力和社会秩序运作的一部分。不同的是,伊拉斯谟将道德视为政治的根本出发点和根本目的,而马基雅维利将道德视为政治的手段之一,可用可不用,甚至不断强调君主不应图虚名,一切都应从实际出发。无疑,伊拉斯谟的主张更具有人性善良和温情的意味,带有理想主义的质地,而不像马基雅维利那样具有更多赤裸裸的自私实用和人性悲凉意味,尤其是对那些别有用心的侵害人民利益的"肉食者"的批判。

一言以蔽之,伊拉斯谟的儿童教育目的,从根本上,是要培养一个有教养的灵魂。这个灵魂集中展现了人与上帝的关系。笔者认为,从儿童教育目的的内部结构上看,这个灵魂的精神内核是贴近于宗教、贴近于上帝的,它在现实能指上却指向人自身,表现对人性美与善的追求,对人在社会生活中的担当与责任感的追求。它表现的从来不是神人的对立,而是类似于中国古代传统的天人合一式样的西方式的神人和谐统一。也许今天的人们早已习惯了神与人相对、宗教与科学相对的二元对立思维,然而在中世纪晚期到近代早期的主流认知中,神与人并非针锋相对。正如前述,人的完美养成是上帝至善至美在人身上的展现。[①]

---

[①] 关于近代早期(16—18世纪)上帝与人的关系论述,可参看《被遗忘的年代:气候的外生冲击与17世纪西欧社会变迁》第三章的相关论述。详见孙义飞《被遗忘的年代:气候的外生冲击与17世纪西欧社会变迁》,生活·读书·新知三联书店2019年版。

# 第 四 章

## 基于性别区隔的教育内容与
## 性别教育"祛魅"的开启

在确定了教育有着怎样的目的之后，伊拉斯谟在他的晚年时光，从时代和社会需要出发，将儿童作为最理想的教育对象和主要研究课题，将对儿童的教育作为这一时代的中心任务，提出了一套系统、特点突出的教育内容。而具体上，又将男童视为首要教育对象，教育内容多由此生发，而女孩教育则略显分散。

## 第一节　教育之基：精英男童教育

### 一　献给贵族：儿童教育的阶级性之维

阶级社会产生以后，教育便被蒙上了一层阶级属性。表面上来看，伊拉斯谟的儿童教育理论理念也具有明显的阶级性。伊拉斯谟的儿童教育理论主要是为何人设计的呢？如果从他的教育作品写作的对象来看，他的《论儿童的早期文雅教育》一书是为了公爵之子——13岁的威廉所作，《论儿童的礼仪教育》是为了伊拉斯谟的赞助人之孙11岁的亨利所写，《论基督教君主的教育》则是题献给时年16岁的哈布斯堡家族的查理王子，阿拉贡国王，也即后来的神圣罗马帝国皇帝查理五世的。由此可见，伊拉斯谟儿童教育作品题献或写作的对象并非一般意义上的平民阶层，而是社会上层统治阶层中的具有潜力的贵族或精英。他在《论儿童的早期文雅教育》的献词中对公爵写道："我之所以将这部作品献给您，是因为其中所讨论的教育方法特别适合于领导者的孩子们。他们比其他的孩子更需要一个完善的教育,而且这个需要也唯有文雅教育才能够满足。"[①] 可见,他的教育理论具有较为强烈的阶级属性,主要是为当时社会中的中上阶层所设计的,这个阶层中包括了王公、贵族、高级神职人员以及城市中的富裕工商业者。

伊拉斯谟的儿童教育理论中之所以带有中上阶层的色彩,笔者认为,主要是基于以下理由的考量。首先,从教育的投入和投资能力上看,尽管15—16世纪的欧洲随着商业化、都市化的发展,财富的累积日益增加,但贫富差距依然巨大,且更趋恶化。因而,能够真正将大量金钱投入子女教育的家庭并不是很多。儿童将时光消耗在书本之上,对许多家庭而言是劳动力的一种损失。况且伊拉斯谟理想中的儿童教育,书籍、教师、其他费用以及适宜陶冶儿童德性的高雅环境场所等都需要足够的金钱方能予以支撑,唯有少数富裕家庭能够负担。其次,谋生的需要。当时多数的人文主义学者并没有优渥的家庭出身和丰厚的经济条件,也没有教会组织内的高级教职,多需为自身的衣食奔走。如果能够得到权势显赫、经济雄厚的恩主(类似于当下的金主)出资赞助、人身庇护(这些恩主多为教会高层、王公贵族和富贾豪门),无疑对自身生计,甚至以后的仕途发展、职业发展大有裨益。从前文叙述的伊拉斯谟生平来看,他并不属于身家丰厚之人,因此为生计奉承、迎合赞助人也就成为可能。这些恩主的喜好与需要也就成了人文主义学者创作时不得不有所考量的事。因此,伊拉斯谟的儿童教育理论在阐述自身理想之时,也不得不在内容上考虑这些恩主们的需要而有所设计,甚至不惜阿谀奉承以拉拢赞助人。这是西方历史发展中的一种现象,文艺复兴时期如此,启蒙运动时也是如此。最后,从伊拉斯谟对社会的认知与个人理念来看,他并非能够完全超越时代。和大多数人文主义者一样,他尊重且支持既有的社会等级秩序。他相信上层之人最能体现美德之真义,也将社会改革的理想寄托于这些人身上。他认为领导者是决定一个国家文明或野蛮的关键,一个王国最好交托给那些具备"智

---

[①] Desiderius Erasmus, "A Declamation on the Subject of Early Liberal Education for Children", in *Collected Works of Erasmus* (Vol. 26), trans. Beert Verstraete, Toronto: University of Toronto Press, 1985, p. 296.

慧、正义、节制、远见卓识，以及对于公共福祉的关怀"① 等国王之姿的人，所以领导者阶层的教育就愈加重要。他认为："如果君主生而得享其位，非经选择而出……也是我们自身所处时代几乎普遍实行的惯例，当此之时，得到一位良君的主要希望便系于他所受到的恰当教育，对于这种教育的照管应当倍加留意，以便让随选举权的丧失而失去的东西由对于君主之教养的关照来弥补。"②

## 二　献给男童：儿童教育对象的特殊性与全民性超越

如果从性别角度来看，他的主要教育作品多是为男童教育而写就的。伊拉斯谟的主要教育作品是关于男童及其教师的。《论儿童的早期文雅教育》是关于男童的，而非女童。女性和女孩教育甚至在他的《论拉丁语和希腊语的正确发音》和《拉丁语书信写作指南》也没有提及。《论正确学习》和《论丰富多彩的拉丁语词汇》是科利特在伦敦的圣保罗学校的教科书和指导手册，这是一所男童学校。甚至最具影响力的关于礼仪的作品，即《论儿童的礼仪教育》就像他的标题那样，使用的拉丁文词语为阳性儿童 puerilium，即是为男童而写作的，女性的礼仪并非此书的关注焦点。虽然他的男童教育完全可以适用于女孩教育。关于女孩教育，他的论述是松散的，需要多方搜寻，笔者将在后面单独论述。

如果从年龄角度来看，正如前文在概念界定中的说明，伊拉斯谟的儿童概念具有拉丁文化维度，他的教育理论主要的适用对象一般而言是21岁以下，更准确的是在17岁以下，涵盖了可以学习发音和识字的两三岁幼童时期到十五六岁的青少年时期。他认为，孩子一出生就是教育的开始，年龄越大，学习的效果越差。同时，儿童时期所学的教诲与知识，也会在以后的人生中不断延续下去。这对儿童的养成而言都是极其重要的。对王子而言，尤其是对那些未来的君主而言，更是至关重要的。因此他说："王储的心智必须从（人们所谓之）襁褓之始，当其仍保持开放、未经发育之时，即灌输以健康的思想。从那时开始，就必须在他那尚为婴儿的灵魂的处子地里撒播上道德的种子，以期随着年事渐长，阅历日丰，这

---

① [荷] 伊拉斯谟：《论基督教君主的教育》，李康译，商务印书馆2017年版，第7页。
② [荷] 伊拉斯谟：《论基督教君主的教育》，李康译，商务印书馆2017年版，第8页。

些种子会逐渐地发芽、成熟，一经播下，便可以深植于君主内心，伴其终生。这是因为，再没有什么能够像最初数年留下的印象那样，刻下如此根深蒂固、难以磨灭的印记。"①

这样分析，很容易造成一种简单化的印象，即伊拉斯谟教育的对象，主要是精英家庭中的男童。笔者以为，虽然他没有提出如路德那样的平民教育（这是因路德的宗教主张而带来的应有之义，即人人都可借助释读《圣经》而实现与上帝的沟通，如果平民不识字，宗教主张也就无法施行），但我们也不能因此断言，在伊拉斯谟心目中受教育的资格仅限于权贵、富裕家庭。相反，他主张拥有权势、财富之人应当慷慨地资助那些因为家庭贫困而无法发展自身天赋才能的孩子。他也认为地位越是卑下之人，越需要文雅教育的帮助，以便他们提升自己在社会中的地位。② 对伊拉斯谟而言，不论富有还是贫寒家庭的儿童，教育都是他们提升自我、改造社会所必需的，而且是最好的方法。这在某种意义上就赋予了儿童教育一种新的属性，即对教育的阶级属性的超越，成为全民教育理念的基础。同时，令伊拉斯谟想不到的是，他的全面教育的启迪，也赋予了教育刺激社会流动性的内涵，赋予了普通人上升的通道。而一定程度上的社会流动性和上升通道正是打破阶级固化，保持社会活力，维护社会稳定，实现其社会理想的真正利器。

## 第二节 以文习德：文雅教育

理想的人文主义教育应该让儿童学习什么内容？对于这个问题，伊拉斯谟给出的答案之一即文雅教育（Liberal Education，伊拉斯谟使用的文雅一词的拉丁语词为 liberaliter）。

何为文雅？有当代学人将 liberal 在历史上的意涵使用主要归纳总结为数种含义，包括"符合自由人身份的""符合绅士身份的""自由的"

---

① ［荷］伊拉斯谟：《论基督教君主的教育》，李康译，商务印书馆 2017 年版，第 8 页；另参见吴元训选编《中世纪教育文选》，人民教育出版社 2005 年版，第 125 页。

② Desiderius Erasmus, "A Declamation on the Subject of Early Liberal Education for Children", in *Collected Works of Erasmus* (Vol. 26), trans. Beert Verstraete, Toronto: University of Toronto Press, 1985, p. 334.

"使人自由的""高贵的""贯通的""文雅的"等含义。① 然而，笔者以为，究其源头，在少数人统治多数人的希腊罗马主导的时代，希腊罗马公民及其具有的公民权本身就带有强烈的等级身份或特权意味，是当时周边其他被统治族群所无法企及的身份，这个词展现的实质、最根本的功能是用作区分等级、族群的某种特质，用以凸显社会上那些高等人与低等人，以及希腊罗马的文明公民与其他野蛮人群的区分，将 liberal 译为"符合自由人身份的""自由的""使人自由的""高贵的"即这种意涵。但这种翻译过于抽象，并不具体，带有强烈的时代烙印，也不好让人理解。事实上，这些高等人或文明公民的所谓"自由"，表现在他们掌握着其他人群可能无法掌握的阅读和书写的知识，如政治、宗教、历史、文法、修辞、逻辑、哲学、数学、科学、绘画、音乐等知识，拥有某种更强烈的精神或知识特权与高贵自由，践行着某些标示自身精神气质在内的、独特性的、雅致的言行举止、品味习惯等，凸显着自身独特的优越性和区隔性。后来，这个词语更是被引申到所有掌握大量知识、符合雅致言行之人，无分等级贵贱，都是文明之人。因此，它是文明的特质，展现的是一个优秀的、有修养之人（至少这些人自己认为如此）的所有精神特质。而教育就是要培养这样最优秀的、有修养的人或公民。因此，笔者以为，将 liberal 翻译为文雅的或博雅的都是合宜的，结合伊拉斯谟所倡导的教育体系的根本源自古希腊罗马时期存在的西方教育传统，更加崇尚以学术休闲为目的，侧重非功利性的人文社会知识教育，侧重心智训练，而非强调动手能力、功利实用性的技术教育。故笔者认为，译为文雅是妥当的。当然，19 世纪中叶前后，自然科学技术知识正式成为文雅教育体系的课程教育内容后，教育涉及的面向更为全面，译为博雅也很妥当。哪些内容才是伊拉斯谟具体主张的文雅教育应该学习的呢？伊拉斯谟在其擅长的对话体作品中，借由熊和狮子的对话中狮子的回答，给出了简要而清楚的回答：通过以文学作品为主的语言训练来进行心智训练，塑造儿童的基础世界观和认知。"第一步，他要做的事就是能够正确地发音，然后是能够顺畅地阅读书籍，接着他要书写整齐。最后，还要为他选择一位教师教予他知识和道德观念，同时也要为他选择一些品性正直的朋友与他交往。……趁着年

---

① 参见沈文钦《近代英国博雅教育及其古典渊源》，博士学位论文，北京大学，2008 年。

轻习得希腊语和拉丁语。辩证法,要足够了解,但不至于为了炫耀,而让他经受那些好笑、吹毛求疵的技巧折磨。在一定限度内,他要谨慎研究修辞,但不要沉迷其中:它的目的是帮助写作和说话,而非灌输一种对教师规则的迫切服从。地理应该比修辞先学,而且要彻底掌握。算术、音乐、天文只要大略学一些。医学知识只有在它有益健康的情况下方可纳入。也可以品味一些物理学知识……""道德用格言的方式来教,尤其是用那些关于基督教和个人相关于社会责任的格言。"[1]

如果套用现代的话语来说,伊拉斯谟的言辞中具有支撑其思维的语言相对性原理。而这种原理的主要代表学说就是语言学界颇为著名的萨丕尔-沃夫理论,这是语言学家萨丕尔和他的学生沃夫所提出的关于人类语言的一种理论假说。该理论认为,一个人的母语实际上决定着其思维,因为此人必须根据自身母语编码中设定的范畴和区别定义来认识整个世界,这些范畴和区别定义是该语言系统内具有的独特性。在语言构成的系统内,个人运用其在文化环境内所接受的范畴和定义来指导自身的交流形式,分析整个世界,并进而构建主体意识。每一种语言系统都会以独特的方式来建构对外认知,形成对外部世界认知的人为意识建构。[2] 简单说来,就是语言可以决定人的思维形成,决定人的世界观、认知等。虽然说这种理论假说过于夸大了语言对思维的决定作用,僵化了人的主观能动性,但也让我们加深了对人类语言和思维之间关系的互动认知,意识到语言对人类的思维及实践活动具有重要的规范作用。在这一点上,伊拉斯谟可能早已从经验上认识到语言文字对人的思维及其活动所具有的重要价值。

因此,虽然在伊拉斯谟所列的科目中,有着明显的人文学者追求文雅、博学的心态。因为其中除了宗教之外,伊拉斯谟从词语发音、字母书写、拉丁文、希腊文、辩证法、修辞到算术、天文、地理、医学、物理、道德,几乎涵盖了大半的知识门类。然而,面对如此驳杂的内容,伊拉斯

---

[1] Desiderius Erasmus, "The Right Way of Speaking Latin and Greek", in *Collected Works of Erasmus* (Vol. 26), trans. Beert Verstraete, Toronto: University of Toronto Press, 1985, p. 387.

[2] 参见伍铁平《什么是新洪堡特学说和萨丕尔-沃夫假说》,上海教育出版社1991年版;蔡永良《重温"语言相对论"》,《苏州大学学报(哲学社会科学版)》2004年第6期。

谟也旗帜鲜明地指出，对于每一学科都穷尽心力，细致探究是不必要的，只需要掌握好每一学科的要旨也就足够了。同样地，学科之中也是有着主次之分的。他在许多文章中很明显强调了学习古代语言及古代文学的重要性。在他看来，拉丁语、希腊语是首先要学习的语言。这包含着两个方面的原因。一方面，伊拉斯谟认识到自然赋予了人类学习的卓越能力，而其中懂得使用语言是人类最为突出的能力，也是人与野兽之间的分隔线。他说："当一个男孩还在地上爬行，还不会发出任何一声人类声音的时候，他不过是个四脚兽而已，不能被视为人。只有当他开始练习重复我们对他说的话时，我们才能迎纳他为我们的孩子。"① 另一方面，在伊拉斯谟心中，古代文学不仅代表着欧洲过去的灿烂辉煌的古代文化，而且所有一切值得学习的东西，都是以拉丁语和希腊语这两种语言来表达的。② 如果人类忽略这两种语言，那么知识就要受到损害，甚至消亡。

　　伊拉斯谟找到了西方文明延续与发展的内核之一：语言与文字。而对拉丁文和希腊文的重视，既反映了人文主义者对以语言为代表的古典知识和文化的喜爱，也反映了他们现实中的某种需要。文艺复兴时期几乎所有与人相关的知识，基本是从古希腊罗马时代的典籍中探求而来的。从这些作品中，人文主义者可以获得关于宗教、自然、历史、地理、天文、医药等各种各样的学问，能提供关于修辞、语言的技巧以及丰富的智慧理念与知识。因此，古代语言和文学的训练也就顺理成章地成为伊拉斯谟儿童教育内容的核心内容。在这一点上，伊拉斯谟已经较为充分地认识到语言在塑造儿童世界观、社会认知等思维智识方面所具有的独特价值。为此，他提出了一种学习的次序，包含学文法、学说话、文字的习得与书写、阅读、演说、写作等在内的一整套语言文字的学习与训练方法。

## 一　文雅教育的核心：语言文法的习得

　　时人对古典文化的推崇和人文主义教育的兴起，使文法教育获得了新

---

① Desiderius Erasmus, "The Right Way of Speaking Latin and Greek", in *Collected Works of Erasmus* (Vol. 26), trans. Maurice Pope, Toronto: University of Toronto Press, 1985, p. 369.

② Desiderius Erasmus, "On the Method of Study", in *Collected Works of Erasmus* (Vol. 24), trans. Brian McGregor, Toronto: University of Toronto Press, 1978, p. 667.

的重要性。文法教育在伊拉斯谟文雅教育体系中占据核心地位。在伊拉斯谟看来，文法广义而言涵盖了一切文学，就狭义而言，则包括了字形变化、句构、声韵等内容。中世纪后期，辩证法介入文法，进而影响了文法的发展。于是文法不再显现为古代的权威作品、具体的文句，而是被抽象成一些法则，文法教育活动渐渐失去了往昔的开放与活力，成为逻辑规则的附庸，文法由教育内容变成教育目的。伊拉斯谟吸收借鉴了瓦拉等人的文法教育主张，希望拉丁语能展现早期的活力与开放性，成为生活与工具语言，而非思考的语言。因此，他将文法回归教育内容和学习工具的位置，希望儿童在生活中、在日常的说话和阅读之中习得文法规则，借助古代作家优美的例句去学习文法，而不是从一开始就让儿童死记硬背文法的抽象规范。为此，他和其他一些人文主义者在教学上大力突破了中古以来的做法。

  伍德将他的文法教学过程划分成三个阶段。当然，教育三阶段论并非伊拉斯谟的个人独创，而是西方人从古典到中世纪时期颇为常见和流行的一种儿童教育分期方式，无论是在普鲁塔克的著述还是在中世纪的骑士教育中，通常都是采用这种三阶段分期教育方式。笔者认为，具体说来，在伊拉斯谟这里，他遵循儿童的基本规律，以儿童的心智成长水平作为某种依据，主张先易后难，先简单后复杂，逐步加强，循序渐进。如在第一阶段，应以日常生活语言沟通交流需要为目的进行基础知识学习，其间采取粗放式教育，儿童在家中练习说话和习字时自然接受一些简单而具象的文法例句，同时，吸收一些简单的文法规则，如名词、动词的基本形式，并且以实际运用为主将之自然融入日常生活的使用之中。直至今日，这种侧重语言沟通交流的教育方式依然是欧洲主要国家早期教育课程目标之一。在第二阶段，儿童在学校接触更多的文法教育。这一阶段粗放式教育逐渐正规化，遵循着从具象到抽象的教学原则，通过示例、效法等方式潜移默化，进而教育养成。他给出了某些建议，如教师可以通过提供一些优秀的文学作品，让学生通过阅读作品和日常对话深化认知语言的惯常用法，再逐渐拓展到那些抽象化的、概念化的、普遍性的文法规则学习。这一学习步骤几乎与中古后期的教学法完全相反。第三阶段进入系统化文法教学。这一阶段立足前两个基础，优化文法规则，更具引导性。为此，他提出将几部重要的古代作品作为教材，以供教师教学时选择使用。① 而所有的文雅科目学习应该在 18 岁之前完成，但他并没有明确给出各个学习阶段的年龄。但笔者结合他在论家庭教育时的某些说法，如七岁时儿童教育应交给父亲或教师（参见第五章），以及基督教发展起来后对上帝七天创造世界（但第七天休息不工作）的附会说法，再结合西方历史上小学的入学年龄限定，大致可以推导出他实际上是以 6 年或 7 年为一阶段。

直至今日，类似伊拉斯谟的这种文法学习模式，依然在欧洲中小学语言学习策略中被借鉴使用。②

## 二 文雅教育的第一步：语音习得

伊拉斯谟尝试借助于古代语言和文化，目的不仅是为了研究、阅读、写作的需要，也是为了满足日常交流的需要。伊拉斯谟生活的时代，希腊语随着东罗马帝国，即拜占庭帝国的覆灭已经不可能担负起成为基督教世界通行语言的重任，因而学习希腊语主要是为了更好地研读古代希腊作品。但他相信还有原西罗马帝国的语言——拉丁语可以成为打破国界、地区樊篱的共同语言。在拉丁语这一语言工具的作用之下，伊拉斯谟心目中希冀的统一的基督教世界或许能够实现。所以，他希望孩子们学习的是接近日常生活的惯常用语，是充满活力的拉丁语。也就是说，在语言的价值作用上，伊拉斯谟否定了语言的相对性，更主张语言的某种决心作用，在实际上为他心目中的"世界"指明了一种共通语言，他在事实上已经超越了某些后人的语言相对性假说，认为"世界"上存在一种属于欧洲人

---

① W. H. Woodward, *Desiderius Erasmus Concerning the Aim and Method of Education*, Cambridge: Cambridge University Press, 1904, p. 105. 伊拉斯谟的具体论述可看 Desiderius Erasmus, "On the Method of Study", in *Collected Works of Erasmus* (Vol. 24), trans. Brian McGregor, Toronto: University of Toronto Press, 1978。

② 笔者女儿曾在英国伦敦的一所小学就读一年（四年级）。在她日常的英语学习和写作中，老师并不特意强调、纠正她的语法结构习惯。最初只是以为她的任课教师担心她来自中国，英语基础弱，才这样做。后在交谈中，才明白这一阶段弱化语法的复杂结构、规则是英国学校的教学策略，以免因过度枯燥，违背儿童认知规律而妨碍儿童身心发展和学习兴趣。但为了让学生了解、熟悉语法习惯，奠定文法学习基础，老师也特意强调和鼓励儿童进行大量的图书阅读，还根据每一位儿童的英语水平推荐不同层次的经典读物，鼓励小戏剧创作、作品仿写和角色扮演，强调对话交流，鼓励演说汇报，等等。这些策略与伊拉斯谟的许多主张也是共通的。

甚至人类的共通语言，而非属于某一民族的。而这也正是当下世界各国在语言交流、文化沟通时的一种共同认知，即时下广为流传的非零和策略或双赢原则。

类似于昆体良，他认为教育每一位儿童的第一步就是教导他们学会以清楚而正确的发音来说话。说话虽然要从拉丁语开始，但最好能配合希腊语一起学习。因为这是西方文化的共同基础之一。至于方言，在伊拉斯谟看来这并非语言教育之必需，不用专门去进行学习，因为儿童们可以从和其他人日常相处的机会中，经由身边环境，潜移默化地学会方言。[①]

正确发音是学习语言的首要要求。语音可以帮助儿童感知语言的区别性特征，也是儿童最初教育阶段应该重视的主要事情，故而精准的发音训练成为一种必需。而情境创设对于正确的语音习得十分重要。伊拉斯谟给出了自己的情景教育模型，主张最好的方法就是要创设一个充满优美古代文化的氛围和环境。自然物体的使用，如动物、植物、家庭用品，以及家庭礼仪等将为儿童掌握词汇和有教育意义的会话提供练习的机会。让他们和发音准确之人时常交谈，以便让孩子在经常性的对话交流中训练出正确的发音。笔者认为，伊拉斯谟强化了语言行为的特殊性，倡导出语言习得的一种经典样式，即通过反复的语言刺激，强化儿童们的语言反应，进而形成语言习惯的强化，即刺激—反应—强化。这是伊拉斯谟针对当时语言习得弊端而得出的语言教育观念。在当时生活中，讹误不断的拉丁文和方言语音都容易造成孩子的发音错误。因此，他出版了《希腊语和拉丁语的正确发音》一书对发音问题进行了详尽阐释，强调儿童要尽快纠正那些错误的发音，而对此最有效的方法就是不断地练习。为此，他采纳了昆体良对学习希腊语和拉丁语的建议，设计了一些绕口令强化语音区别和规律，很多教育论述也采用了形式活泼、灵活多变的长短句对话体，有针对性地加以刺激、强化，来训练儿童舌头的灵活度和对语音细节的掌握。这种绕口令的方式至今仍在语言学习中被广泛使用。笔者认为，伊拉斯谟的语言习得主张奠定了后世斯金纳、皮亚杰等主张的心理语言学的某些认知基础，如语言认知机制是人先天的禀赋，可以帮助人们加工、整理语言材

---

[①] Desiderius Erasmus, "The Right Way of Speaking Latin and Greek", in *Collected Works of Erasmus* (Vol. 26), trans. Beert Verstraete, Toronto: University of Toronto Press, 1985, p. 320.

料，但语言行为是后天习得的过程，故而需要学习才能获得；听到、看到的语言文字都具有一定的结构性，会帮助儿童理解语言文法体系；儿童语言习得的一般过程就是先语音、再语义；先习得单个词语，再通过连接词汇、词汇转换、连接语法、语法递归等方式习得复杂语法、复杂句式与结构等。此外，他还建议儿童如果有一位发音正确且清晰的朋友或老师帮助，效果也是非常明显的。其中蕴含的朋辈教育方式也是儿童互助合作学习的一种发展趋势，在现代教育中被广泛运用。可以说这种方式蕴含着许多科学、合理的成分，和我们当代学习语言的方式有着诸多契合。

同时，伊拉斯谟的经验设想与现代脑科学和心理学的研究也是异曲同工的。现代人已经清晰意识到，脑的发展与语言发展是密切相关的。与语言相关的皮层区域的发育是儿童语言技能发展的保障，神经成熟是认知发展的一个重要因素。而语言通过不断刺激大脑发育最早的脑干和脑桥，促进激皮层运动区、海马体的不断成熟以及大脑网状结构的形成。[①] 换言之，儿童对语音和文法的学习也是一个强化儿童环境刺激的过程，这些刺激将为儿童建构起丰富的神经联结，也让儿童可以很容易地去掌握其他语言的语法和发音。如果儿童在所在年龄缺乏对某种语言的足够接触，那么他们可能永远不能有效掌握这种语言。因此，早期合适的刺激就十分必要。

### 三 文雅教育的进阶：文字习得与书写训练

伊拉斯谟极为重视文字的价值和习得。他以比喻、类比的方式对文字的价值做出说明："只有它们才能构成人类真正的财富，这种财富是命运无法赐予，也无法夺走的财富。在使用中，它们非但没有减少，反而增加了，而且变得更加优秀，而不是被损耗；它们也不像身体的力量与美丽，会随着年龄增长而衰减。它们不像世俗的荣誉一样可以被授予那些懒惰、不成器之人。它们并不会让人丧失行善的美德，而是赋予美德。"只有它们，"才能给人灵魂以平和，并作为庇护所。……没有它们，我们甚至不

---

[①] [美] 黛安娜·帕帕拉、萨莉·奥尔兹等：《孩子的世界》，郝嘉佳等译，人民邮电出版社 2016 年版，第 239—253 页。

能成为人"。① 笔者以为，在具体如何学习上，伊拉斯谟深谙儿童文字习得的过程规律。他认为，儿童在最初的语音基础上，必须先习得字母，而后才能学习单个词语，理解词义，然后词与词连接，转换生成，逐渐将之扩展成一个句子。这些句子不必完全符合成人的文法标准。再经由句子连缀、语篇连贯等方式形成一篇文章。

在文字习得教育中，伊拉斯谟倡导游戏的介入价值。他在文章中甚至设计了几个有趣有效的游戏，从儿童文字习得的初始阶段着手，让儿童在游戏中锻炼字母，一些基础的单词，甚至习得一个句子。例如字母饼游戏，按照字母形状烤制饼干，若儿童正确识读字母，就将该字母饼干奖励给儿童。也可以灵活取材，将字母刻于日常常见的骰子、果核、木片之上，让儿童时常带在身边，温故而知新。他认为最好的游戏莫过于让儿童玩西式象棋，对垒双方一方使用希腊字母，另一方使用拉丁字母，如此一来，他们或许可以同时学会两种字母，也能互相对照，比较异同。② 这样有趣的游戏方式使儿童可以在愉悦中学习，在早期教育阶段既遵循了教育规律，又行之有效。文字习得的游戏教育方式也可以继续延展，鼓励他们进一步认识单词和句子，尤其是他们日常生活中周边各种事物的名称，从水果蔬菜、鸟兽鱼虫、草木到家庭内器物陈设，这是儿童非常需要学习的，却为一般的教师所忽视。③ 实际上，这种学习方式的价值是历久且弥新的，至今仍在儿童早期学习中被很多幼儿园、小学借鉴。笔者在英国伦敦学习调研期间，就曾亲自在威塞克斯花园幼儿园和小学（Wessex Gardens Primary & Nursery School）和其他几所友人孩子所在学校教学开放日目睹过类似这种游戏式的字母、单词学习方法的使用。这些游戏教学内容，能够更好地激发儿童兴趣，让儿童在父母、教师的协作下自觉学习。这些游戏学习方法可能并非伊拉斯谟的原创，而是他奉行"拿来主义"，从普鲁塔克、昆体良等人的方法那里借用而来的。

---

① D. Erasmus, "The Correspondence of Erasmus (Letters 1 to 141)", in *Collected Works of Erasmus* (Vol. 1), trans. R. Mynors and D. Thompson, Toronto: University of Toronto Press, 1974, p. 127.

② Desiderius Erasmus, "The Right Way of Speaking Latin and Greek", in *Collected Works of Erasmus* (Vol. 26), trans. Beert Verstraete, Toronto: University of Toronto Press, 1985, pp. 400–404.

③ Desiderius Erasmus, "The Right Way of Speaking Latin and Greek", in *Collected Works of Erasmus* (Vol. 26), trans. Beert Verstraete, Toronto: University of Toronto Press, 1985, p. 402.

在印刷术尚未占据主导的知识传播体系中，书写格外受到关注。字体的清晰优美是非常必要的，字迹拖沓、模糊潦草更是会加大产生讹误的可能，伤害到文章本身的价值，令读者反感。相反，笔画清晰、线条隽美的文字书写，会让读者赏心悦目，提升文学价值，减少不必要的书写讹误。在文字书写方面，伊拉斯谟借助于狮子和熊的对话，还提出了几个文字习得的具体操作步骤。笔者将之归纳为以下几点。首先，范本主义。要给儿童提供最好的写作范本作为模仿的对象，范本的字迹要清晰、合宜，而且要让儿童从最简单的字母、单词开始摹写。然后，儿童才能知道什么才是优美的书写。例如古罗马钱币上的印刷体字就值得仿效。这种极为重视经典、榜样示范的作用和价值的方式，与伊拉斯谟的一贯教育理念也是吻合的，即不知美，无以观教育，不知教育，无以养成人。其次，制定并明确书写规范标准。伊拉斯谟为优美的书写明确提出了四种判定标准，即字形、笔画连接、距离写作线的位置、比例。① 他不厌其烦地要求学生在书写时，字母大小比例要均衡，每一行要整齐，字距、行距与段落之间的距离要前后一致。最后，伊拉斯谟希望教师能手把手示范，亲自握着学生的手，一笔一画地教导学生书写。② 他还提出几个可以让儿童将字写好的方法。例如，他建议教师将透明的羊皮纸覆盖在字模上，让孩子用笔尖循着透出的线条勾勒出字形，或者教师用笔绘出字四周的轮廓（类似于现代的描红），再让学生将轮廓中的空白填满，还可以画四条直线，让学生将字母的主要部分写在中间，上下两条作为边界（类似于方格字），训练他们将字写得整齐、平直。③ 这种方式在我国早先的毛笔字书写训练中也时常能够见到，但在现在的学校基础教育中价值难以凸显，以至于很多儿童不够重视书写。故而，仔细考量，书写教育依然具有极好的借鉴价值。④

总之，要让儿童感觉到这一切是在游戏中进行的，因为他深信游戏才

---

① Desiderius Erasmus, "The Right Way of Speaking Latin and Greek", in *Collected Works of Erasmus* (Vol. 26), trans. Beert Verstraete, Toronto: University of Toronto Press, 1985, p. 394.

② Desiderius Erasmus, "The Right Way of Speaking Latin and Greek", in *Collected Works of Erasmus* (Vol. 26), trans. Beert Verstraete, Toronto: University of Toronto Press, 1985, pp. 394 – 398.

③ Desiderius Erasmus, "The Right Way of Speaking Latin and Greek", in *Collected Works of Erasmus* (Vol. 26), trans. Beert Verstraete, Toronto: University of Toronto Press, 1985, p. 398.

④ 伊拉斯谟的这些方式似曾相识，一度流行于我国 20 世纪八九十年代中小学毛笔字的锻炼之中。笔者以为，这些方法在今日中小学的毛笔字书写训练中仍具价值。

第四章　基于性别区隔的教育内容与性别教育"祛魅"的开启　◆　119

会让儿童喜爱学习,自觉学习。

### 四　文雅教育的深度拓展:经典作品的阅读

在儿童具有了基础的文法、发音、书写能力之后,阅读优美的作品能够提供更好的多重发展帮助。阅读不但能为儿童打开知识的大门,由其中认识更丰富的句式、文法结构,直接窥见古代灿烂的知识宝藏,也能够经由经典作品的阅读,给予儿童良好的效法对象,增进演说和写作的能力,进而内化为自我思维、自我认知,培养儿童的独立人格。

伊拉斯谟特别重视阅读古代的经典作品。他在许多文章中不断提出自己心目中所仰慕的古代作家,也一再将这些作家的作品推荐成为儿童效法的对象。他在《论拉丁语的学习方法》中指出:"我会将第一名的位置留给琉善,其次是德谟斯提尼,第三是希罗多德。另外,诗人当中则是阿里斯托芬、荷马和欧里庇得……从语言标准来说,拉丁作家中谁又能比泰兰斯更有价值呢?他的文字纯净、简洁,最接近日常用语,就其题材的本质而言也非常适合年轻人。如果有人认为在这上面还可以加上普劳图斯某些精选的喜剧,也并没有什么不恰当的,我也不会反对。第二的位置应该属于维吉尔,贺拉斯第三,西塞罗第四,凯撒位居第五。若有人认为撒路斯特也应该列入,我也不会太反对。如此,我相信这些对两种语言知识来说,应该足够了。"[1] 他也提到过奥维德、尤文努斯、马尔提乌斯、普图帕提乌斯、昆体良等作家。事实上,他对古代作家的赞赏是随处可见的,其中还包括不少的基督教作家,如波埃修斯、拉克唐修、圣奥古斯丁、圣安布罗斯、圣哲罗姆等。[2] 根据他在《拉丁语书信写作指南》中提及的作家统计发现,他提到西塞罗超过 500 次,提到普林尼 150 次,昆体良 80 多次。[3] 而时人能够得到伊拉斯谟青睐的则少之又少,大致有瓦拉、彼得

---

[1] Desiderius Erasmus, "On the Method of Study", in *Collected Works of Erasmus* (Vol. 24), trans. Brian McGregor, Toronto: University of Toronto Press, 1978, p. 669.

[2] Desiderius Erasmus, "On the Method of Study", in *Collected Works of Erasmus* (Vol. 24), trans. Brian McGregor, Toronto: University of Toronto Press, 1978, p. 669; J. Sowards ed., "Introuction", in *Collected Works of Erasmus* (Vol. 25), Toronto: University of Toronto Press, 1985, pp. xiv – xv.

[3] J. Sowards ed., "Introuction", in *Collected Works of Erasmus* (Vol. 25), Toronto: University of Toronto Press, 1985, p. xv.

拉克、薄伽丘等人，其中瓦拉是其最为推崇的一位，因为瓦拉毕生致力于恢复拉丁文并寻求拉丁文的简单明晰和纯净，他和伊拉斯谟一样相信拉丁文是上帝最美的恩赐之物，代表着辉煌的罗马文明，也是维系古典文化传播的力量，是开启古代智慧的大门，他是"优美的拉丁文的最高裁决者"。①

阅读就应当如同蜜蜂采蜜一般，集百花之蜜，而不应该将采集固定在某一种类花朵。伊拉斯谟主张阅读应适度而广博，不要局限于西塞罗或其他人。应效法而非单纯的模仿，这也正是伊拉斯谟给那些类似于西塞罗派的过度模仿古代文学习作的人文主义者最有价值的忠告。因此，儿童在面对多样的文体风格，文法修辞，甚至迥然有别的思想时，最应该采取的方式就是，广泛接收，然后经过自己的消化吸收、提炼出属于自己的东西，而非一味地机械背诵和僵硬模仿。② 换言之，阅读是开放的，学习也是开放的。

伊拉斯谟强调阅读前人作品的最终目的并不在懂得更精深的语言知识，而是为了在书本文字之中认识是非善恶，寻找到应当追求的道德以及应该努力避免的人性之恶。这种恶性，来自在广泛阅读古代作品的同时，学生可能会遇到的对他们稚嫩的心灵来说十分危险的东西。因此，伊拉斯谟指出，面对此种情形，要以基督的教义为最高的指导原则。③ 如此，最终再次印证了儿童教育的教育目的是回到伊拉斯谟的新宗教人思维维度。

## 五 文雅教育的实践：演讲与写作

正如前文所述，西方世界对于演讲和写作的重视由来已久，甚至越来越将之视为一种职业技能加以训练，从而涌现出一大批演讲与写作俱佳的政客学者，其中西塞罗可谓其中佼佼者。他将书面教育与演讲教育方式结合，开创了西方尊重正规语言文学的传统。此后，在西方而言，受教育就

---

① J. Sowards ed., "Introuction", in *Collected Works of Erasmus* (Vol. 25), Toronto: University of Toronto Press, 1985, p. xxx.

② Desiderius Erasmus, "A Formula for the Composition of Letters", in *Collected Works of Erasmus* (Vol. 25), trans. B. Mynors, Toronto: University of Toronto Press, 1985, p. 402.

③ Desiderius Erasmus, "On the Method of Study", in *Collected Works of Erasmus* (Vol. 24), trans. Brian McGregor, Toronto: University of Toronto Press, 1978, p. 683.

意味着要博览群书,演讲词也越来越趋同于书面语言。① 同时,从希腊的伊索克拉底开始,西方世界在罗马时代逐渐形成了雄辩家教育哲学。它十分强调教育中要将辩论技巧与人格的塑造紧密联系起来,受教育者要思考人类的终极问题。这样一来,既可以培养有能力、有道德的政治领袖,又可以兼顾培养无所不知、无所不探究的智识上的精英,进行公共辩论和社会领导。这种雄辩家教育哲学以成为有能力的社会公民、追求至上的道德等为特征,努力从正统古典作品中感受德性与善,约束自身的言行举止,形塑社会认同感和对规范的服从,进而在文雅教育中实现自我完善。它也极为关注受教育者的表达能力,尤其是雄辩家向民众表达和传播知识、展现自身美德与人格的能力。这种传统也在后世赢得了更多教育者的拥趸。到了中世纪后期,欧洲的大学为了培训专业的法官、律师等人才,将文书写作发展成为具体而完整的范式,规定所有的文书要分成诸如问候、序言、正文、请求、结语等五个部分。一些据此范式而作的文书范本也为受教育者提供了标准的写作模式。不久后,演讲和文书写作也被联结到一起,写作的范式被运用到演说上,发展出类似的演说范本。这种范式与范本固然给相关人员的写作提供了极大便利,但也将演讲和写作推向深渊,一种僵硬的"八股文风"扑面而来。而早期的人文主义者转向古代作品中寻找修辞技巧,又陷入狂热的仿古之中,过分拘泥于古代作家既有的文句和修辞。

  这种状况为伊拉斯谟的突破提供了便利。而演讲和写作两者已进入表达的层次,因此,伊拉斯谟对其非常重视。他以精辟的语言和犀利的比喻揭示了演讲流畅表达自己思想以及使用优雅词语的重要性。伊拉斯谟认为,没有什么比拥有丰富思想内容和流利词语的演讲更令人羡慕和美妙的事情了。人们要不惜一切为之奋斗。而语言的优雅体现在优秀雄辩家的演讲词中,一方面是因为他能正确地表达自己的思想,一方面是因为他能正确地使用词语。② 正如身体外貌的美丽与尊贵为穿着和行为举止所衬托,

---

① C. Swearingen, *Rhetoric and Irony: Western Literacy and Western Lies*, Oxford: Oxford University Press, 1991, p. 142.

② [荷]伊拉斯谟:《论词语的丰富》,吴元训选编:《中世纪教育文选》,人民教育出版社2004年版,第95、102页。

豪华的房间应有各种不同的、不使人感到单调的雅致摆设一样，用语言表达思想也是同样的道理。① 如果将优雅和粗俗混合起来，是"用破烂玷污美丽，把玻璃点缀在宝石之中，把大蒜同雅典的甜果蜜饯混合在一起"。②

伊拉斯谟并未撰写一部专门作品用以阐述具体的演讲事宜，因为15世纪，写作正在逐渐取代演讲成为知识分子表达自身理念的主要方式。不过，他撰写的《论词语的丰富》③《论拉丁语书信写作指南》等作品用了一定的篇幅来教导学生写作和叙说演讲问题，尤其是在《论词语的丰富》中更是着墨甚多，体现着伊拉斯谟的演讲和写作品位。他指出，最好的演讲原则是简明扼要或充分完善。演讲的原则是用尽可能少的词语概括事物的实质而无遗漏；同时也能用丰富的词语详述一件事物，而没有啰唆的话。"记住这个原则：你既能自由地仿效简练，也能模仿亚洲人的详述，还可以采取罗德西亚人的稳健。"④ 而令人愉悦的演讲应该包含思想和词语两个方面，这些演讲中存在同义、异义或词的文法形式的替代、隐喻、字词交换，以及堆积、扩充、举例、反诘、对比等多种方式，以便使演讲充满魅力。⑤

伊拉斯谟不同于前人之处，主要在于他特别强调写作的自由化以及现实性的观点，即与时俱进性。伊拉斯谟接受了瓦拉的看法。瓦拉注意到古代优雅而清晰的拉丁文，今人并不能分毫无差地模仿，因为标志着一个时代的文字风格会随着时间的改变而改变。因而，瓦拉并不赞同绝对盲目的模仿，批判那些一味模仿古人风格的做法，这些人丧失了自身时代的主体性、特殊性和个体的能动性。换言之，除了崇古之外，还应有历史观和现实性的考量。而伊拉斯谟在古今关系上也极力主张古代的材料要为现世的

---

① ［荷］伊拉斯谟：《论词语的丰富》，吴元训选编：《中世纪教育文选》，人民教育出版社2004年版，第102页。

② ［荷］伊拉斯谟：《论词语的丰富》，吴元训选编：《中世纪教育文选》，人民教育出版社2004年版，第103页。

③ 也译为《丰富多彩的拉丁语词汇》。文中在使用吴元训翻译的材料时，使用原翻译《论词语的丰富》，但该译本并未完整翻译。

④ ［荷］伊拉斯谟：《论词语的丰富》，吴元训选编：《中世纪教育文选》，人民教育出版社2004年版，第99页。

⑤ ［荷］伊拉斯谟：《论词语的丰富》，吴元训选编：《中世纪教育文选》，人民教育出版社2004年版，第99—100页。

现实需要服务。而且，他进一步超越了文字的层次，指出我们应该效法的是古人的精神，而非仅仅拘泥于文字的模仿层次上。因此，在其著作《西塞罗派》中强烈批评那些完全模仿西塞罗的文体和用词之人。他认为这样只会导致拉丁文更加处于濒死边缘，他说："时代是在改变的：我们的本质、需要、想法，都已不再是西塞罗时代的。如果你愿意，你可以是一位借用者，一位模仿者；但你模仿这一切只是为了要吸收它，为了能为你的时代所用。"[1] 因此，采用什么样的文体写作并不重要，重要的是要能够巧妙地实现写作的目的和宗旨。即使是那些常为人所诟病的歌功颂德之"颂词"文体的写作，伊拉斯谟也给予了高度评价。他认为，这是那些远见卓识之人的创造，"……向君主展现一种善好的模式，以这种方式来改造不好的统治者，增进好的统治者，教育粗俗的统治者，指正偏误的统治者，激发怠惰的统治者，让无可救药的恶徒内心也能受到触动，感到某些羞耻"。[2]

在具体写作方面，他希望儿童们能以古人为典范，却不希望他们限定于单一的文章规范或作家。因为人们面对的主题可能有千百种，表达的形式也各种各样："既然不同个性的作家，会喜好不同的写作风格，如果有人特别偏好某一种写作类型，我不会反对。我想每个人都会认为自己的风格是最好的，但是他绝对不能强迫我们也认为这是最好的且唯一的写作形式。"[3] 所以，每个人要因自身的不同需要有所选择，而不是毫无判断地跟随某一个典范的脚步前进。他在《论词语的丰富》中也谈及演讲词语的选择，认为演讲者要做出词语的区分，部分词语可能比其他词语更恰当、更华丽、更幽默、情感更强烈，因此要"从中选择那些最好、最确切的词"。[4] 他认为，演讲者需要做出选择的判断和词汇的储备，不论是写作还是演讲都没有必要愚笨地使自己的表达受到固定规则的桎梏，应当

---

[1] W. H. Woodward, *Desiderius Erasmus Concerning the Aim and Method of Education*, Cambridge: Cambridge University Press, 1904, p. 53.

[2] ［荷］伊拉斯谟：《论基督教君主的教育》，李康译，商务印书馆2017年版，第163页。

[3] Desiderius Erasmus, "On the Writing of Letters", in *Collected Works of Erasmus* (Vol. 25), trans. Charles Fantazzi, Toronto: University of Toronto Press, 1985, p. 12.

[4] ［荷］伊拉斯谟：《论词语的丰富》，吴元训选编：《中世纪教育文选》，人民教育出版社2004年版，第104页。

随着实际表达的目的、自身的身份、表达对象的年龄、性别、阶层,以及不同的时间、场合来决定内容与形式。他要求学生掌握表达艺术最重要的美德即简洁、清晰、自然。他希望学生所说所写的每一字每一句都是精要而非冗余、达意而不琐碎的,让他人能明了而非故弄玄虚,这才是最高的目标。而词汇没有好坏之分,无论属于哪一类,都会增加儿童的词汇量,需要时,就可以做到召之即来。① 例如,可以适当使用一些古体词,就会像装饰品一样,为文章和演讲增添色彩。② 《论词语的丰富》更是花费了大量篇幅,详细而全面地介绍了同义词中普通的词、特殊的词、富有诗意的词、古体词、过时的词、粗俗语、外来词、污秽词、新词等的使用方式,以及不同时期的词的变化、重叠使用等。

在教学上,他主张首先教导学生一些简要的修辞规则与技巧,而后让学生以古人的文章为仿效的模本,最后经常练习,这样才能让他们的表达更为顺畅有力。然而,他不同于前人的是,他要教师们尽量鼓励儿童尝试改变传统的写作或演说形式,并且建立属于自己的风格。③ 他鼓励儿童努力学习写作,并在给友人的信中表扬了敢于用古代希腊、拉丁语言写作的莫尔的女儿们,"……她们每个人都给我写信,每个人独立写信。不提供任何题目给她们,她们写的东西也未经任何方式改正。……我从来没见过这么令人钦佩的信件。她们说的话既不愚蠢,也不幼稚,所用的语言让人觉得她们每天都在进步"。④ 莫尔的长女玛格丽特更是经常与伊拉斯谟通信,甚至还将他的拉丁文著作翻译成英语。

除了上述所列的学习内容之外,文雅教育中还有其他知识需要学习。但是这些知识在这个人文教育体系中所占的分量不如上述几种训练。对伊拉斯谟而言,学习这些相关知识的原因在于以下几点。

---

① Desiderius Erasmus, "On the Writing of Letters", in *Collected Works of Erasmus* (Vol. 25), trans. Charles Fantazzi, Toronto: University of Toronto Press, 1985, p. 19;[荷]伊拉斯谟:《论词语的丰富》,吴元训选编:《中世纪教育文选》,人民教育出版社2004年版,第104—105页。

② [荷]伊拉斯谟:《论词语的丰富》,吴元训选编:《中世纪教育文选》,人民教育出版社2004年版,第105页。

③ Desiderius Erasmus, "A Formula for the Composition of Letters", in *Collected Works of Erasmus* (Vol. 25), trans. B. Mynors, Toronto: University of Toronto Press, 1985, p. 261.

④ Gerard Wegemer and Stephen Smith, *A Thomas More Source Book*, Washington, D. C.: The Catholic University of America Press, 2004, p. 223.

它们可以增进语言的能力。而对历史、辩证法、地理、天文等相关知识的学习便是如此。就历史这门学问而言，虽然他也鼓励学生阅读古代史学家如李维、希罗多德等人的作品，认为历史的学习对于儿童的教育是必要的。但整体上看，他在历史观念上是存在缺陷的，始终未曾明确肯定历史本身的价值。他怀疑历史学家是否真正具有辨别真伪的能力，也许他和亚里士多德一样相信诗比历史更真实。在教育中，历史本身是不被他看重的，它真正的用处在于能够提供丰富的事迹，以及各种类型的人物作为例证，以便增加文章的说服力和可看性；能够提供文法修辞的技巧，以便学生进行相关学习。对于辩证学而言，伊拉斯谟是非常厌恶的，这是因为中古时期经院哲学家们发展出来的极为冗长、烦琐而又抽象的三段论法让其不喜。但是，伊拉斯谟鼓励学生直接从亚里士多德的作品中，认识简要的逻辑概念。他相信这些概念能够帮助学生在写作时，懂得如何安排文章的内容和次序，以及前因后果的关联。他同样认为，山川、河流、土壤、物产等地理知识，以及动植物、矿物、钱币、宝石、衣服、工具等知识，最大的便利不过是能够帮助学生对古代作品形成更为精确的理解。[①] 在这一方面，他非常推崇普林尼的作品《自然史》，认为这是一部百科全书式的巨著，囊括当时古罗马社会所知道的地理、天文、历史、农业、技艺、动植物等各种知识在内。此外，在古代作品中也会出现关于神灵、星座、宇宙等内容，因此，对天文学、诸神系谱、神话传说等的熟悉也是必不可少的。同时，学生们也要了解古代作家常用的类比、象征、隐喻等所代指的各种事物的本质和特性。总而言之，不直接涉及人类生存的知识，伊拉斯谟都不太感兴趣，而学习上述相关知识的动机在于为语言和文学的需要服务。[②]

它要有助于儿童道德的培养。他认为在历史作品中，展示着无数的道德典范，孩子们可以从中发现值得遵循的行为和情操，也能见到邪恶的人如何因自己的恶行而招致灾祸。此外，圣经和古代的道德哲学也是建立儿

---

[①] Desiderius Erasmus, "On the Method of Study", in *Collected Works of Erasmus* (Vol. 24), trans. Brian McGregor, Toronto: University of Toronto Press, 1978, pp. 674 – 675.

[②] Desiderius Erasmus, "On the Method of Study", in *Collected Works of Erasmus* (Vol. 24), trans. Brian McGregor, Toronto: University of Toronto Press, 1978, pp. 674 – 675.

童道德观念的材料。①

除了上述科目之外，伊拉斯谟也将体育、音乐、物理、数学等列入教学范围，但在伊拉斯谟那里，它们所受到的重视程度远远不及语言和文学训练。但语言和文学训练并非伊拉斯谟唯一关心的教育内容。

## 第三节　以外促内，知行合一：行为—礼仪教育

语言和文学训练是伊拉斯谟用以教育儿童的主要内容之一。同样地，行为—礼仪教育也是伊拉斯谟儿童教育中的主要内容之一，是其在实践中反复锻炼、培养、达到其教育目的的重要手段之一，展现了伊拉斯谟知行合一的儿童教育哲学理念。

### 一　社会区分的标识：行为－礼仪教育的阶级性

在阶级社会中，阶级划分以诸多表现形式呈现出来，如工作和着装、食物和运动、姿态与习性等。而社会生活方法和良好的行为举止是中世纪骑士教育的部分内容，这些内容在人文主义时期逐渐成为系统教学的内容。这主要得益于那些采用诗歌或散文形式阐述卫生习惯、餐桌礼仪和道德箴言的教材，其中最具代表性的就是伊拉斯谟的《论儿童的礼仪教育》。他在《论儿童的礼仪教育》一书中曾指出，要培育出一个优良的后代，首先要在他们稚嫩的心中栽种下虔诚的种子，灌输他们对文雅知识的喜爱，教导他们对人生的责任，并在幼年时期就开始训练他们良好的礼仪规范。②

这部作品不但展现了 16 世纪人们日常生活的行为举止与习惯，也反映出当时西方社会追求文明化、摆脱野蛮的心理，因此成为社会学家埃利亚斯在其《文明的历程》中主要分析的对象。埃利亚斯认为，这部作品是所有人文主义家有关礼仪的作品中最为精致的产物。他分析伊拉斯谟写

---

① Desiderius Erasmus, "On the Method of Study", in *Collected Works of Erasmus* (Vol. 24), trans. Brian McGregor, Toronto: University of Toronto Press, 1978, p. 675.

② Desiderius Erasmus, "On Good Manners of Boys", in *Collected Works of Erasmus* (Vol. 25), trans. Brian McGregor, Toronto: University of Toronto Press, 1985, p. 273.

出此作品并取得成功的原因，在于迎合了当时社会的需要。自 16 世纪以来，社会的动荡和变迁，社会行为和意向的变化，也使西方的社会控制被大大强化了。公开行为需要符合通过教育获得的严格规则和各种在物质、精神层面的纪律。社交和行为变化是社会进程的一部分。伊拉斯谟正处于一个社会快速解构和重组的时代中，社会阶层向上或向下流动的速度逐渐增快，所以许多人被迫要以新的方式和其他人相处。对他们而言，他人的言语和行为动作更加敏感，故而对行为的规范更加严格，体会他人感受的要求也更强烈。对人文主义者而言，礼仪的目的是追寻文明、追寻秩序，是为了规范上下尊卑关系，合宜的行为举止也正是区别上下阶层、高贵与野蛮的差异所在。德国学者埃利亚斯认为："欧洲的上等阶层曾以'礼貌'与'有教养的'这两个概念在被他们认为是普通的、没有受过教育的阶层面前表现出一种自我意识，并以它们来表明自身行为的特殊性。正是这种特殊使他们觉得自己有别于所有普通的、没有受过教育的人们。"[1]许多关于礼仪的文章是为了教学而写的。《论儿童的礼仪教育》一书就是为了伊拉斯谟实施行为教育而写下的。在这一时期诸多的教育作品之中，伊拉斯谟所写的作品成为后来作家援引的礼仪教育权威，有的甚至对它进行了无情的剽窃和篡改。这就是伊拉斯谟的《论儿童的礼仪教育》。这本简洁说教性的拉丁文手册，不仅重新系统阐释了礼仪的内容，也奠定了之后三个世纪里所有关于礼仪文学作品的基调。这本书于 1530 年在巴塞尔出版，很快就再版 12 次，此后 6 年又再版超过 30 次，被翻译成英、法等欧洲主要国家文字，从中可见伊拉斯谟作品具有的魅力和价值。[2]

## 二 "眼睛是心灵的窗户"：身体教育的向度

伊拉斯谟对礼貌做出了明确的界定，并比较详细地收集整理了儿童在社会生活的私人空间或公共空间中可能遇到的最重要情形中的注意事项与建议。虽然，他的列举很多并非原创。事实上，他首先依赖的就是关于教育和相面术的古代文学作品，包括从亚里士多德到西塞罗，从普鲁塔克到

---

[1] [德] 诺贝特·埃利亚斯：《文明的进程：文明的社会起源和心理起源的研究》（第 1 卷），王佩莉译，生活·读书·新知三联书店 1998 年版，第 103 页。

[2] E. Rummel ed., *The Erasmus Reader*, Toronto: University of Toronto Press, 1990, p. 101.

昆体良等人的作品。

就伊拉斯谟的个人理念而言，行为—礼仪教育是为了达到灵魂与身体的和谐统一。虽然，他向来强调内在灵魂的高贵才是人生的意义所在，但他也从不因此贬斥会腐朽的身体。相反，他相信灵魂与身体紧密地相连且相互影响，灵魂会因为身体的情况而改变，灵魂的高贵也会借着美丽的外表展现出来。他说一个美丽的身体，代表着拥有一颗美丽的心。① 换言之，一个人外在的行为可以彰显内在的品格和教养。

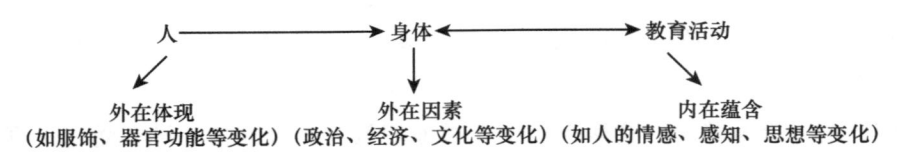

```
        人 ─────→ 身体 ←───── 教育活动
        ↓              ↓              ↓
      外在体现        外在因素        内在蕴含
(如服饰、器官功能等变化)(政治、经济、文化等变化)(如人的情感、感知、思想等变化)
```

**图 4-1　身体与教育关系**

教养不是与生俱来的，而是通过后天培养而得。伊拉斯谟将培养教养的行为—礼仪教育的主要内容分为七个部分，细致而又琐碎地提出了餐桌、教堂、社交以及私生活中的各项礼仪规范。身体语言及其社会规范是伊拉斯谟阐述的核心内容，目的就是要约束个人行为。一个正常的文明社会，没有人会因为有教养而出错，也不会因为粗俗无礼而受到奖赏。第一部分是关于身体的姿态。人的身体各部分中，最能表达一个人情绪的莫过于脸，而脸部的器官中又莫过于灵魂的窗户——眼睛，最能反映出人的内在。他对"眼睛是心灵之窗"的谈论充分展现了这一特点。他告诉读者：如果一个小孩的善良本性自然流露在每一处，那么他的眼神应该平静，恭敬而沉稳；狰狞的眼光，是粗野的标志；眼睛定神，厚颜自得，那是傲慢的证明；眼睛不要不停转动，因为那是狂乱的特征；目光斜视，是狡诈的表现；眼睛睁得太大，显现出低能；眼睛时常眨个不停，那是善变的表示。② 现代心理学研究表明，外貌的美丽与

---

① Desiderius Erasmus, "Oration On the Pursuit of Virtue", in *Collected Works of Erasmus* (Vol. 29), trans. Brad Inwood, Toronto: University of Toronto Press, 1989, p. 6.

② Desiderius Erasmus, "On Good Manners of Boys", in *Collected Works of Erasmus* (Vol. 25), trans. Brian McGregor, Toronto: University of Toronto Press, 1985, p. 274.

姿态的规范非常重要，这是人际交往的第一吸引力，人们倾向于接受他们的相似者、接近者。

另外，他也指出，呼吸声要轻微和缓，粗重的鼻息往往代表着一个人脾气的狂暴。① 在坐姿和站姿方面，坐着时膝盖和双腿要并拢，大刺刺地张开双腿代表着自夸，双腿交叉代表着不安，站立时双腿只需微微分开，如果双脚交叉地站着，象征着一个人的愚蠢。② 同时，良好的礼仪也是为了他人着想，例如鼻子如果总是流着长长又黏稠的鼻涕，是一件十分令人作呕的事。他认为一个有礼貌的人，不应该用帽子或衣服的袖子来擦拭鼻涕，最好能用手帕，并且转身。如果要打喷嚏，除了将脸转开之外，也要请求在场人的原谅。吐痰时要将身体转开以免溅到他人身上。如果要打哈欠，应该用手帕或手掌遮住嘴巴。牙齿中若有碎屑残留，不要用小刀、指甲或餐巾去剔除，而应使用乳香树做的牙签。除此之外，咳嗽、打嗝、呕吐都要考虑到他人的感受。③

身体礼仪也是为了规范上下等级关系。从古希腊开始，西方关于身体的政治就被用来提供一种规范化理想。这种理想虽然未能完整实现过，却为以往生活的风尚提供了参考支点。从表面来看，政治规范着身体。每种政治秩序都对如何吃、穿、工作等事务做了指示和禁止。在深层上，身体也规范着政治。身体为个人提供了作为一个特定种类成员的身份意识。这种意识是团体的基础，是对差异的领会。这些事务需要通过习性行为来经历，而这往往也是政治资源之所在。伊拉斯谟在《对话集》的《礼仪篇》中指出："无论何时，长辈召唤你的时候，你都要挺直站立、脱帽。你的脸不能看起来忧戚、愁闷，也不能鲁莽、无礼或多变，要用令人愉悦的谦逊来控制自己。你要用尊敬的目光注视着你说话的对象，你的双脚要并拢、手要放直……你的衣服要干净，以便让你整体的穿着、说话、姿势、

---

① Desiderius Erasmus, "On Good Manners of Boys", in *Collected Works of Erasmus* (Vol. 25), trans. Brian McGregor, Toronto: University of Toronto Press, 1985, p. 275.
② Desiderius Erasmus, "On Good Manners of Boys", in *Collected Works of Erasmus* (Vol. 25), trans. Brian McGregor, Toronto: University of Toronto Press, 1985, p. 278.
③ Desiderius Erasmus, "On Good Manners of Boys", in *Collected Works of Erasmus* (Vol. 25), trans. Brian McGregor, Toronto: University of Toronto Press, 1985, pp. 283–284.

体态表达出你真诚的谦卑与可敬的本质。"① 换言之，伊拉斯谟从彰显个人内在的本质、为他人考量出发，引导儿童认识身体、控制身体、运用身体，从而最终确立社会秩序的尊卑、自己与他人的关系，这也是他的身体训练、礼仪训练的重心和目的所在。因此，伊拉斯谟对身体行为的主张也折射出社会精英对社会秩序的要求，形成了可供政治家使用的意识形态资源，但它也不止如此，它也是通过向儿童教导关于自身身体之种种而生成政治行为的文化骨架的一部分。由此也可以推导出关于人格的教育思想和当时社会文化的流向，身体创造了文化。

第二部分讨论服饰穿戴问题。从文明史的意义上来看，服饰是一种符号，有着能指和所指的双重意涵，能指关涉服饰本身的面料、质地、类型款式、装饰、制作工艺等物质属性，所指则指服饰的社会属性，折射出某一个群体或个人在某一个时代的社会地位、经济地位、政治倾向、礼仪风尚、审美情趣等文化价值。伊拉斯谟对服饰的认知对文艺复兴时期文明观的形成起到了至关重要的作用。

伊拉斯谟在他的著述中多次论述了他的"穿衣之道"。伊拉斯谟认为服饰就像是身体的身体，同样也能体现出个人内在的性格。服饰最重要的是能配合身体的曲线，去除那些不必要且夸张的服饰，才能产生与身体和谐一致的效果。②

首先，在服饰穿戴的总体原则上，他明确指出，"服饰是身体的身体（body's body），并且从服饰可以推断出一个人的品性"。"没有一套固定的标准可以遵循，因为每个人的财富、地位、等级并不相同，每一个国家认可的服饰标准也不相同。""每一个时代受欢迎或不受欢迎的服饰也不相同。"因此，"如同其他一些事物一样，智者告诫我们应该像谚语所说的那样因俗制宜、因地制宜、因时制宜，为一些服饰的存在留有余地"。③

---

① C. Thomson ed., "The Colloquies of Erasmus", Chicago: The University Of Chicago Press, 1965, p. 20.

② Desiderius Erasmus, "On Good Manners of Boys", in *Collected Works of Erasmus* (Vol. 25), trans. Brian McGregor, Toronto: University of Toronto Press, 1985, pp. 277 – 280.

③ Desiderius Erasmus, "On Good Manners of Boys", in *Collected Works of Erasmus* (Vol. 25), trans. Brian McGregor, Toronto: University of Toronto Press, 1985, pp. 278 – 279.

## 第四章 基于性别区隔的教育内容与性别教育"祛魅"的开启　◇　131

其次，伊拉斯谟从几个方面具体阐释了他的穿衣规范，即服饰之功能。第一，"品味"之说。在阐述了总体原则之后，伊拉斯谟随后指出，虽然服饰穿着上存在许多差异，但天生的好品味或坏品味也确实存在。举例来说，服饰上拥有无用之物就是一种坏品味的表现：拖着长下摆或拖裙的女性是非常滑稽可笑的，如果男人如此穿着就应遭到谴责。① 第二，"遮羞"之说。穿衣是为了遮体，身体外貌的美丽与尊贵为穿着和行为举止所衬托。所以，人们应该首先注意这个问题：衣着应干净、整洁、讲究，适当。如果一个好人由于穿戴不整洁而令人生厌，这是一种耻辱。一个绅士身着女装出现在公共场合会令人生厌。一个人把衣服里子反穿当面子，也会令人不堪入目。② 透明的衣服无论对男人还是女人来说都是不被允许的，因为服饰的第二个功能就是掩盖男人视觉上的冒犯，因此，应以内衣、衬衫、长筒袜、束腰外衣等遮掩身体的隐私。而太短的服饰，在俯身之时，就会暴露那些本应被遮掩的身体部位。③ 而在另一部作品《士兵与加都西会教士》（*Militis et Cartusiani*）中，伊拉斯谟曾提到服饰具有两种功能：御寒和遮掩令我们感到羞耻的部位。④ 第三，"简约适度"之说。伊拉斯谟还告诫人们服饰要简约适度，否则将无助于品味的提升，会让人认为其品味糟糕。他指出，开衩的服饰是为傻瓜准备的；绣花且色彩斑驳的服饰是为白痴或傻瓜准备的。⑤

最后，伊拉斯谟给出了服饰选择的建议。其一，服饰的款式风格应当契合一个人的经济地位和身份，所在地区及其风俗标准，既不要过于褴褛，也不要过于奢华炫富，显得生活放纵或是傲慢自大。其二，个人选择的服饰既要有品位，凸显优雅气质，又要剪裁得当，契合身体的曲线。其三，保持谦逊节制。只要不过于邋遢，年轻人有必要显现出一点对服饰的

---

① Desiderius Erasmus, "On Good Manners of Boys", in *Collected Works of Erasmus* (Vol. 25), trans. Brian McGregor, Toronto: University of Toronto Press, 1985, p. 279.
② 吴元训选编：《中世纪教育文选》，人民教育出版社2004年版，第102页。
③ Desiderius Erasmus, "On Good Manners of Boys", in *Collected Works of Erasmus* (Vol. 25), trans. Brian McGregor, Toronto: University of Toronto Press, 1985, p. 279.
④ Desiderius Erasmus, "On Good Manners of Boys", in *Collected Works of Erasmus* (Vol. 25), trans. Brian McGregor, Toronto: University of Toronto Press, 1985, p. 332.
⑤ Desiderius Erasmus, "On Good Manners of Boys", in *Collected Works of Erasmus* (Vol. 25), trans. Brian McGregor, Toronto: University of Toronto Press, 1985, p. 279.

不太在意。如果父母赠予华服,切勿招摇,高兴地转圈或跳起来,因为前者表现得像傻瓜,后者则过于炫耀,最好一面让人欣赏,一面让自己看起来并未觉察自身服饰的漂亮。对一个富人而言,炫耀他衣着的华丽,则没有考虑到他人的悲惨与不幸,也会让他陷于招人嫉妒的不利境地之中。① 节制就是自我约束表现,既要合乎身份地位等级,又不至于引人注目。② 在另外的作品中,伊拉斯谟也指出,服饰必须干净整齐,以便你全身的服饰、动作、姿态等都能显示出真诚的节制与可敬的品质。③

然而,更为重要的是人们要从装饰自己的标志中领会哲学层面上的教益,尤其是对君王而言。他认为,国王的涂油礼意味着精神的伟大平和,头上的王冠意味着秀冠群伦的智慧,颈上的金链代表着德性的和谐统一,色泽缤纷、光华夺目的珠宝意味着德性的完美,光鲜亮丽的紫袍代表着他对臣民的挚诚关爱,佩剑则意味着在他的庇护之下,国家外拒强敌、内除犯罪。④

第三部分谈在教堂内的行为。伊拉斯谟认为,宗教教导人谦逊,让人在上帝面前体会到个人的渺小,因此,一个人面见世俗君主时可以不躬身行礼,但在上帝面前要表现出最大的恭敬。他说:"每当你走进教堂,都要脱帽并谦卑地下跪,然后面对主,向基督和圣人祈祷。不管是城市还是乡村,当你看到十字架,也要表现出相同的敬意。"在教堂内进行礼拜时,他告诉人们,眼睛要一直正视布道者,耳朵注意倾听,要满怀敬意地将心灵集中在他身上,似乎你听到的并非人的言语,而是上帝透过他的嘴来向你说话。

第四部分谈到饮宴时的餐桌礼仪,伊拉斯谟更是将所谓的优雅和合宜的举止发挥到了极致。首先,为了顾及他人的感受,入座前必须先有一番准备工作,除了保持心情愉快之外,要将指甲修剪干净并洗手,最好还能

---

① Desiderius Erasmus, "On Good Manners of Boys", in *Collected Works of Erasmus* (Vol. 25), trans. Brian McGregor, Toronto: University of Toronto Press, 1985, p. 279.

② Desiderius Erasmus, "On Good Manners of Boys", in *Collected Works of Erasmus* (Vol. 25), trans. Brian McGregor, Toronto: University of Toronto Press, 1985, p. 286.

③ Craig Thompson ed., "A Lesson in Manners", in *Collected Works of Erasmus* (Vol. 40), Toronto: University of Toronto Press, 1997, p. 1100.

④ [荷] 伊拉斯谟:《论基督教君主的教育》,李康译,商务印书馆2017年版,第57页。

够事先排尿或排便。如果腰带太紧则应该先稍稍放松,以免在餐桌上感到不适。进食的时候,要注意自己的动作,不要过分挑剔食物,也不要将自己吃了一半的食物传给别人,或者将嚼过的食物吐出来再吃进去,或将吃了一半的面包再浸入汤中。这些行为都会使同桌之人感到尴尬、难以忍受。①

饮宴时要表现出适度的礼节,说话时要轻松自在而不戏谑,最好能安静地倾听他人谈话,不打断也不嘲笑他人说话,也不显露出厌烦的样子,尤其是对待长者更要表现出真诚的尊敬,所以要请长者坐在首位,上菜时也请长者先品尝。伊拉斯谟说:"当一个孩子和长者同坐时,除非必要或有人请他说一些话,否则他最好保持沉默。他应该聪明地报以谦逊的微笑,但绝不能表现出不礼貌的样子。……沉默对女人来说是合宜的,对男童来说也是如此。"②

除了以上所讨论的部分外,伊拉斯谟对儿童待人接物的礼仪、游戏时的运动精神也非常关注,提出了类似前述的原则。

第七部分谈论的是卧室内的举止。这是完全属于私人领域的行为,伊拉斯谟也要求孩子们在卧室内应保持安静、节制、不可大声喧哗。脱穿衣服都要注意是否被别人看到。更重要的是,睡前、晨起之时都要向上帝祈祷,象征一天的开始和结束。伊拉斯谟希望孩子们在公众面前和个人独处之时都能注意行为表现,从而真正实现内在道德和外在言行的合一。

伊拉斯谟的礼仪观展现出人内心的善意和关爱他人的温暖,也反映出文艺复兴时期上层社会的文明特性,展现出上层社会所倡导的一种生活方式和公共底线,它既不同于中世纪封建主义的生活方式,也不同于后来资本主义的生活方式,展现出一种文明过渡性特征。"它在许多方面保持了中世纪的传统和特征,许多传说中的关于礼仪的规定和准则在这本书中又重新出现;同时,它又包含了一些新规则的萌芽。随着这些新规则的发

---

① Desiderius Erasmus, "On Good Manners of Boys", in *Collected Works of Erasmus* (Vol. 25), trans. Brian McGregor, Toronto: University of Toronto Press, 1985, pp. 281–286.
② Desiderius Erasmus, "On Good Manners of Boys", in *Collected Works of Erasmus* (Vol. 25), trans. Brian McGregor, Toronto: University of Toronto Press, 1985, p. 284.

展，逐渐地形成了一种观念，这种观念将封建骑士的礼仪挤到了次要地位。"①

### 三 行为－礼仪教育的功用和异化

从某种意义上看，伊拉斯谟认为可以根据各种标志，洞察人最为深处的秘密。如果行为可以暴露一个人内心最深处的秘密，那么就有可能通过控制这些可见的外在举止来影响和矫正心灵。一种新的教育形式由此在伊拉斯谟笔下产生，即在日常生活中随时随地利用机会进行教育，培养儿童的礼仪规范，并通过宣扬哪些行为是恰当的，哪些行为是罪恶和不恰当的，儿童的内心世界就可以被视为一种可操作的物品，通过巧妙的手段对其进行培养，使其放弃一切过度行为。相较于其他一些类似作品，伊拉斯谟在几个方面是有创意的。首先，他是针对儿童的，而以往这类作品基本上是针对成年人的。作为基督教思想中朴素和无罪的体现者，儿童还未被社会腐蚀，而且儿童被认为是通体透明的和无瑕的，隐藏不了任何东西，正适合学习这些孝顺、伦理、仁爱行为。其次，伊拉斯谟不加区分地针对所有孩子。中世纪晚期许多关于礼仪、饭桌行为的书籍，无一例外都是针对显赫家庭年轻成员的贵族生活启蒙教育的。伊拉斯谟的书籍公认是献给"有着光明前景的儿童"（criança muito promissora）的。② 伊拉斯谟式的礼仪建立在两个清晰的假设基础之上，良好的行为是可以传教的，任何人都一样。他说，"出身高贵之人没有掌握和他们高贵血统相适应的举止是可耻的。那些命运使他们成为粗俗、低贱之人，甚至农民应更加努力地通过优良的举止来弥补命运不公所带来的一切不平。无人可以选择他的国家或父亲，但是每一个人都可以为他自己获得培养美德和良好的举止"。③ 他还建议勃艮第的亨利这位贵族要将这本书赠送给所有学习的儿童，以巩固他们的友谊，促进他们努力学习，养成良好的举止。而在《论儿童的早

---

① ［德］诺贝特·埃利亚斯：《文明的进程：文明的社会起源和心理起源的研究》（第1卷），王佩莉译，生活·读书·新知三联书店1998年版，第143页。

② Philippe Ariès & Georges Duby, *Historia de la vida Privada* (Vol. 3), São Paulo: Companhia das Letras, 2009, p. 174.

③ Desiderius Erasmus, "On Good Manners of Boys", in *Collected Works of Erasmus* (Vol. 25), trans. Brian McGregor, Toronto: University of Toronto Press, 1985, p. 289.

期文雅教育》中，伊拉斯谟也指出："每一位市民的儿子难道不应该和君主的儿子得到一样多的爱吗？一个人的地位越是卑贱，他越需要人文教育的依靠，以使自己从低下的地位中提升。"[1] 所以说，他所主张的教育更具有普遍性意义，教育可以为所有人共享。最后，他的目的是要制定一套对人人都有效的行为方式。他认为一种普遍的行为方式是建立社会统一性的基础，这也是进行更广泛的社会交往的必要前提。他指出，贵族的行为举止并不比普通人更好，即使他们拥有更多的特权。真正的礼仪唯一的目的就是使人与人之间的关系更近，这意味着限制所有个人的特殊行为，仅适用那些为大多数人所承认和接受的行为方式。如此一来，告诉儿童，社会上不存在绝对的公平和自由，只有相对的规则和秩序，当社会接受这一理念之后，原本的礼仪规范问题也就转化成为精英人士的教养等人格资本和阶层的自证意识和自证实践，并进一步通过代际传承、教育资本等方式激发未来精英人士自我复制的内在驱动力与进取心、优越性认知和社交礼仪规范认可。

更为重要的是，伊拉斯谟的行为教育具有非凡的价值。一方面，它向儿童讲授良好的身体行为规范，以及成长所带来的社会责任，从而吸引儿童注意身体和社会两方面，培养良好的教养，积极赋予儿童最好的灵魂和爱，这在儿童史上还是第一次。因为长期以来人们认为儿童身体脆弱，对社会并没有太大的价值。这也形成了现代教育的某种基础，注重教育的过程和结果，即在外在影响下，促使儿童内在精神世界进行深刻而自觉的转变，从而追求符合社会理想和人生理想的善的价值。另一方面，透过身体这一着眼点，他将历史中缺失的人纳入历史情境中，身体首次被用作教育的工具，从而丰富了教育活动。而在既往漫长的教育史中，它不过是被看作惩罚的对象。此后，许多后来者都接受了将礼仪教育作为向现代教育转变的一项重要内容，成为社会精英阶层的身份符号之一。如英国教育家洛克就极为重视礼仪的价值与作用，将之视为完美道德的外在表现，视为其倡导的英国绅士教育及绅士品格中的重要一环。他认为，礼仪是在一切美德之上所加的光环，绅士们的声音、言行举止、容貌、姿态等外在表现都

---

[1] Desiderius Erasmus, "On Good Manners of Boys", in *Collected Works of Erasmus* (Vol. 25), trans. Brian McGregor, Toronto: University of Toronto Press, 1985, p. 334.

要优雅,以便能够获得他人的好评和尊重,让他人感到舒适和愉悦。① 这是精英阶层的"惯习"(又译为习性,habitus),是历经教育所习得的文化倾向,看似简单,却需要自幼就在各种公众场合中反复练习,将记忆刻在身体里,在言谈举止、生活品味等细节中自然流露出来。通过指导人们何事可做、何事不可做,惯习也在悄然制造着社会区隔(又译为区分,distinction)和文化场域(field)。当知识的获取变得越来越容易的时候,智力以及这些无形中流露出来的惯习可能将真正决定着你是谁,你属于哪一阶层,由此,精英不断被复制出来,并与其他社会阶层形成鲜明对比。而贵族精英的认定,也由侧重血统、出身的自然贵族逐渐增加了文化、品质、能力等维度的人造精英,从而完成了布尔迪厄(Pierre Bourdieu)所总结的文化、社会、经济三大资本(capital)合铸的"社会炼金术"(social alchemy),其核心就是将先天自然的特权地位与后天获得的成就结合起来,以后者为前者进行掩护,为先天特权取得更加隐秘和多元的生存空间。② 随着时间的推移,伊拉斯谟提供理论依据的行为实践也发生了变化。许多17—18世纪广泛使用的礼仪课本都是针对读者个人的,这些文章都需用心去记,如采用教义问答式的对话方式,某些格言要求背诵而不顾孩子实际体验。不久之后,孩子学习控制自身行为的训练完全在学校里进行,礼仪教育成为巨大教育过程的一部分,通过重复读写和遵守来学习举止规范。教育在团体内进行,教师很快学会利用教室内的相互监督作用。这种主动的创造性社会生活的行为让位给强制的遵从。伊拉斯谟所主张的对行为表现的关注,正如福柯所指出的那样,被后世的教育异化者异化为权力运作下的规训教育,即透过层层的监视,以确保个体对纪律的服从,并制定和设立审慎细致而明确的规章制度和检查机构,对不同行为表现者给予物质、言语等区别对待,通过对合乎规范和纪律要求的反复操练和强化,实现外界惩罚、矫正与内在自我教育、审查功能的结合。③ 礼仪

---

① [英]洛克:《教育漫话》,杨汉麟译,人民教育出版社2005年版,第80页。
② [法]布尔迪厄:《文化资本与社会炼金术:布尔迪厄访谈录》,包亚明译,上海人民出版社1997年版,第192—211页;另可参见[法]布尔迪厄《区分:判断力的社会批判》,刘晖译,商务印书馆2015年版。
③ [法]米歇尔·福柯:《规训与惩罚》,刘北成等译,生活·读书·新知三联书店2007年版,第202—216页。

规范正在变成制度控制和身体控制。

另外,令伊拉斯谟没有想到的是,他重视外在的言行举止、服饰穿着等,只不过是以此反观个人内在的高尚品德和丰富的知识内涵,追寻文明与秩序。这对于君王而言更是如此。如他指出,君主无论何时外出,"都应当注意自己的面容、衣着、言谈","都得给自己的子民树立榜样"。[①]但在后来西方社会的发展过程中,对文明的关注,对外在的关注却被强化或异化了,礼仪规范成为一般人对绅士、淑女风范的讲究,凌驾于对内在本质的要求,而在一些君主、贵族阶层之人那里,对外在形式的过分看重,尤其对服饰的华美的需求更是达到了无以复加的地步,成为展现自身身份地位、维护统治的工具。

更重要的是,在西方学术语境中,具有特定意义的文明(civilization)的一词即是由文艺复兴时期的礼貌(拉丁 civilitas)一词转化而来。伊拉斯谟以拉丁文的"礼仪"(civilitate)为题撰写儿童礼仪教育作品产生了深远影响。这一词语逐渐演化出西方各国相关词,如法文的 civilité,英文的 civility,意大利文的 civiltà,并进而转化为具有特定学术意义的"文明"(civilisation)一词,取代了中古传统的"宫廷"(courtoisie)一词。文明一词既用来表明文雅的行为举止,也用来描述井然有序的社会,它体现出西方人的自我民族意识。正如法国著名学者基佐指出,"文明这个词所包含的第一个事实是进展、发展这个事实。……进展是什么?发展是什么?……它是国民生活的不断完善,严格意义上的社会的发展,人与人之间的关系的发展"。除此之外,文明这个词包含着更广泛、更复杂的东西,超越了社会关系、社会力量和幸福的完善,那就是"除社会生活的发展而外的另一种发展:个人的发展、内心生活的发展、人本身的发展,人的各种能力、感情、思想的发展"。[②]换言之,在许多西方学者心目中,文明的要素维度主要有两个:一个是社会物质生活的发展,即社会的进步;另一个则是个人内心生活的发展,即人性的进步。然而,有意思的是,人类追求文明的本意之一是追寻自由和人性的进步,但在建立文明的过程中却又限制了自

---

① [荷]伊拉斯谟:《论基督教君主的教育》,李康译,商务印书馆2017年版,第141页。
② [法]基佐:《欧洲文明史:自罗马帝国败落起到法国革命》,程洪逵、沅芷译,商务印书馆1998年版,第4—7页。

由、压抑了人性，这不能不说是一种矛盾和悲哀。也许唯有在人类抵达终极文明之后，方能摆脱人类生于无忧却长于束缚的命运。某种意义上，伊拉斯谟的主张也在另一层维度上初步展现了近现代西方文明实质上就是一部分人在理性、秩序的幌子下对另一部分人的压制这一经典论断。①

总之，伊拉斯谟的部分儿童教育内容，仍是以古代教育为主，甚至连数学、自然科学的知识都是通过古代作品来获得的，而不是经由实践的观察和分析。他的教学架构大体上也离不开昆体良、普鲁塔克、西塞罗等人的主张。若是从这个角度来看，伊拉斯谟的儿童教育内容带有十分明显的保守性，只是在基督教思想的原则下，恢复古代教育的理想。但从中古教育内容来看，其也提供了一个更为开放、丰富多元的内容。实际上，他的教育内容既有传承自中古的部分，例如他的礼仪教育的部分内容就受到中古骑士教育的影响，他的餐桌礼仪内容也与中古时代的礼仪手册有着诸多类似之处。

## 第四节　因教育而智慧：划时代的女孩②教育

从性别的角度来看教育对象，伊拉斯谟是文艺复兴时代少数能够极力提倡女孩教育乃至女性教育的学者。他希望女性暂时将手中的纺锤放下，拿起书本追求更高的德行。他有不少的作品（如《对话集》中的多篇文章）都是针对女性的婚姻与教育问题所写的。在他的作品中有几处更是明显提到了女性教育。一处出现在 1526 年的《论基督徒的婚姻》之中，这是题献给英国王后阿拉贡的凯瑟琳的著作，另一处出现在 1521 年写给法国学者纪尧姆·比代（Guillaume Budé）的信中。

伊拉斯谟作为教育作家的重要性可能并非源自新奇的理论或大胆的

---

①　参见［法］米歇尔·福柯《规训与惩罚》，刘北成等译，生活·读书·新知三联书店 2007 年版；米歇尔·福柯《疯癫与文明》，刘北成等译，三联书店 2003 年版。

②　在伊拉斯谟著作的拉丁语文本中，他时常使用女孩（puella）、女儿（filia）、女儿（filiarum，复数格）、女子（vxor）、女性（foeminae）、姐妹（sororumque）等拉丁词语及其词性变体，参见 P. Allen, *Opus Epistolarum Des. Erasmi Roterodami*, Vols. 4 – 8, Oxford: Clarendon Press, pp. 1924 – 1934. 结合上下文、信件写作时间及所涉女子年龄来看，除了一些泛称外，伊拉斯谟所谈女性多指十来岁的未婚女孩或幼女或对她们长大成后的期许，也有一部分是指已婚并开始孕育子女之年轻女性，还有些是指年轻修女，故综合考虑，本书使用指向性略微宽泛的女孩一词。

方法革新,更多的是来自他对人文主义教育复杂传统的某种总结。这种教育传统源自古代学者,15世纪被意大利人文主义者大大发展了。

博学的贵妇长期是意大利人文主义文化的一个特征。这样的女性可能为数不多。她们为人所周知,被世人详加叙述。这些女性几乎都是宫廷人物,是意大利统治者的妻子或女儿,甚至可以在她们的丈夫不在时统治领地。毫无例外,意大利人文主义教育理论家以女性的教育为目的进行写作时,他们也从未超越西方传统对女性的基本认知,即妻子和母亲的角色。学习仅仅是为这些角色增加点学识罢了,使她们更胜任其孩子们的培养,提升其善行和宗教实践,让她们在陪伴丈夫时更聪慧和更具魅力。显然,社会并未为女性提供其他更令人尊敬的角色,出身名门抑或出身普通,就像伍德沃德说的那样,意大利人文主义者在女性地位方面没有任何的革命意图。[①]

## 一 女孩教育的六大处方

关于女性的地位,较之意大利人文主义者先辈,伊拉斯谟稍微更具革命性。女性是否具有受教育权与学习能力如何,是伊拉斯谟女孩教育思想的前提和起点,也在某种程度上制约着伊拉斯谟的思想深度和高度。伊拉斯谟充分肯定了女性群体的受教育能力和学习行为。他在作品中充分阐释了女孩教育的可行性和必要性。为此,他鼓励那些高贵家庭教导女孩去读书学习,"在我的判断中,没有什么比无知更难处理的事情了"。[②] 他高度称赞了那些他所认识的受过教育的博学女性,并将她们树立为其他女孩接受教育、认真学习的榜样。例如,他多次称赞英国国王亨利八世(Henry Ⅷ)的王后凯瑟琳(Catherine)的完美品性,称王后凯瑟琳仁爱而博学[③],还尊敬地记录下了她充当其女儿玛丽(Mary,即英国历史上的女王玛丽一世,Mary Ⅰ)早期教育指导者的能力,并称在凯瑟琳的指导下,

---

① Woodward, Vittorino da Feltre and Other Humanist Educators: 247.

② D. Erasmus, "The Correspondence of Erasmus (Letters 1122 to 1251)", in *Collected Works of Erasmus* (Vol. 8), trans. R. Mynors, Toronto: University of Toronto Press, 1988, p. 297.

③ Allen, *Opus Epistolarum Des. Erasmi Roterodami* (Vol. 6), Oxford: Clarendon Press, 1926, p. 369; Allen, *Opus Epistolarum Des. Erasmi Roterodami* (Vol. 8), Oxford: Clarendon Press, 1934, p. 108.

玛丽的拉丁文写得非常棒。① 他多次提到老朋友莫尔的女儿们，称赞莫尔的家充满了文学艺术气息，是一处名副其实的"缪斯女神之家"②，是女孩接受教育的成就典范，声称"你看不到有女孩是懒散的，或是忙于大多数女性所喜爱的娱乐，而是人手一本李维（Livy）的著作"。③ 他尤为喜爱莫尔的大女儿玛格丽特·罗珀（Margaret Roper），并时常与她通信。在写给玛格丽特的一封信中，伊拉斯谟期待着类似于玛格丽特及其妹妹们这样年轻的博学女性的涌现，并指出，在玛格丽特表现优异的艺术领域中，德国家庭中也有一些年轻女子的成就可与之媲美。他还在信件中向玛格丽特和她的姐妹们致以敬意。④

无独有偶，伊拉斯谟还在其他信件中向其他一些年轻的博学女性，如德国皮克海默（Pirckheimer）家和布劳尔（Blauer）家的女儿们、西班牙人文主义者胡安·维加拉（Juan Vergara）博学的姐妹伊丽莎白（Elizabeth）以及荷兰贵妇安娜（Anna）和奥格斯堡的一位贵妇致敬。⑤

---

① Allen, *Opus Epistolarum Des. Erasmi Roterodami* (Vol. 6), Oxford: Clarendon Press, 1926, p. 369; D. Erasmus, "The Correspondence of Erasmus (Letters 1658 to 1801)", in *Collected Works of Erasmus* (Vol. 12), trans. A. Dalzell, Toronto: University of Toronto Press, 2003, pp. 258 – 259; P. Allen, *Opus Epistolarum Des. Erasmi Roterodami* (Vol. 8), Oxford: Clarendon Press, 1934, p. 108.

② P. Allen, *Opus Epistolarum Des. Erasmi Roterodami* (Vol. 8), Oxford: Clarendon Press, 1934, p. 108.

③ D. Erasmus, "The Correspondence of Erasmus (Letters 1122 to 1251)", in *Collected Works of Erasmus* (Vol. 8), trans. R. Mynors, Toronto: University of Toronto Press, 1988, p. 296.

④ D. Erasmus, "The Correspondence of Erasmus (Letters 1356 to 1534)", in *Collected Works of Erasmus* (Vol. 10), trans. R. Mynors and A. Dalzell, Toronto: University of Toronto Press, 1992, pp. 135 – 136; P. Allen, *Opus Epistolarum Des. Erasmi Roterodami* (Vol. 5), Oxford: Clarendon Press, 1924, pp. 366 – 367.

⑤ D. Erasmus, "The Correspondence of Erasmus (Letters 1122 to 1251)", in *Collected Works of Erasmus* (Vol. 8), trans. R. Mynors, Toronto: University of Toronto Press, 1988, pp. 298 – 300; P. Allen, *Opus Epistolarum Des. Erasmi Roterodami* (Vol. 8), Oxford: Clarendon Press, 1934, p. 108; D. Erasmus, "The Correspondence of Erasmus (Letters 1 to 141)", in *Collected Works of Erasmus* (Vol. 1), trans. R. Mynors and D. Thompson, Toronto: University of Toronto Press, 1974, pp. 156 – 163, pp. 178 – 181, pp. 286 – 289, pp. 294 – 306; D. Erasmus, "The Correspondence of Erasmus (Letters 594 to 841)", in *Collected Works of Erasmus* (Vol. 5), trans. R. Mynors, Toronto: University of Toronto Press, 1979, p. 82; D. Erasmus, "The Correspondence of Erasmus (Letters 1252 to 1355)", in *Collected Works of Erasmus* (Vol. 9), trans. R. Mynors, Toronto: University of Toronto Press, 1989, p. 23.

第四章　基于性别区隔的教育内容与性别教育"祛魅"的开启　◆　141

**图 4-2　托马斯·莫尔与他的家庭**①

伊拉斯谟认为其好友、英国著名学者托马斯·莫尔（Thomas More）让他确信了女孩教育的价值。伊拉斯谟对此明确指出，莫尔改变了他对女孩教育的看法。伊拉斯谟对女孩教育的一些观感就源于莫尔以及借助于莫尔作品施教的教师对梅格和她的妹妹们进行的教育。事实上，伊拉斯谟认为正是莫尔让他确信女孩教育的需要。莫尔曾指出，如果一位女性具有杰出的智力美德，具有适度的学习技巧，她将获得更多的真实益处；学习对她而言是一种荣誉，学习之于美德就像影子之于身体一样，收成不会因播种之人是男人还是女人而受到诸多影响，因为他们都是拥有自然理性之人，二者可以通过根植的理性平等地学习知识。② 在和莫尔充分交流后，伊拉斯谟提出：

---

① 《托马斯·莫尔和他的家人》（约 1528 年），小汉斯·霍尔拜因（Hans Holbein the Younger）的画作。右二人物为玛格丽特·罗珀。转自 Constance M. Furey. Erasmus, *Contarini, and the Religious Republic of Letters*, Cambridge: Cambridge University Press, 2006, p. 120。

② G. Wegemer and S. Smith eds., *A Thomas More Source Book*, Washington D. C.: The Catholic University of America Press, 2004, p. 198.

文字对女性美德和普遍声誉的价值并非总是令人相信。我自身曾坚持这一观点；但莫尔完全改变了我。对年轻女性的美德最大的危险是这两件事，懒惰和淫荡娱乐，而对文字的爱则可以避免这种危险。没有别的东西能更好保卫纯洁的声誉和无瑕的品德……没有什么事情比学习更能占据年轻女孩的注意力了。因此，这是如此之好的一种事业，它使思想不受危险的懒惰之害，保卫最好的戒律来源，进行思想训练，吸引美德。在她们意识到许多事情威胁她们的财富之前，愚蠢和无知可能导致许多纯洁的丧失。……在我的判断中，没有什么比无知更难处理。要相信，思想会在学习的教化中被训练，以便它可以理解正确的理性并观察何为正派，何为有利。……

　　……莫尔的女儿们能够重复整个布道，秩序井然，具有辨别力……女性的精神是必须维持家庭团结，形成和改变孩子们的习惯，所有事情更令丈夫满意。在我们最后一次交谈中，我将这种想法抛给了莫尔，即如果失去了这些他花费了如此之多的劳动在她们的指导之上的女儿，他会不会更受折磨？他立即回答，"如果有些不可避免的事情发生了，我宁愿她们博学而死而非缺乏教育"。①

　　这封1521年书写的信件之中表达的观点以及5年后在《论基督徒的婚姻》中表达的观点展现了伊拉斯谟对于女孩和女性教育的许多关注。他在《论基督徒的婚姻》一书中鼓励那些尊贵高尚的家庭除了训练女子针织以外，最好也能教导她们读书，他的女子教育一方面可以直接让女性自身从中得到某种益处，另一方面，因为辛勤的学习可以美化她们的灵魂，也可以去除懒散。他说，读书"不但是一个可以消灭懒散的武器，也是将最好的教诲灌输给女孩子们，将她们导向美德的一个方法"。② 例如，在《男修道院长与博学的女士》有这样一段对话清晰地表明了伊拉斯谟的这种态度：

---

① Desiderius Erasmus, "The Correspondence of Erasmus (Letters 1122 to 1251)", in *Collected Works of Erasmus* (Vol. 8), trans. R. Mynors, Toronto: University of Toronto Press, 1988, pp. 297 – 298.

② Margaret King, *Women of the Renaissance*, Chicago, 1991, p. 181.

A：卷线杆和纺锤是女人最适当的配备。

M：处理家务、养育孩子应该是一个妻子的工作吧？

A：是的。

M：如果没有智慧，你认为她能够处理这么重要的工作吗？

A：那不行吧。

M：书本就能够教给我这些智慧。①

更为重要的是，伊拉斯谟从性别视角驳斥了当时社会对女孩教育的惯常轻视，将莫尔的女儿玛格丽特视为一位智识上的平等者。这就使其思想初步具有男女平权教育思想。在他的《男修道院长和博学女士》(The Abbot and the Learned Woman）中，伊拉斯谟塑造了一位知识渊博、机智诙谐的年轻女子，并借她之口反驳了男性对女性教育的轻视，讽刺了那位粗鄙的、非常厌恶女性的修道院长。当修道院长说，书会摧毁女性本来就不多的头脑时，博学女士就此反驳："我不知道你还剩下多少头脑。对我来说，我可从来没有这么少过，我宁愿把它们花在学习上……"② 伊拉斯谟还借这位漂亮的"博学的女士"与男修道院院长的谈话，介绍其他博学的女士，"在西班牙和意大利，有相当多的最高等级的女性可以与男性媲美。在英格兰有莫尔家的女孩们，在德国有皮克海默和布劳尔家的女孩们"。③ 伊拉斯谟在赞颂女性博学的同时，还指出受过教育的女孩成长起来后的巨大社会影响。"如果你毫不关切，最终结果将会是我们戴着你们的法冠，管理神学学校，在教堂布道。"④ "人类事务的安排被颠倒了：神职人员们憎恨书籍，而女士们却喜爱它。"⑤

---

① Desiderius Erasmus, "The Abbot and the Learned Lady", *The Colloquies of Erasmus*, Chicago: University of Chicago Press, 1965, p. 221.

② D. Erasmus, "The Abbot and the Learned Woman", in *Collected Works of Erasmus* (Vol. 1), trans. N. Bailey, London: Reeves and Turner, 1878, p. 380.

③ D. Erasmus, "The Abbot and the Learned Woman", in *Collected Works of Erasmus* (Vol. 1), trans. N. Bailey, London: Reeves and Turner, 1878, p. 382.

④ D. Erasmus, "The Abbot and the Learned Woman", in *Collected Works of Erasmus* (Vol. 1), trans. N. Bailey, London: Reeves and Turner, 1878, p. 382.

⑤ P. Allen, *Opus Epistolarum Des. Erasmi Roterodami* (Vol. 8), Oxford: Clarendon Press, 1934, p. 108.

伊拉斯谟在他的教育作品中探讨了教养事宜，早期家庭教育和榜样等内容。一些内容涉及女性或女孩的教育问题。

他对当时流行的女孩教育方式加以嘲弄。"早晨化妆、做头发，然后去教堂去观看和被观看，然后早餐，然后说长道短，然后午餐，然后闲聊小故事。……然后是愚蠢的游戏……于是下午就这样过去了，直到晚餐时间。……贵族的儿女们整天待在可鄙的、道德低下的、令人厌烦的仆人们之间。这就是她们打发时间的方式！她们本可以将布织得更好。"① 他甚至颇为夸张地质问年轻女子，相比于男人，为何她们愿意生活在愚蠢之人和粗野的女仆之间，更愿意生活、陶醉在堕落之中呢？② 为此，针对弊端，伊拉斯谟为女孩教育开出了处方，大致可概括为六大处方。

道德教育，尤其是贞洁教育是伊拉斯谟开出的女孩教育的第一个处方。相较于针对男童的详尽的知识教育举措，伊拉斯谟更专注于对女孩的纯洁和道德的维护，明确提出女孩教育的精髓是去除懒惰和不当娱乐的危害，保障身体的安全和贞洁。他确实注意到，一般意义上，女孩应该被教导，因为没有什么比教育更有助于好的思想或美德的维护了，伊拉斯谟提出，"要小心谨慎地保卫女孩的贞洁"，"贞洁赢得了普遍的认可与掌声"，"贞洁是最令上帝感到愉悦的事情"。③ "贞洁这种宝贵财富一旦被亵渎就无可挽回。……这是为何女孩的思想应该被灌输最纯洁的教育，她们要学习了解何为荣誉，何为爱的第一个原因。第二个原因是，她们可以清楚地躲避每一个可能丧失名誉的污点。一个从未了解罪恶之人不会去热爱罪恶。第三个原因是，她们可以避免懒惰，这是美德可能遭遇的最危险的瘟疫。"④ 从而，伊拉斯谟将教育作为维护贞洁、美德、建构良好思想的第一手段。

识字学习是伊拉斯谟女孩教育的第二个处方，也是道德目标诉求的主

---

① E. Rummel ed., *Erasmus on Women*, Toronto: University of Toronto Press, 1996, p. 16; R. Wyles and E. Hall, *Women Classical Scholars Unsealing the Fountain from the Renaissance to Jacqueline de Romilly*, Oxford: Oxford University Press, 2016, p. 107.

② E. Rummel ed., *Erasmus on Women*, Toronto: University of Toronto Press, 1996, p. 16.

③ E. Rummel ed., *Erasmus on Women*, Toronto: University of Toronto Press, 1996, p. 16, p. 49.

④ D. Erasmus, *Desiderii Erasmi Roterodami Opera Omnia* (Vol. 5), Lvgdvni Batavorvm: Cura & Impenfis Petri Vander Aa, 1704, pp. 716–717.

要手段之一。正如前述，习字在伊拉斯谟的男童的教育观念中极为重要。在女孩教育中，它的重要性也不言而喻。他认为："年轻女孩美德的最大危险是懒惰和不当的娱乐活动这两件事，而对文字的爱则可以避免这种危险。没有别的东西能比文字更好地保卫纯洁的声誉和无瑕的品德。……没有什么事情比读书学习更能占据年轻女孩的心灵了。学习可以使头脑不受危险的懒惰思想之害，可以灌输给女孩子们最好的戒律，进行思想训练，将她们导向美德……以免愚蠢和无知导致失去贞洁。……"[1] 伊拉斯谟鼓励女孩像玛格丽特那样学习写作，广泛阅读古代作家的作品和神学著作，诸如昆体良（Quintilian）、李维、西塞罗（Cicero）、琉善（Lucian）、希罗多德（Herodotus）、维吉尔（Virgil）、贺拉斯（Horace）、圣奥古斯丁（St. Augustinus）等人的经典作品。[2] 伊拉斯谟提醒，在稚嫩的年纪，君主必须关注其子嗣，必须对各类公立私立学校以及女孩的教育，给予最充分的关注，让她们直接接受最好的、最可信赖的教师的关照，既吸收基督教教义，也学习品味端正、有益于国家福祉的文学。[3]

伊拉斯谟女孩教育的第三个处方是婚姻。这是伊拉斯谟对完美女孩未来成长的期许和继续教育的要求，也是为什么伊拉斯谟留下许多作品，如《结婚礼赞》《基督教婚姻教育》《不愿结婚的女孩》等都从婚姻的角度来谈论女孩教育的重要原因。在这些作品中，伊拉斯谟不厌其烦地一次次附和基督教传统认知，即婚姻是与上帝的神圣契约，是符合人本性的自然行为。更是事无巨细地明确提出，在未来的婚姻生活中，女孩要学会与丈夫和谐相处，要恪守妇道；令人尊敬的优秀女性，应该有效秉持自身的谦逊，虔敬上帝，服从她的丈夫，并向他效忠；女孩要学会尊重、照顾丈夫，为丈夫做最符合他口味的饭菜，要确保家中一切的干净整洁，避免忧郁和易怒，不放荡下流。[4]

---

[1] D. Erasmus, "The Correspondence of Erasmus (Letters 1122 to 1251)", in *Collected Works of Erasmus* (Vol. 8), trans. R. Mynors, Toronto: University of Toronto Press, 1988, p. 297.

[2] E. Rummel ed., *Erasmus on Women*, Toronto: University of Toronto Press, 1996, p. 177; D. Erasmus, "On the Method of Study", in *Collected Works of Erasmus* (Vol. 24), trans. B. McGregor, Toronto: University of Toronto Press, 1978, p. 669.

[3] ［荷］伊拉斯谟：《论基督教君主的教育》，李康译，商务印书馆2017年版，第99页。

[4] E. Rummel ed., *Erasmus on Women*, Toronto: University of Toronto Press, 1996, pp. 117 - 119, p. 143.

父母的言传身教是伊拉斯谟女孩教育的第四个处方。伊拉斯谟将教育习得的过程比喻为人生的各个阶段，知识的获得、美德的提升等，都要经历各种阶段，而父母是女儿成长最初和最亲密的接触者，是女儿成长中的榜样和人性的引导者，必须担负女孩教育的重要职责，具有榜样作用。否则，一旦坏的习惯缠身，就如附骨之疽，难以清除。因此，应该警告父母们，以免他们在女儿面前说出或做出任何不恰当的事情，不管她如何年轻。而且，要意识到她"眼睛所看到或耳朵所听到的这些事都可能毒害年轻人的心灵"。① 如果女孩们从父母那里耳濡目染了不道德的言行，她们又如何避免罪恶呢？因而，父母们所做的一切都不能让不纯洁威胁到年轻女儿的纯洁。

在第四个处方基础上，伊拉斯谟继续加以完善，给出了类似于男童教育的第五个处方：身边人原则，即慎重选择女孩成长过程中的身边人。伊拉斯谟忠告，父母要为孩子选择良好的身边人，包括保姆、仆从、教师、伙伴等以确保为儿童提供一处健康的成长环境。要让儿童从一开始就习惯于最好的东西。否则，当习惯成自然，再想让他根除业已在其性格中扎下根的错误行为就极其困难了。父亲应为孩子挑选合格的保姆或良师，这位保姆必须身体健康没有喜好争吵或饮酒等不良习惯，也没有粗鄙猥琐的行为举止；教师则有着更高的标准，要心智成熟，接受过完整的文雅教育，具有广博的学识和丰富的教学经验，品性要正直、诚实、纯洁、高尚；等等。② 为了选择良师，他还给出了一些建议作为参考，如调查其玩伴、朋友类型；观察了解其嗜好、习惯、姿态、言语，以便了解其性格；特别关注其五官、长相，尤其是眼睛。③

伊拉斯谟关于女孩教育的最后一个处方是不要虐待儿童。他曾告诉世

---

① E. Rummel ed., *Erasmus on Women*, Toronto: University of Toronto Press, 1996, p. 20.

② D. Erasmus, "A Declamation on the Subject of Early Liberal Education for Children", in *Collected Works of Erasmus* (Vol. 26), trans. B. Verstraete, Toronto: University of Toronto Press, 1985, p. 334; D. Erasmus, "On the Method of Study", in *Collected Works of Erasmus* (Vol. 24), trans. B. McGregor, Toronto: University of Toronto Press, 1978, pp. 673–690; D. Erasmus, "The Right Way of Speaking Latin and Greek", in *Collected Works of Erasmus* (Vol. 26), trans. M. Pope, Toronto: University of Toronto Press, 1985, p. 374.

③ D. Erasmus, "The Right Way of Speaking Latin and Greek", in *Collected Works of Erasmus* (Vol. 26), trans. M. Pope, Toronto: University of Toronto Press, 1985, p. 374.

人一位孀居的年轻母亲教育她不到 5 岁的女儿的故事。故事中，这位母亲以虚伪的宫廷应答方式，以愚蠢和无谓的语言回应不断打击幼小的女儿。"我看到这个女孩面对母亲的恐吓，强忍泪水，近乎窒息，哽咽得说不出话来。""从这个女孩眼睛中透出的暴力伤害就像那些被鬼怪吓坏了的人一样，她们的眼泪凝结，脸现恐惧。"他下结论说，"我觉得，较之于她的女儿，这位母亲更应该被痛打一顿"。① 他也推而广之，强烈谴责那些将虐待体罚作为教育手段的教师，认为这种教师"不能增进孩子的道德，因为他就是卑劣和缺乏原则之人。他也不能增进孩子们的知识，因为他自己就缺乏真正的教育。在他鞭打、踩躏、怒吼、欺凌那些可怜的孩子时，孩子失去了最宝贵的时间，而他却因这种残忍得到了丰厚报酬"。② 为此，他主张，像男孩一样，女孩们也应该进行身体教育，受到温柔对待。父母不应伤害女孩的骄傲，不应该使用粗鲁的语言、让她们穿着不得体的服饰，等等。③

## 二 "皮格马利翁效应"：女孩教育的旨趣

伊拉斯谟的女孩教育主张的前三个处方契合了文艺复兴时期女性的性别角色和权力结构的设定，展现出西方古代到文艺复兴时期女性教育的认知嬗变，以及这种嬗变与社会既存的权力结构、社会发展的密不可分。

从古典、中世纪直到近现代，欧洲女性长期被牢牢固化于父系权力结构网中。西方传统对女性的基本认知是将其视为女儿、妻子、母亲的角色。而对女性受教育权的探讨，以及角色设定可以追溯到对中世纪以及文艺复兴具有巨大思想影响的柏拉图（Plato）和亚里士多德（Aristotle）的观点。在《理想国》中，柏拉图认为，女性与男性相比，总体上存在某些诸如力量、生理上的差异和弱势，但女性和男性拥有同样受教育的能

---

① D. Erasmus, *Desiderii Erasmi Roterodami Opera Omnia* (Vol. 5), Lvgdvni Batavorvm: Cura & Impenfis Petri Vander Aa, 1704, p. 712.

② D. Erasmus, "On the Writing of Letters", in *Collected Works of Erasmus* (Vol. 25), trans. C. Fantazzi, Toronto: University of Toronto Press, 1985, p. 41.

③ E. Rummel ed., *Erasmus on Women*, Toronto: University of Toronto Press, 1996, pp. 15 – 21, pp. 82 – 83.

力，男性统治精英和他们的妻子有着同样追求，因为本性是一样的。① 他的观念对精英女性的教育有着积极影响。他的学生亚里士多德虽然也承认，妇女在培养未来的社会贡献成员方面也可以发挥重要作用。作为孩子的早期教育者，女性必须有一些智慧，因为女性和儿童的美德都对国家的美德有着影响，且国家有一半自由人是女性。② 然而，本质上，亚里士多德更多将女性视为在心理和生理上都存在弱点和缺陷的生物，女性的意义仅仅是生育孩子，最好的角色定位就是妻子和母亲，宣称"男人的勇气表现在发号施令，女人的勇气表现在服从……沉默是女人的荣耀"。③ 换言之，女性的属性是从属的，她们的作用限于家庭这一私人领域之内。

在宣称神爱一切世人的基督教垄断教育的中世纪，女性也并未受到更多尊重，反而备受压抑。《哥林多前书》14：34 中，圣保罗认为："妇女在会中要闭口不言，因为不准她们说话。"圣保罗还在《以弗所书》5：23 中如是说"男人是女人的头"。这种观念成为基督教信仰和教义中的一项重要原则。罗马教父德尔图良等教会人士认为，她们是打开罪恶大门之人，是偷食禁果之人，是抛弃圣约之人，是引起人性堕落之人。④ 教会将女性与罪恶紧密地联系在一起，原罪成为女性永世之轭，女性不得不负罪生存。古希腊罗马时代对妻子、母亲的尊崇观念甚至被罪恶始于夏娃的观念大幅偷换。结果造成女性公共活动的减少，女性教育也愈加不可能。中世纪主流精英们宣称，不应教她们识字、写作，因为这将会带来罪恶，而将女性活动限制于家庭之中是对她们的一种保护，这样就可以使其免于贪婪和外部世界的腐蚀，保持纯洁，以免使相称于她们的高尚品质受到威胁。⑤ 这种认识影响深远，即使到了17—18 世纪，依然有女性主义先驱学者在寻找女性长于家务的证据。相较于宗教，中世纪女性地位的提升来

---

① G. Ferrari ed., *The Republic*, Cambridge: Cambridge University Press, 2000, pp. 150 – 153.
② E. Howe, *Education and Women in the Early Modern Hispanic World*, Aldershot: Ashgate Publishing Company, 2008, p. 3.
③ E. Howe, *Education and Women in the Early Modern Hispanic World*, Aldershot: Ashgate Publishing Company, 2008, p. 3.
④ G. Bray, *Holiness and the Will of God*, Atlanta: John Knox Press, 1979, p. 4.
⑤ M. Warner, *Alone of All Her Sex*, New York: Vintage, 1983, pp. 186 – 189.

自多方面，尤其是世俗生活的非预期性结果。对东方的多次远征，让留在后方的部分贵族女性实际上提升了自己对领地的政治、经济管理权力，让她们得以从家庭走向公共领域；骑士制度的发展，骑士保护妇孺等理想主义主张，骑士的宫廷之爱，尤其是骑士对贵妇的尊崇，扩大了教会中原有的圣母马利亚崇拜，客观上提升了女性地位；修女的宗教知识教育等都在不经意间为女性教育的发展提供了条件。

文艺复兴时代发展起来的新知识，并非真正新创造的知识，而是从仰慕古典情怀出发，对包括亚里士多德和柏拉图思想在内的古典文化加以评价和重新阐释。如此，我们也就不难理解文艺复兴时期女性教育的著作为何大多会呼应柏拉图和亚里士多德观点的原因了。而古典社会中，教育往往是教俗贵族和上层阶级的领域。这种认知也有助于我们理解人文主义学者关于女性教育时常自相矛盾的言论。一方面，上层社会的女性和男性一样具有接受教育的能力开始成为这一时期少部分人文主义作品的议题之一。14 世纪意大利学者乔万尼·薄伽丘（Giovanni Boccaccio）的《名女传》（*De Claris Mulieribus*），展现了人们对女性典范的兴趣。这一女性传记著作在后来人文主义者研究女性教育时产生了巨大影响。之后，克里斯丁·德·皮桑（Christine de Pizan）的《女性之城》（*The Book of the City of Ladies*）、莫尔、伊拉斯谟、胡安·路易斯·维夫斯（Juan Luis Vives）等学者在论述基督教婚姻时都曾论及女性教育主题。在他们的作品中，这些少有的受过古典教育的坚强、成功、才华出众的女性，要么是以贞洁著称的处女，要么是宗教信仰的虔诚者，当然，她们的才华学问也只能存在于家庭、闺房、修道院之内，而非公众之前。换言之，女性依然难以进入男性所主导的公共领域之中。社会对女性的赞誉，往往与社会既有的性别理想一致，诸如虔诚、慈爱、温驯、贞洁、谦逊、美丽之类。但这些关于女性社会角色形象的作品和圣母马利亚一道为中世纪晚期欧洲受过良好教育的统治阶层女性的崛起铺平了道路。

伊拉斯谟的女孩教育思想很大程度上摆脱了中世纪教会的陈腐观念，重申了古典时代对女性的美德认知，并加入了划时代的重新阐释。

家庭是伊拉斯谟女孩教育的出发点。从养育子女的功能性角色来看待女孩教育是伊拉斯谟女孩教育思想的特点之一。在中世纪，因为家庭烹饪、织补和抚养孩子的日常工作几乎没有必要识字阅读，因而绝大多数女性是文盲，为数不多的识字女性几乎都是依靠家庭教育的上等阶层女性。与中世纪更为注重女性虔诚、顺从、贞洁等品质不同，少部分人文主义者认为温文有德的母亲才能培养出优秀的男性公民，教育孩子是"女性最为重要的义务"①。由此，他们鼓励女性群体学习任何能帮助她们教育自己孩子的事物，这也是文艺复兴后女性教育快速发展的主要原因之一。在《男修道院长与博学女士》中，伊拉斯谟将女性的基本定位之一落在家庭之中，认为女孩教育的更大价值是为了训练女子在未来成功地扮演为人女、人妻、人母的角色，并明确提出，书籍可以教给女孩未来处理家务、养育孩子的智慧，从而让她们更能胜任妻子的工作。② 伊拉斯谟还认为，女孩教育可以让她们在未来婚姻生活中陪伴丈夫时显得更聪慧、更有魅力。为此，他还强烈反驳了中世纪长期以来形成的错误认知，即女孩接受教育将会减少其对丈夫的顺从。他告诫丈夫们不必对此恐惧，接受教育可以让未来妻子们的思想在学习中被教化、引导，让妻子们通过学习一些正确的方式与品性，以便她们可以正确理解什么是理性、正直、美德，明白丈夫是值得去爱的，然后让丈夫看起来像是那种可以终生厮守的良人，而这将变成婚姻美满、妻子更加尊敬丈夫的良好契机。③ 可以说，伊拉斯谟在中世纪时期贵族男子选择妻子时所重视的主要品质（如"高贵、富有、容貌、健康、品德"）④ 的基础上增添了因教育而智慧的品质。他相信一位能读书识字、充满智慧的女孩，不但将在未来擅于管理一切家务，教育子女，也能够表现出合宜的言行，为父亲或丈夫增添光彩，"……维持家庭团结并尽忠职守，塑造和改变孩子们的性格习惯，在所有事情上更能满足丈夫的需要"。⑤ 从而，在新的时代背景下，将女孩教育赋予了新的价值侧重，即女孩教育的目的之一并非只为她们的角色功能增加一点学识，而是要使她们未来更胜任孩子们的教育培养，更好地为家庭服务。更为重

---

① F. Barbaro, *The Earthly Republic: Italian Humanists on Government and Society*, Philadelphia: University of Pennsylvania Press, 1978, p. 220.

② D. Erasmus, *The Abbot and the Learned Woman*, 1878, p. 379.

③ D. Erasmus, *The Correspondence of Erasmus* (Letters 1122 to 1251), 1988, pp. 297–298;［荷］伊拉斯谟：《论基督教君主的教育》，第93页。

④ S. Wemple, *Women in Frankish Society——Marriage and the Cloister 500–900*, Philadelphia: University of Pennsylvania Press, 1996, p. 88.

⑤ D. Erasmus, *The Correspondence of Erasmus* (Letters 1122 to 1251), 1988, p. 98.

要的是，相较于这些古典认知，伊拉斯谟不仅"鼓励女性学习任何能帮助她们教育自己孩子的东西"，还振聋发聩地鼓励、呼吁她们"成为丈夫的智力伙伴"。[①] 这是伊拉斯谟的"皮格马利翁效应"，由期望和赞美引发教育动机而成就女性教育，最终成就女性。当然，他的方式并不激进，而是将女性教育与私人、男性幸福相联系，尽可能地为女性教育的被接受减少来自男权社会的阻力。无独有偶，同时代的莫尔、维夫斯等人关于女性教育的主张虽然略有差异，但同样都将女性活动限定于家庭之内。

宗教、道德、知识的三位一体是伊拉斯谟倡导女孩教育的终极目的。倡导女性教育的人文主义者相信女性教育的终极道德目的，因而主张她们的教育必须以宗教研究和道德工作为基础，要接受的任何教育都必须是为了提高她们未来作为妻子和母亲的角色功能，提高她们的道德和美德，帮助保护她们的贞操，防止她们走上任何不道德的道路。为此，意大利人文主义者利奥纳多·布鲁尼（Leonardo Bruni）大声疾呼："让宗教和道德教育在基督教女性教育中占据首要位置吧！"[②] 作为人文主义者的一位杰出代表，伊拉斯谟女孩教育思想同样具有强烈的宗教和道德目的论，倡导精神和道德自律。伊拉斯谟提倡婚姻教育，将贞洁道德诉求视为神圣婚姻中最为纯粹的、不可或缺的前提条件。伊拉斯谟提倡女孩教育、阅读，是将之作为提升女孩道德和虔诚的一种有效方式。伊拉斯谟倡导的女孩教育更多着落在上层女性身上，也彰显着这一时期上层阶层女性的生活方式，女孩教育可以提升她们的善行和宗教实践，净化提升她们的灵魂，更好地追随基督的生活方式，将她们导向美德。

伊拉斯谟的女孩教育思想也顺应了时代发展需求，具有务实性。文艺复兴时期，女孩教育的原因通常也更能反映她们的家族利益追求。例如前文提及的意大利的博学贵妇群体。15 世纪的欧洲，一些受过教育的贵族女性在宫廷中展现了教育学习的魅力，特别是法国的安妮公主（Anne of France）、卡斯提尔女王伊莎贝拉（Isabella of Castile）、英国王后凯瑟琳

---

① S. Kersey, *Classics in the Education of Girls and Women*, Metuchen: Scarecrow Press, 1981, p. 29.

② K. Charlton, *Women, Religion and Education in Early Modern England*, London: Routledge, 1999, p. 118.

等。对富裕家庭来说,接受文化教育也是改善婚姻前景的一种方式,即女孩接受教育是为婚姻所做的准备和缔结好姻缘的前提条件。① 事实上,伊拉斯谟赞赏的玛丽、玛格丽特等年轻女孩往往是贵族显要、大家族的女主人或修女,因而,女孩接受教育也可以在未来更好地经营自家领地、庄园、工场、作坊等,或为上帝服务。同时,15—16 世纪,随着西方商品经济的发展和社会的快速变迁,越来越多的女性开始接触社会公共事务。因此,女孩教育的实效性和功利性日渐成为女性群体接受教育、学习的重要动机。15 世纪后期古登堡印刷机在欧洲的出现和传播,使书籍较之以往也变得越来越容易获得,越来越便宜,更是让女孩教育变得更加可能。伊拉斯谟正是看到了这种时代变迁以及基本识字和簿记教育对于世俗家庭有效运转的必要性和紧迫性,高瞻远瞩,才提出了女孩教育的某些主张。在与他人的教育主张合力之下,随之而来的就是欧洲女孩教育在 16—17 世纪的蓬勃发展。1548 年,英国伊顿公学校长尼古拉斯·尤德尔指出,"现在很常见的是,年轻女孩们在学习书信方面受到了如此良好的训练。为了学习,她们心甘情愿地将所有无聊消遣抛到了九霄云外"。② 伊拉斯谟去世后的时代变革更为剧烈。女孩中接受教育的人数正在逐渐增长,尤其是自 15 世纪中叶起,她们接受了方言教育,并将之运用于追寻家庭和商业事务的独立道路之上。这并非伊拉斯谟和早期意大利传统人文主义者感兴趣的拉丁教育。在日常生活中,许多地区女性越来越显示出自身在家庭经济生活中的重要性。这是自 14 世纪以来,西欧商品经济关系逐渐向乡村渗透,乡村逐渐发展起以家庭为基本生产单位的简单商品生产的后续结果。这种商品生产模式中,生产活动则由乡村的家庭来完成,女性则是主要生产者。在承担家庭劳动、养育儿女的同时,她们有了更多的机会参与社会生活。这些都标志着习得超越了她们的性别。换言之,女性不是由于她们的教育而要求一个新的社会认知,而是她们更加自由和更加有价值的社会地位需要一个更高类型的教育,这是与教育进步的普遍规律相一致

---

① E. Rummel ed. , *Erasmus on Women*, Toronto: University of Toronto Press, 1996, p. 15.
② G. Ballard, *Memoirs of Several Ladies of Great Britain, Who Have Been Celebrated for Their Writings or Skill in the Learned Languages, Arts and Sciences*, Oxford: Printed by W. Jackson, 1752, pp. 127 – 128.

的。因此，只有当女性属于一个完全接受男女社会平等观念的阶层时，她们才能触及全新的教育框架和内容。

值得一提的是，伊拉斯谟对女孩教育中婚姻因素的重视，或许也源自自身的痛苦经历和观感。正如前述，伊拉斯谟之父是一位不被教规允许结婚的天主教教士，因此其父母的婚姻采取了隐婚方式，导致伊拉斯谟以私生子的身份降生于世。这让伊拉斯谟极度敏感，百般遮掩，但依然无法抹去他是私生子的事实。这件事也终生影响着他对一些事务，尤其是婚姻、家庭、父母对儿童的影响等各方面的观感。有鉴于此，他在婚姻问题上，强烈反对包办婚姻；呼吁在宗教与婚姻伴侣等重大生活抉择中，女孩应拥有更大的自由以及对她们自身生活的控制，而父母也应尊重女儿的情感和决断。[①] 伊拉斯谟也成为那个时代关于女性婚姻权利的最具革命性的倡导者。

伊拉斯谟的后三个处方突出展现了其女孩教育的社会环境论。伊拉斯谟注意到教育与教育环境之间的关系，也关注到了教育者、受教育者及活动与环境的内在关系。正如中国"孟母三迁"的故事所展示的那样，环境对教育具有重要影响，伊拉斯谟同样重视教育环境的重要性，关注教育环境方面的社会环境，特别是女孩成长和发展的外部环境以及隐形心理环境等方面。

在教育阶段上，伊拉斯谟针对女性幼年时期社会生活环境的复杂性，强调人性复杂，具有性善论和环境论的双重维度，因此，唯有"教而为人"。而要培养一位完美的女性，就必须明辨各种行为习惯的好恶，从源头上切断拥有不良行为习惯之人对她们的直接浸染和间接影响，这种源头首当其冲的就是其身边人，这包括女性幼年成长时期的父母，还包括她们身边的教师、保姆、玩伴、仆婢在内，尤为重要的就是父母和教师。伊拉斯谟相信父母和子女不仅仅是生物学意义上的传继关系，一对品德良好、对子女尽心尽职的父母可以在德行上做子女的典范，他们能够肩负起女性幼年的家庭教育，灌输正确的行为和品德，也必能培养出优秀的下一代。而良师的价值，就在于他们肩负着培育国家幼苗的重责，因此伊拉斯谟认为教师并非愚人口中的卑微事业，而是所有职业中最光荣、最高尚的工

---

① E. Rummel ed., *Erasmus on Women*, Toronto: University of Toronto Press, 1996, pp. 80–92.

作,"他的重要性仅次于国王"①。而女性自身主要被囿于家庭内部及群体性生活的时代特点,也赋予了女孩教育中身边人选择的重要性,并赋予文艺复兴时期女性教育另一条发展途径,即女性群体自身的传帮带。换言之,那些有条件的女性可以帮助那些条件较差的女性,越富有的、越强大的女性,责任越大,要以身作则,做得更多。②

在教育的隐形环境方面,伊拉斯谟对未成年人群体成长的心理健康有着敏锐的洞察力,并强烈谴责了当时社会中广泛存在的虐待儿童的教育观念和实践。在此,我们能看到诸如古典时代普鲁塔克(Plutarch)、昆体良等思想家关于儿童心灵可塑性、反对体罚等思想的影响。③ 与此同时,伊拉斯谟更是以自身遭受鞭打的痛苦经历和在蒙太古(Montaigu)神学院作工读生时的遭遇表达了对体罚的极度厌恶。这些经历也影响到伊拉斯谟日后有关教育环境的一些主张和思想。这种反思他自身经历阴影的故事更提高了伊拉斯谟这些言简意赅、深入浅出、振聋发聩的教育思想的可信度。

伊拉斯谟对外部环境的强调,并不意味着他就对人的自身发展动机不太重视。伊拉斯谟崇尚人的内外合一、身心合一。他的思想中强烈透露出人内在灵魂的亮光才是一切最高价值的归属,是人一生终极的追求,充分反映出他对内在道德的至高诉求。同时,伊拉斯谟女孩教育思想中十分强调对女性身体和精神的双重关注,注重人的灵魂与身体的和谐统一,也突破了中世纪传统对精神的过度关注。女孩教育思想是他的划时代创举,也是其男童教育观念的拓展和外延。

### 三 教育机会平等:女孩教育的价值

1977 年,琼·凯莉(Joan Kelly-Gadol)提出了一个战斗檄文式问题:"女性有过文艺复兴吗?"④ 这项极具影响力且经常被引用的研究关注的是

---

① P. Smith, *Erasmus: A Study of His Life, Ideals and Place in History*, New York: Harper & Brothers, 1923, p. 303.

② E. Rummel ed., *Erasmus on Women*, Toronto: University of Toronto Press, 1996, p. 108.

③ 参见[古罗马]昆体良《昆体良教育论著选》,任钟印选译,人民教育出版社 1989 年版;[古希腊]普鲁塔克《道德论丛》(第 1 卷),席代岳译,吉林出版集团有限责任公司 2015 年版。

④ 该论文收录于 Joan Kelly, *Women, History and Theory*, Chicago: University of Chicago Press, 1984. 首次发表于 1977 年。

女性如何继续没有公众话语权,如何远离政治,以及如何成为丈夫的动产。她声称,在那个时期,正规的人文主义教育主要局限于精英家庭,女性教育理论仍然继续将妇女牢牢地置于家庭之中,女性必须保持贞洁、沉默、谦卑等美德。因此,她对这一问题的结论是否定的。然而,她对"文艺复兴时期的女性"的标准要求过于严苛了。人文主义学者的教育理论是当时女性所拥有的最为进步的教育理论。伊拉斯谟、莫尔等学者均为人文主义学者之翘楚。通过深入理解伊拉斯谟教育思想,可以更深刻地理解欧洲教育变革。

他的教育思想谈及女孩教育的目的、价值、德育、教育本质等问题,是欧洲教育哲学思想与实践发展中的重要一环,对女性教育的发展和传播起到承先启后的作用。一方面,他对古典和人文主义女孩教育的复杂传统进行了总结与重新阐释。另一方面,他也善于从外部因素入手,针对女孩教育的时代弊病,结合自身的教育感受进行了大胆的创新和发展,倡导更为全面、健康的教育理念。

伊拉斯谟是文艺复兴时期教育史谱系中,为数不多地将教育关怀与时代互动,尊重女性,较早倡导女孩教育思想,并大力传播的先驱学者之一,促进了女性教育的进步发展,为后世现代女性教育观念开辟了道路。伊拉斯谟从性别角度看教育对象,为女孩教育代言,赞同对女孩进行教育,反驳了女性是弱者的形象,在他的著作中,几乎找不到中世纪欧洲流行的厌女症、女性天生不如男性的诸多无稽之谈。[1] 在女孩受教育权利方面,他认为教育机会平等,女性应该像男性一样接受教育。对于女性而言,这是一个划时代的非凡主张和理论飞跃,赋予女性教育应有的地位,无形中提升了女性的时代价值。毕竟在他的时代,对女性的传统认知依然占据主流,也只有少数男性才能接受正规教育,而女性几乎完全无从接受教育。他的教育主张中,依然重视女孩的家庭教育,希望女孩能够更好地被指导,成为更好的妻子和母亲,更好地承担起新时代赋予她们的家庭教

---

[1] 关于中世纪西欧厌女症,请参考 E. Houts, *Memory and Gender in Medieval Europe*, *900 – 1200*, London: Palgrave Macmillan, 1999; C. Cubitt, "Virginity and Misogyny in Tenth-and Eleventh-Century England", *Journal of Gender and History*, Vol. 12, No. 1, 2000, pp. 1 – 32; R. Bloch, "Medieval Misogyny", *Journal of Representations*, No. 20, 1987, pp. 1 – 24.

育使命，但也赋予女性智慧属性，希望无论她未来做什么，通过识字学习、阅读和写作，可以具有相当的判断力和智慧。这就赋予了女性在未来更多的教育行动自主可能性，而非单纯是为社会习惯所迫。

更重要的是，作为男权社会的一位男性精英，伊拉斯谟倡导了一些较为先进的理念和主张，他的思想清晰展现出对女孩教育的支持和鼓励，展现了对女性受教育能力信念的微妙转变。女性教育的"缺位"是漫长历史中各种因素作用的结构—功能性结果。而结构的坍塌，需要事物的特征、层面、水平、时间、速度和烈度等维度的变量累积、聚变。因而，女性教育要想改变，并非一蹴而就的事情，需要教育思想、实践与时代持续不断地思索、互动、冲突与磨合。究其实质，伊拉斯谟的女孩教育思想与其说是一场关于女性地位和女性教育的革命，不如更确切地说是关于女性教育的再发现，是女性学习能力的一次微妙转变，是女性地位提升的关键一环。他清晰展现出对女性拥有优秀学习能力的认知已经广泛传播到男权社会精英，尤其是人文主义学者那里，表达出男女是平等享有受教育权利的，是智识上的平等者。由于古登堡印刷术的出现，书籍也是可以公开获取的，那些能够负担得起书籍费用的女性更容易获得教育的成功。换言之，伊拉斯谟对女孩教育的坚持源于他对人文主义教育广泛目标的献身精神，这些目标旨在培养具有道德、智力和文化优越性的人，而无关乎性别。

如此一来，女孩未来成就的空间被大大扩展。教育学习意味着一切可能，女孩通过学习可以得到阅读、写作能力素质的培训，以及才华施展的舞台，进而延伸出每一位女性都可以为自己培养能力和品格的教育理念，为日后女性从传统的依附人格逐渐走向独立人格、独立意识奠定了坚实的思想基础。伊拉斯谟的女孩教育思想以潜移默化的方式，悄然触动了欧洲长期形成的男权社会结构的功能稳定性，这不能不说是一种时代的最强音和革命性进步，对后世欧洲女性教育的理论和实践都起到了至关重要的推动作用。事实也证明，虽然绝大多数女性依然没有接受正规、系统教育的机会，但她们的阅读和写作能力在接下来的一段时间里都有所提高，明显不同于她们中世纪的先辈。自16世纪30年代以来，女性学习态度得以转变，有数量惊人的绘画、书籍插画、塑像作品表现了在家庭环境中读书或写作的女性形象。而此前，这种情况从未在女性教育方面出现过。伊拉斯谟、莫尔等人文主义学者提出的女孩教育思想构成了这种微妙转变的思想起点。伊拉斯谟也成为文艺复兴时期倡导欧洲女性教育这一先进理念的主要倡导者和先锋之一。

伊拉斯谟的种种表述,敏锐而清楚地表达了他对女性或女孩教育的同情和体面的呼吁。当然,伊拉斯谟的女孩教育主张也存在一些局限。尽管他十分肯定女性和男性具有相同的学习能力,但无论如何,他的教育对象仍以男性为主,甚至他也反对由女性担任教师的职位,因为由女人来教导男人,这是违反自然的事情。[1] 他对女孩和女性教育似乎篇幅都不长,言论也并非那么令人满意。他的理念是随意的,甚至带有道听途说的性质,而不是像男童教育那样具有条理和系统。这是什么原因导致的呢?我相信最好的答案在于伊拉斯谟的教育目的,诸如灌输这种思想,即它自身的乐趣或作为一种防护手段以防止懒惰的腐蚀影响。但最为重要的教育目的是,伊拉斯谟在他的作品《关于标准发音》中一再重复谈到的,即服务于社会。在谈及年轻儿童的教育时,他称这是涌现议员、法官、医生、修道院院长、主教、教皇和帝王的苗床。但当时这些角色几乎不对女性开放,无论出身名门抑或出身普通,少有能超越婚姻和家庭的女性公共角色,即使存在个别女性君主或贵族妇女统治的特例。或者说,女性走向社会的动机和实践尚未在这一时代得到充分展现。因而,对伊拉斯谟以及他同时代的其他教育理论家而言,当没有明显的社会存在目的之时,也就没有充足的动机去建构一整套针对女孩或女性的完备教育体系。[2] 这是伊拉斯谟的个人局限,更是时代的局限。

---

[1] Desiderius Erasmus, "A Declamation on the Subject of Early Liberal Education for Children", in *Collected Works of Erasmus* (Vol. 26), 1985, p. 325.

[2] Ruth Kelso, *Doctrine for the Lady of the Renaissance*, Urbana: University of Illinois Press, 1956, p. 62, p. 72.

# 第 五 章

# 中庸而和缓的儿童渐进教育范式

伊拉斯谟对儿童的教育以知识灌注于内，以礼仪节制于外。于内，他扬弃了中古单调、贫乏的教育内容，将宗教与道德的追求和古代的教育结合。于外，他借鉴了中古骑士礼仪训练的精华，并加上了个人观察所得的建议。因此，他的教育是内外并行，共同塑造一个理想的人。在文艺复兴时期的人文主义者那里，这样内外完美结合的人并不多见。在许多人文主义者类似的书籍中，或仅仅告知宫廷生活中礼仪的规则，对人文主义的传播并无太大贡献，或仅仅传播人文主义，忽略礼仪陶铸品德的价值，唯有在伊拉斯谟这里，二者得到了很好的结合，因此后来也更受关注。

在教育方法上，思虑严密的伊拉斯谟，超越了众多先辈和时人。在伊拉斯谟之前，欧洲北部的人文主义者，就已经重视人文教学的系统化和组织化，也在教材编纂和教学指导手册上投注了很多心血。很大程度上，到16世纪初，早期的个人主义和个人化教学已经逐渐转变为重视常规、次序和方法的有组织、系统化的教学，而对教学组织的改革和教学方法也是他们经常讨论的主题。一些讨论的成果或教育传统也深深影响了伊拉斯谟。在此基础上，伊拉斯谟一反传统的以成人为中心的早期教育，形成了以儿童为中心、较为系统的教育原则和方法。由此，我们可以窥见其教育的特色和精神内涵。

## 第一节　早教习得与循序教育

伊拉斯谟将学习的过程比喻为人生的各个阶段，他认为，知识的获得、美德的提升一如教育的过程，都要经历儿童期、青少年期、成年期等阶段。① 这也显示他对教育已经有了明确的分期概念，注意到了每个学习阶段应有不同的重点和特色。

## 一 早教与儿童心灵塑形

从幼儿到成人，不仅仅是年龄上的差异，更包含了教育内容上的由简到难以及各自不同的教育方法。他说，"就好比食物和饮水要慢慢地、少量地供给幼嫩的身体，才能提供良好的营养，幼嫩的心灵也要接触合宜的课程，逐渐地、缓慢地吸收，并且和游戏融合在一起，然后才能顺利地接受更为困难的学习。由于这个过程是如此缓慢的累积，也就不会有任何疲累的感觉，也因此才能够产生最好的结果"。②

现代教育学也告诉我们，人类自身内部蕴含无穷潜能，而这些潜能也是人得以发展的先决条件，是教育工作的基点。因而，潜能展现的时机和导引方式就显得尤为重要。率人性要懂得把握时间，善用可塑性。伊拉斯谟极为重视教育的力量，他借用柏拉图的话语写道，"一个接受了正确的养成训练的人，将会成长为一种神圣的圣灵；反之，错误的养成会使此人沦为一头可怖的野兽"。③ 在各阶段学习的过程中，他最为重视儿童时期的教育，将其视为人一生之中知识和美德的基石。在他的作品中，他一方面以极为不屑的口吻痛斥许多父母不重视子女教育的态度，另一方面努力宣扬早教的理念。伊拉斯谟相信，教育永远不嫌早，既然自然赋予人类获得知识的能力，这项能力自人一出生便附着在身上，不可能会因为太早而无法发展这项能力，反而应该是越早越好。然而当时流行的观念认为，儿童年龄太小不太适合学习或没有能力学习，宁愿让孩子在家中养成懒散粗野的习性，待长成后再送到学校或随便选择一位家庭教师，这时不良的病根早已深植而不容易拔除。所以，他奉劝父母不要接受那些错误的观念而延迟孩子的教育。在伊拉斯谟看来，幼儿的心灵像一片未经开垦和污染的

---

① Desiderius Erasmus, "A Declamation on the Subject of Early Liberal Education for Children", in *Collected Works of Erasmus*（Vol. 26），1985，p. 317.

② Desiderius Erasmus, "A Declamation on the Subject of Early Liberal Education for Children", in *Collected Works of Erasmus*（Vol. 26），1985，p. 335.

③ ［荷］伊拉斯谟：《论基督教君主的教育》，李康译，商务印书馆2017年版，第99页。

处女地,可以灌输一切的知识和观念,所以,幼儿期也是人一生中知识以及价值观的形成期。在这段时间内,儿童的心灵中种下怎样的种子,将来便会收获怎样的果实。① 无独有偶,在《基督教君主的教育》中,他也指出,"必须殚精竭虑,让这些孩子从一开始就习惯于最好的东西,因为不管是什么音乐,在习惯了的耳朵听来总是动人的。一个人若是已经习惯成自然,再要让他根除业已在其性格中扎下根的行为,可就极其困难了"。② 换言之,这个时期的儿童具有极强的可塑性,犹如湿泥,柔软而未定型,可自由改变,而随着儿童的逐渐长大,犹如水分渐干,可塑性也越来越差。同时,他认为语言和其他知识的习得,所依靠的主要是记忆力和模仿能力,而儿童在这两方面的能力常常很强大。而老年人却什么也记不住,换言之,越晚学习,学习能力愈加不足。因此,教子当始于幼年,"当孩子一出生,就是教导他良好行为的时候;当他们能开口说话,就是学习文字的时候"。③ 在这一点上,我们可以清晰地看到昆体良的影响。昆体良也认为要重视儿童的早期教育,特别是只需要通过记忆而掌握的知识,因为儿童的记忆是很牢固的。而且,教育留给儿童的第一印象往往是深刻而持久的:"装过酒的酒瓶难以去掉它最初所装的酒味;染过颜色的羊毛样貌再也难以恢复最原始的纯白。"④ 儿童教育的可能性和教育效果,由此可确定。

## 二 循序教育与儿童教育自觉

伊拉斯谟认为即早对儿童进行教育并非要对儿童进行揠苗助长式的教育。他在著作中也告诫人们,儿童毕竟是儿童,在体力与心智上都不如成人那样成熟。"教师的目标始终如一,但他必须因时而异地采取不同的方法。"⑤ 那么,人们应该如何在教导知识和幼儿先天的体力、智力限制之

---

① Desiderius Erasmus, "A Declamation on the Subject of Early Liberal Education for Children", in *Collected Works of Erasmus* (Vol. 26), 1985, p. 298.

② [荷] 伊拉斯谟:《论基督教君主的教育》,李康译,商务印书馆2017年版,第99页。

③ Desiderius Erasmus, "A Declamation on the Subject of Early Liberal Education for Children", in *Collected Works of Erasmus* (Vol. 26), 1985, p. 319.

④ [法] 加布里埃尔·孔佩雷:《教育学史》,张瑜、王强译,山东教育出版社2013年版,第37页。

⑤ [荷] 伊拉斯谟:《论基督教君主的教育》,李康译,商务印书馆2017年版,第15页。

间获得一个平衡呢？伊拉斯谟事实上强调人性的引导应当懂得恰当的引导方式。伊拉斯谟指出，儿童教育并非一日之功、一时之功、一次之功，应该遵循循序教育的原则，教育者必须根据儿童年龄上的差异循序渐进，采取适合于儿童学习的教育内容和方法，即以由易入难的教育内容以及不同的教育方法吸引儿童的兴趣。他说："我们不能一下子就让他们面对繁重而多样的内容，而是要从中拣选好的、适合他们的东西。这些东西要能够引起他们的兴趣，而且容易学习。如果能使用这种和缓的教学方法，教育将会像是在做游戏，而不是在工作。"① 换句话说，真正的教育可能没有那么多的奥秘可寻，只是在恰当的时间做恰当的事情，儿童的成长也是需要时间的，就如同我们日常做菜一样，在恰当的时间投料，火候足时它自美。只要教育方法得当，缓缓煨炖，到了时候，自然滋味醇厚，教育切勿心浮气躁、急功近利、好大喜功、揠苗助长、过度催促儿童，否则，可能得到的只是一时战果，不得长久，最终招致失败。

伊拉斯谟之所以提出这样的主张，是因为他注意到，当时的欧洲儿童教育是与这种循序教育理念相违背的。往往在儿童一开始接受教育的时候，就被要求去记诵复杂的拉丁名词、动词的变化、时态和语气，甚至有一些教师为了炫耀其才学，故意教给儿童一些对他们而言颇为困难、难以理解的东西，使得儿童在学习的痛苦折磨中快速丧失了对知识学习的喜爱。面对这种情况，伊拉斯谟指出，对于小孩子而言，除了需要富有能力的仁慈教师之外，循序的教学内容也是必不可少的。②

在循序教育的过程中，伊拉斯谟还强调在孩子还不会开口说话之前，就应当始终让孩子学习良好的行为和虔诚的宗教态度。因为，"智慧有其婴幼期，而虔诚也是如此"。③ 因此，父母必须在日常生活当中让孩子懂得尊敬、服从，懂得在餐桌上表现合宜的规矩，让他们学会在教堂中应有的行为习惯。他深信这些良好的行为模式在幼年时期的建立，将会永远伴随着儿童共同成长。

---

① Desiderius Erasmus, "A Declamation on the Subject of Early Liberal Education for Children", in *Collected Works of Erasmus* (Vol. 26), 1985, pp. 297–320.

② Desiderius Erasmus, "A Declamation on the Subject of Early Liberal Education for Children", in *Collected Works of Erasmus* (Vol. 26), 1985, pp. 326–332.

③ [荷] 伊拉斯谟：《论基督教君主的教育》，李康译，商务印书馆2017年版，第15页。

在行为教育之后，伊拉斯谟认为人文学科是最适合儿童学习的知识。他们可以从日常游戏或运动中学习基础字词、基本会话，进而接触一些最简单的文法原则。然后，儿童可以阅读一些有趣的文学作品，并尝试着开始写作。而其中的原则就是逐步加深，在儿童成功掌握较为简单的内容之后，再教授他们更为困难的知识，如复杂的文法规则或各种各样的题材写作。例如，他告诉人们，智慧有其婴幼期，当教授的学生"还只是一个小孩时，他可以把孩子长大一些时会直接教授的那些东西，揉进动人的故事、有趣的寓言和故事"，而当小孩子已经从寓言中享受乐趣后，教师就可以"端出具备鲜明教育意义的东西"，"类似的步骤应当贯彻教育的始终"。① 而在另一处，伊拉斯谟在《拉丁文书信写作指南》中针对年龄稍长的学生制定了更为复杂的学习目标，它不再是简单的会读、会说、会写，还要懂得多种表达方法，处理各种不同类型的题材，还要让他们逐渐接触与现实生活密切相关且具有意义的主题。②

儿童教育中常见的问题就是如何处理外部教育与儿童自我意识中的自我意向的消长。对此伊拉斯谟显然也有自己的见解。他在著作中对循序教育有着非常清晰的描述："对于刚刚开始学习的人，我们要事先将字母的模型做好；对于已经有进展的人，提供一些初步的介绍就足够了；对于已经不错的学生，只要指出主题就好。因此，教师可以仿效父母对子女的照顾过程：开始时，父母先将食物嚼碎再放入婴儿口中，然后他们认为将食物放在孩子手中就可以了，接着他们只要叫孩子坐到餐桌前，甚至最后，他们会让孩子离开家门，以便孩子学会以自己的力量谋生。"③ 换言之，伊拉斯谟实际主张的就是儿童教育应该按照自然规律行事，注重尊重和引导儿童的天性的同时，也不要低估儿童的潜能，认为随着年龄的增强和学习的循序渐进，儿童具有非常强的自觉性和自我导向性，会为了成为理想状态的自己而不断努力，进而实现自我教育，不论儿童的出生高低与否，

---

① ［荷］伊拉斯谟：《论基督教君主的教育》，李康译，商务印书馆2017年版，第15—16页。
② Desiderius Erasmus, "On the Writing of Letters", in *Collected Works of Erasmus* (Vol. 25), trans. Charles Fantazzi, Toronto: University of Toronto Press, 1985, p. 28.
③ Desiderius Erasmus, "On the Writing of Letters", in *Collected Works of Erasmus* (Vol. 25), trans. Charles Fantazzi, Toronto: University of Toronto Press, 1985, p. 43.

"每一个人都可以为他自己培养能力和品格"。[1] 伊拉斯谟的思想主张也符合现代心理学家对人格培养的认知，即幼年时期的教养、习惯奠定了人格的雏形，对人的整体人格的塑造具有重要意义。

## 第二节 游戏教学与寓教于乐

在伊拉斯谟循序教育的理念中，他充分发挥对天性的合理利用，高举寓教于乐、在游戏中学习的理念。在这种理念中，我们也隐约可见昆体良以及其他古代教育家的教育理念对伊拉斯谟的启发。

### 一 游戏教学法

游戏可能是最突出儿童生活特点的方式。正如前述，许多古希腊罗马教育者都曾倡导游戏对儿童教育的重要性。然而，在中世纪的很长一段时间内，游戏这一童年生活的重要方面并没有得到重视，也没有被有效运用到教学之中，甚至游戏只是被容忍到很低的年龄。因为在中世纪很多教育者的观念中，"儿童很大程度上只是成人理论的一部分，人们要有步骤地通过大量的强化练习，引导他抛弃儿童状态，走向成人状态"。[2] 基于这种"小大人"的儿童基本认识，中世纪并未清晰创立一种建立在儿童行为（如游戏）基础之上的教学法，反而极力肯定学生对教师的依赖关系。在这种观念中，儿童只能是顺从的学生，整个发展过程中任何时期的主动性都被剥夺，因而儿童也具有了双重身份：不仅因为他要接受教育，还因为以前所有照料他或者以照顾他为目标进行培养的人都接受过这种相同的教育。[3] 而伊拉斯谟并不认同中世纪这一常见理念，反而更为欣赏古希腊罗马一些教育者的主张。在他看来，学习唯有和游戏相结合，才能产生最好的效果。因为通过游戏（per lusum）学习，人才不易感到疲惫与无聊，

---

[1] Desiderius Erasmus, "On Good Manners of Boys", in *Collected Works of Erasmus* (Vol. 25), trans. Brian McGregor, Toronto: University of Toronto Press, 1985, p. 289.

[2] ［意］艾格勒·贝奇、［法］多米尼克·朱利亚主编：《西方儿童史》（上卷），申华明等译，商务印书馆2016年版，第112页。

[3] ［意］艾格勒·贝奇、［法］多米尼克·朱利亚主编：《西方儿童史》（上卷），申华明等译，商务印书馆2016年版，第113页。

反而能使学习成为人生乐趣之所在。尤其对儿童来说，他们天生就应该是和游戏结合在一起的，他们虽有片刻安静，但更多时候活泼爱动，因而寓教于乐的教学方法对儿童而言尤为重要。① 以识字为例，伊拉斯谟就主张要模仿古代教师的方法："古代的教师会将饼干烤成儿童喜爱的字母形状，所以他们的学生就会饿得想把字母吃下去。只要哪个学生能够正确地认出某个字母，那么他就可以得到那块饼干作为奖赏。也有一些老师会将字母雕成各种玩具供学生玩耍，或者用其他种种方法来吸引学生的注意。"② 换言之，最为直观、充满趣味游戏的教学方法可以加深儿童的感受和记忆。他在著作中还提出了一些游戏构想，如英国人特别喜欢射箭，这往往也是他们教给孩子的第一件事。因此，聪明的父母就可以为喜爱这个游戏的孩子做一把漂亮的弓箭，并使用许多字母来点缀，或用字母来当箭靶。当孩子射中箭靶，并且正确念出字母时，父母为其鼓掌，并奖赏给他一个樱桃或是孩子喜爱的东西。③ 他甚至认为尽管儿童会逐渐长大，甚至进入成年，学习活动依然应该可以和游戏或娱乐结合在一起。

可以说，对游戏价值的重视和运用，是伊拉斯谟儿童教育思想中的一大闪光点。而现代研究表明，游戏有助于儿童各个领域的发展，通过游戏，儿童的感官得到刺激，肌肉得到锻炼，视觉和运动之间的配合更加协调，他们可以控制自己的身体，做决策，获得新的技能，尤其是游戏对儿童社会心理的刺激也激发了儿童心理理论技能的发展和对社会性理解的发展。因此，联合国人权事务高级委员会将游戏视为每个儿童的权利。④

## 二 辩证的"快乐教育"

"快乐教育"可能是当下中国教育最为流行的一种现象与时髦词语。但它并非当下的发明。伊拉斯谟也曾倡导过寓教于乐，主张过"快乐教

---

① Desiderius Erasmus, "A Declamation on the Subject of Early Liberal Education for Children", in *Collected Works of Erasmus* (Vol. 26), trans. Beert Verstraete, 1985, p. 341.
② Desiderius Erasmus, "A Declamation on the Subject of Early Liberal Education for Children", in *Collected Works of Erasmus* (Vol. 26), trans. Beert Verstraete, 1985, p. 339.
③ Desiderius Erasmus, "A Declamation on the Subject of Early Liberal Education for Children", in *Collected Works of Erasmus* (Vol. 26), trans. Beert Verstraete, 1985, p. 339.
④ Diane Papalia, Sally Olds et. al., *A Child's World*, Boston: McGraw-Hill Comp., 2008, p. 308.

育"。值得注意的是，伊拉斯谟并未将教育与痛苦或快乐简单联系在一起。虽然他倡导寓教于乐，前述的饼干刺激、射箭游戏等都在提倡儿童在愉悦中进行教育习得，但并未将教育单纯视为一件快乐的事情，而是主张采取一种辩证思维。因为在某种程度上，学习大量知识本身是需要付出大量时间和精力的智识挑战，教育也是反惰性的学习过程。从前文谈及的伊拉斯谟对阅读、演讲、文法等方面的学习目标要求，模仿、内化与自适，以及改造社会的精英能力要求，都间接反映出伊拉斯谟教育理念的实现需要艰辛的努力。笔者以为，伊拉斯谟在儿童教育中十分重视儿童的学习情绪问题。因此，正如他早年的经历那样，他不赞成儿童都采用那种穷年苦读、夜以继日、不眠不休的读书方式，伊拉斯谟主张采取一种相对中庸、和缓，当然包括采取与游戏结合的这种方式，来调适枯燥的学习过程，而这样做的好处就是"时常将快乐和学习有机调和，好让我们觉得学习就像是做游戏而非做苦工，因为任何活动如果不能提供给参与者愉快的感受，就不可能一直持续下去"。[1] 从中，我们也不难看出伊拉斯谟将学习的内在动机视为获得、保持、恢复快乐，也能看出当下教育苦修论、教育开放论[2]的论争久已有之，在伊拉斯谟儿童教育思维中就存在着早期显现与调适。

此外，他告诫人们要善用学习规律，提高学习效率，例如，他希望人们不要在晚上工作，或在不恰当的时间或季节读书，以免有损身体健康；他认为最好的读书时间是清晨，睡前也可读一些优美的东西帮助睡眠。

总之，伊拉斯谟表达出一种中庸的学习态度或生活态度，他希望人们可以在愉悦中享受学习知识的过程，过着一种学习和休闲娱乐相结合的健康生活。

---

[1] D. Erasmus, "The Correspondence of Erasmus (Letters 1 to 141)", in *Collected Works of Erasmus* (Vol. 1), trans. R. Mynors and D. Thomson, Toronto: University of Toronto Press, 1974, p. 114.

[2] 前者主要信奉艰难困苦，玉汝于成，主张通过学校严格的制度选拔与反复训练，培养学生的意志、习惯与品质；后者主要信奉开放与无序，主张从兴趣出发，打破大工业社会以来的传统学校教育模式，个性化选择学习内容、学习方式、学习时间等私人定制教育。理论及其提出者，参见 Irving Babbitt. *Spanish Character and Other Essays*, Boston: Houghton, Mifflin Company, 1940; *The New Laokoon*, Boston: Houghton, Mifflin Company, 1910。

## 第三节　实用的知识—活动习得体系

对人文主义者而言，要懂得古代浩如烟海的知识，通达古代作家的表达方式，行之有效地传授自身时代的知识和文化，并非一件易事。因此，找寻一个有效的学习方式就显得十分必要。依据伊拉斯谟的论述，笔者总结出他基于学习而提出的数种教育工具。伊拉斯谟在其著述中总结发展出一套有序实用的学习方法，涉及如何进行作品分类、记笔记、善用记忆力及不断练习，他相信这一个过程足以让一般的学生娴熟掌握古代人文知识的精华。

### 一　作品整理与分类

伊拉斯谟的《丰富多彩的拉丁语词汇》(Copia: Foundations of the Abundance Style) 是人文主义者在梳理与阐释古代文法修辞方面的代表作之一，也是他为学生学习准备的一部方法论上的详细说明与示例。"Copia"一词从拉丁语粗略地翻译过来，大意是丰富的语言资源储备，在广义的场合中，可以泛指适合在任何场合说或写的所有语言资源，如文体、修辞语句，甚至是灌输着广泛、丰富、扩展的修辞学教学方法与学习方法等。即如何将一个简单的文法修辞形式拓展为修辞优美、词量丰富、动人的著述或演说。

伊拉斯谟的这部著作分为两部分，第一部分"表达的丰富性"(Abundance of Expression) 共计 206 个章节，主要探讨诸如同义词变体、词义转换、特定表达等方面的词汇、语句处理问题；第二部分"主题的丰富性"(Abundance of Subject-matter)，谈及在主题的规定下丰富修辞资源的诸多方法、拓展的方法，如谚语、典故、格言警句等的运用等。这本书采用的分类方法极为详细，标题精细而完整，如在文章中他对事物、人、场合、时间等描述的分类，主张将正反相对的主题，如德行与恶行、忠诚与悖逆等并列分类。此外，大主题下还可分列小主题进行分别论述，例如忠诚一列下就可进一步细分成对上帝、对君主等不同类型的忠诚。[1]

---

[1] 具体请参看 Desiderius Erasmus, "Copia", in *Collected Works of Erasmus* (Vol. 24), trans. Brian McGregor, Toronto: University of Toronto Press, 1978. 另外，伊拉斯谟关于这方面的论述体量极大，吴元训的相关翻译只是选译了其中很小的一部分。

伊拉斯谟通过自身的实际行动和谆谆教诲为他人提供了示范。他希望每个人都能在阅读古代作品的同时，进行类似这种的整理、分类的顺带工作，方便自己和后人的学习。

**二 善用记忆力与记笔记**

大脑的运作和发育的原则之一就是用进废退。大脑的发育也并非随着儿童期的结束就结束的。因而，保持对大脑的持续刺激和训练也有助于学习的继续。记忆也是常用的刺激大脑的方式之一。记忆是长期持续学习的见证，展现我们存储和提取信息的能力。在某些方面，人类的记忆系统与计算机的信息加工系统是相似的。现代研究认为，记忆涵盖大脑获取信息（编码）、保存信息（存储）和读取信息（提取）的过程。[①] 人文主义者十分重视记忆对学习的帮助。伊拉斯谟同样认为记忆不可或缺，需善加使用。但他所主张的记忆法首先有赖于对内容全盘的了解和掌握，其次要将所有需要记忆的材料加以分类、组织、安排次序，最后靠个人的专注和细心，将所学记忆的东西不断有意识或无意识地重复，直到深印心田。换言之，它具有与资料整理分析类似的方法和功用。当然，伊拉斯谟强调的是经由不断刺激，超越感觉记忆，不断加工、编码形成的记忆。

此外，伊拉斯谟提供了一些有趣的方式，即信息加工、强化过程来帮助记忆。笔者以为，这些方法同样是在强调学习环境的创设，加强信息刺激，经由不断的信息提取、注意性加工，提升儿童的记忆。例如，他建议学生可以将某些难记的格言、谚语，尽量简要地写在书的开头或结尾，或者写在杯子，甚至门窗等日常物品上。总之，要能常常看见这些句子，那么这些句子就容易深深地植入记忆之中。[②] 限于时代，伊拉斯谟并未对信息加工的时间、频率、形式等记忆效果变量进行实验分析，而更多停留在经验理论层面。他也没有就记忆的形式进行区分，将其归纳为具备各自记忆特点的分类。

---

[①] K. Spence, *The Psychology of Learning and Motivation*, New York: Acadmic Press, 1968, p. 328.

[②] Desiderius Erasmus, "On the Method of Study", in *Collected Works of Erasmus* (Vol. 24), trans. Brian McGregor, Toronto: University of Toronto Press, 1978, p. 671.

记笔记的理论自20世纪中期以来已经取得了丰硕的成果，证明了其作为儿童学习辅助工具的有效性。伊拉斯谟也将记笔记作为一种有效的信息存储、加工和知识建构的过程。作为信息存储方法时，伊拉斯谟告诫儿童可以在整理分析信息资料的同时，将信息随手记在自己的笔记本中。这本笔记将可作为写作或演讲的辅助工具。记笔记将改善儿童的学习行为。记笔记也并非单纯的信息记录、存储行为，而是为了更好地建构知识、理解掌握知识。而为了熟悉自己所写的内容，学而时习之是非常必要的，所有的学生都应当及时将个人的笔记进行回顾、复习与巩固。笔者以为，伊拉斯谟实际上运用了后世所谓桑代克等学者倡导的学习刺激——反应机理，即通过不断的学习刺激，起到知识的强化、再建构效用。另外，伊拉斯谟谈到了记笔记的情境。他主张记笔记随时随地都可以进行。做笔记的功夫也可使用在课堂学习上。他认为学生除了专注地倾听老师的讲解，同时还要将重点写下，帮助自己记忆和复习。但是他十分反对逐字逐句、一字不漏的记录方式，因为这会削弱学生的记忆能力。[①] 这种见解将记笔记视作一个不断简化、提炼、建构知识的过程，也初步阐释了后世教育心理学中信息加工论的某些论断。

### 三 模仿、效法与自觉练习

人文主义者希望文艺复兴时代的人能像古人一样学习，像古人一样说话写作。为了达成这种目标，模仿古人的作品便成为重要的学习方法，因此从模仿中可以学习丰富的字句、修辞以及文体。虽然伊拉斯谟同样欢迎这个学习方法，但他对模仿的态度是非常谨慎而开放的，正如前述，他更喜好用效法取代模仿。这是基于两个方面的考量。一方面，他谨慎地认为并非所有作品都值得阅读和模仿，因而必须要对作品的"作者有所筛选，因为男孩最初阅读并吸收什么书非常重要。不良的交流会败坏心智，不良的阅读所造成的危害也毫不逊色"。[②] 究其原因，文字会转变为行为与情感，一旦被它们攫取心智，就会趋于某种性格缺陷。另一方面，他也反对

---

[①] Desiderius Erasmus, "On the Method of Study", in *Collected Works of Erasmus* (Vol. 24), trans. Brian McGregor, Toronto: University of Toronto Press, 1978, p. 691.

[②] ［荷］伊拉斯谟：《论基督教君主的教育》，李康译，商务印书馆2017年版，第82页。

先入为主，盲目模仿。正如前述，当时很多人崇尚西塞罗式文风，从一开始就将西塞罗的作品视为单一而绝对的标准。因而，他主张在模仿之前，必先对各家作品进行广泛接触和阅读，然后综合考量，决定哪些作家值得模仿。他说："我赞成模仿。但模仿的对象要同你自己的天性相合，至少不能相悖。这样你才不会是在从事一件毫无希望的工作，就像巨人想要打倒诸神一样。此外，我赞成模仿，但模仿不是受制于一连串的规则而不敢有所违背。模仿应该是集所有的作家，或至少是最杰出的作家而成。"① 所以，模仿的最终目的，不在于完全依循某个古代权威所使用过的字句和比喻，而是要通过阅读、演讲等手段，形成儿童独立人格的基础，再经过这一基础进行个人内在的咀嚼、消化之后，产生出属于自己的东西，表现出"你自己心灵与个性的特色和力量"。②

美国学者爱德华·桑代克认为，学习是一个不断试误的过程，学习成功的条件有准备律、练习律、效果律，是有机体做好内心的准备后经由不断的学习刺激与反应，建构之间的有效联结。③ 这种论调忽略了学习的能动性，而将学习视作一个被动接受的过程。伊拉斯谟注意到了不断练习的价值，又显得比桑代克的理论前瞻得多。例如，为了更好地学习古老的语言，伊拉斯谟极大地促进了当时在荷兰一些学校和其他一些地方开展的教学改革。这些地方针对儿童教育制定了新的人文主义教材，尤其是口语教材。而要取得真正的学习成效，需要经过不断的践习才能真正实现。伊拉斯谟所指的练习主要是指经由阅读、效法而进行文章的书写。这同样是类似于桑代克的刺激—反应联结的平实表达。他相信写作的速度和流利都依靠经常践习而来。伊拉斯谟在一定程度上超越了桑代克。因为，在伊拉斯谟那里，践习的动力除了来自教师的要求，更重要的是自我的要求与勤勉。④ 而这种自觉学习行为，需要来自外部的培养，亦通过奖惩来加以强化。

---

① Desiderius Erasmus, "The Ciceronian", in *Collected Works of Erasmus* (Vol. 24), trans. Brian McGregor, Toronto: University of Toronto Press, 1978, p. 441.

② Desiderius Erasmus, "The Ciceronian", in *Collected Works of Erasmus* (Vol. 24), trans. Brian McGregor, Toronto: University of Toronto Press, 1978, p. 441.

③ [美]爱德华·桑代克：《教育心理学简编》，张奇译校，中国人民大学出版社2015年版，第104—113页。

④ Desiderius Erasmus, "A Formula for the Composition of Letters", in *Collected Works of Erasmus* (Vol. 25), trans. B. Mynors, Toronto: University of Toronto Press, 1985, p. 259.

## 第四节 善用奖惩与反对体罚

伊拉斯谟虽然缺乏现代严格、科学的教育心理学理论，但基于他对人性的观察，以及他自身的经验及经历，使他对学生的心理反应也有着深刻的认识。他以赞美和批评作为关爱学生、诱发学生学习的主要机制。

**一 奖惩手段的辩证使用**

为了达成学习的积极效果，强化思维及其手段在教育过程中的使用频率十分高。巴甫洛夫的条件反射实验、斯金纳箱实验等证明了强化手段在引导动物行为逐渐朝向某种预设目标行为的价值。强化可以加强儿童对事物的反应频次。正如记笔记是一种强化，不断的练习是强化，奖惩也是一种强化手段。在儿童教育活动中，积极的强化物会增加儿童的关注，受到关注的儿童会展现出更强的愉悦感，进而迎合教育方向。对儿童的忽视让儿童缺乏受人关注感并无法感受他人的爱，呈现心理自卑等心理偏向，而过度的保护也并不利于儿童独立人格的发展，最终养育出类似于"巨婴"型的成人。伊拉斯谟对此深有感触，如注意、实物奖励、表扬等积极的强化能够迎合父母、教师、社会的期望并身体力行。同时，伊拉斯谟认为，追求奖励和逃避耻辱是两个深植于人性中的本质，赞美带来荣誉感，是儿童成长必需的阳光雨露，更能带给遭受挫折的人和能力驽钝的人一丝慰藉、一种希望，培养儿童的自证意识。而批评则容易带给人羞耻和恐惧的感觉，不利于行为塑造，尤其是恶意的批评，因此，所有的老师都应该善用赞美与批评。

伊拉斯谟的奖惩机制是辩证思维的。他认为，在赞美和批评儿童的时候，必须懂得节制和斟酌。换言之，赞美和批评需要相互交换，不可使用太过度。赞美太过，容易使学生产生骄傲和满足的感觉，他会失去继续超越的动力，相反，批评太过，学生会产生绝望、挫折之感，进而憎恨学习。即使学生作业中有很多错误，教师也不需要一次性就将所有缺点指出，应当温和而诚心地纠正他的错误，若某些错误可以容忍，不妨给予几句赞美话语，让他表现得更好。① 总之，赞美和批评的合理交替使用，不会使得任何一个学生愿意放弃自己的期望，也不会去看轻其他人。② 这实际上也是伊拉斯谟朦胧中提出的适用于教育学的"皮格马利翁效应"或正向期待，也是当下流行的赏识教育的一个里程碑。事实上，伊拉斯谟可能颇为长于此道，在他的儿童教育思想中时常流露。

**二 体罚教育批判与慈爱教育**

正向强化可以增加行为的反应频次，而体罚则会减少行为的反应频次。体罚并不能解决问题，错误的行为也可能只是被压抑而并未真正改正。故而，伊拉斯谟坚决反对体罚。这也是他善用奖惩、尊重学生个性的表现之一。伊拉斯谟主张以人道主义态度对待孩子，极为关注当时儿童的受虐待问题，深度批判了那些鞭打儿童的学校教师、专横的学校上层人士和残忍的父母。体罚广泛存在于古代世界各国的教育体系之中，欧洲也不例外。在欧洲中古时代，体罚甚至几乎成为教育活动中不可或缺的一部分。许多描述欧洲中古时代教育的各种版画、插图之中，可以清晰看到儿童被鞭打的各式情景。事实上，有历史学家也曾指出，中世纪的欧洲教会学校和那个时代的人并不太关心自由，更别说是精神自由，他们关心的是如何传授宗教信条，而非发展心智；而且为了保证学生听话、顺从，学校滥用各种体罚方式去惩治学生，因而在14—15世纪非常流行久已有之的教鞭惩罚，且更加严格，"教鞭并没有什么不同，只是15世纪的教鞭比14世纪的教鞭长了足足一倍"。③ 同样，伊拉斯谟也在著述中批判了最喜爱鞭打学生的一群人：法国教师，这群法国教师认为只有鞭打和责罚才能使学生顺服。但伊拉斯谟认为鞭子并不是万能灵丹，仁慈和劝服更可能引

---

① Desiderius Erasmus, "On the Writing of Letters", in *Collected Works of Erasmus* (Vol. 25), trans. Charles Fantazzi, Toronto: University of Toronto Press, 1985, p. 39.

② Desiderius Erasmus, "On the Writing of Letters", in *Collected Works of Erasmus* (Vol. 25), trans. Charles Fantazzi, Toronto: University of Toronto Press, 1985, p. 40.

③ [法]加布里埃尔·孔佩雷:《教育学史》，张瑜、王强译，山东教育出版社2013年版，第60页。

导学生顺从老师的期望。① 伊拉斯谟是文艺复兴时代为数不多的坚持不对学生进行体罚的教育家。他将鞭打儿童的父母和教师描述得像是地狱来的恶魔一样,狰狞而野蛮,而孩子在鞭子声中不可能学习到任何东西,除了身体创伤、心灵恐惧外,只留下对学习知识的憎恨。他更是以自身遭受鞭打的痛苦经历表达了对体罚的极度厌恶,"当我还是一个孩子时,我的老师在所有的学生中最喜欢的就是我,因此他也对我有最大的期望和最严格的管教。最后,他为了确定我有多么能忍受鞭子,给了我一顿从未想象过的鞭打。这件事粉碎了我所有对学习的热爱,也将我的心灵投入深沉的沮丧中,我几乎因心碎而颓废"。② 前文提到伊拉斯谟曾讲过一位孀居年轻母亲以体罚训练不到5岁的小女儿的故事,③ 伊拉斯谟十分担心其他的孩子,也会像他和这位小女孩一样因为遭受痛苦的体罚而对学习心生厌恶,因此也就不主张用这样的教育方法,以免形成习得性无助,阻碍人性、知识和美德的提升。

实际上,体罚也可以说是与中世纪罪感教育的一些向度相契合的,而与人文主义教育的实质相违背。众所周知,中世纪基督教文化往往被人们视为一种罪感文化,主要是因为绝大多数人从基督教所讲述的人类伊甸园堕落的故事中得出这样一个认知,即西方人口中的人类始祖亚当夏娃是有罪的,因此人生来就背负一种原罪,相对于神的完美,人性是罪恶的,并不值得信赖。而一部分人文主义者则宣称他们要显现的就是人的高贵和尊严,培养的是人的高尚而完美的人格,那么采用类似对牛马或奴隶的痛苦的体罚方式对待儿童,也就不可能培养出人类高贵的灵魂。而且一旦儿童逐渐习惯于鞭打体罚,只会对此越来越麻木,反而将儿童教育的理想和希望推向另一个极端,从而在儿童心里早早埋下暴力的种子。伊拉斯谟相信,暴君用恐惧来控制他的臣民,但真正的君主则用宽容、温和和智慧来

---

① Desiderius Erasmus, "A Declamation on the Subject of Early Liberal Education for Children", in *Collected Works of Erasmus* (Vol. 25), trans. Beert Verstraete, Toronto: University of Toronto Press, 1985, p. 326.

② Desiderius Erasmus, "A Declamation on the Subject of Early Liberal Education for Children", in *Collected Works of Erasmus* (Vol. 25), trans. Beert Verstraete, Toronto: University of Toronto Press, 1985, p. 326.

③ J. K. Sowards, "Erasmus and the Education of Women", *Journal of The Sixteenth Century Journal*, Vol. 13, No. 4, 1982, pp. 86–87.

统治；最凶猛的动物会因温柔的对待而降服，但最驯良的动物也会因严苛的虐待而发怒。① 所以，慈爱才是伊拉斯谟所认可的最佳教育良方。

从某种意义上，伊拉斯谟可谓是后世倡导精神分析的心理学家弗洛伊德提出的某些主张的先驱，诸如弗洛伊德提出个人生活的不幸可以在其过去经验，尤其是童年时期的经历中寻找根源，即大多数心理疾病的患者，除了内在的心理失调之外，还在于不能适应外在的环境，"一个人患精神病是因为不能容忍社会为了它的文化理想而强加在他人身上的各种挫折"。② 换言之，他的病因往往可追溯至童年时期的教育因素和现实环境的影响。再如，弗洛伊德认为给予儿童生长以适当挫折和适当满足都会促成人格顺利成长，而过分放任和过分挫折都将会对儿童在某一阶段的人格发展造成损害。③ 正如前述，现代教育学者鲍姆林德对专制型教养风格的研究，同样展现出专制型家长的惩罚性管教方式可能对儿童身心发展造成的不良影响。虽然，伊拉斯谟并未如弗洛伊德、鲍姆林德那样系统地从理论层面分析总结出童年体验在人格形成中的重要性，但他依然结合自身的真实境遇，给出了言简意赅、深入浅出、振聋发聩的言论主张。在当下，原生家庭对儿童的影响受到广泛关注，一些流行的影视剧也都基于这样的背景。④

当然，也要注意到，无论是对弗洛伊德还是鲍姆林德的理论，我们都不能将之视作绝对真理。批评也可以产生积极的效果，它在某些条件下，可以演变成为一种情绪动力和实践动力，刺激儿童克服自身的问题，追求更好的目标。伊拉斯谟自身就是这样的明证。私生子身份让伊拉斯谟颇为自卑，但他却将这种社会性紧张转变为学习奋斗的动力，以实际行动展现出自己对他人的有用性，进而追求超越、荣誉与声名，感

---

① Desiderius Erasmus, "A Declamation on the Subject of Early Liberal Education for Children", in *Collected Works of Erasmus* (Vol. 25), trans. Beert Verstraete, Toronto: University of Toronto Press, 1985, pp. 325 – 327.

② [奥] 西格蒙德·弗洛伊德：《文明及其缺憾》，傅雅芳等译，安徽文艺出版社 1987 年版，第 29 页。

③ [奥] 西格蒙德·弗洛伊德：《论文明》，徐洋、何桂全、张敦福译，国际文化出版公司 2000 年版，第 125—128 页。

④ 如时下流行的电视剧《隐秘的角落》《十日游戏》等都或多或少关注原生家庭与儿童成长问题。

知自己的价值。笔者将这种现象称为替代—补偿现象。因此，在教学过程中如何使用奖惩机制，也应该以儿童的个性和心理承受力为基础，选择最合适的方式。温柔唤醒是一种方式，骂醒、打醒也可能是有效方式。挫折教育的价值可能也就在此。而当下关于教师惩戒权的探讨的一个学理立足点也在其中。

## 第五节　尊重个性与团体竞争

### 一　因材施教：儿童中心主义

伊拉斯谟教育方法中最为人称道的地方之一在于他对学生个别差异的尊重上。他认识到每个人天性才情、气质各有所不同，如果以制式化的方法来教育，可能会徒劳无功，甚至扼杀个人潜能的发展。这种观念在中世纪教育家中并不普遍。如果我们要讨论中世纪的教学方法，从整体上来说，"它是一种针对老师而非学生的教学法，是一系列的教育规划，但它并没有考虑到受教育者的个体性、发展性和社会性特点，只是特别专注于儿童要想变成成人所必经的过程"。① 只有在以人为中心的思想脉络之中，个体的差异才会受到关注，伊拉斯谟的观念可能也受到古希腊罗马教育家，如昆体良、普鲁塔克等人的影响。

伊拉斯谟认为，自然用不同的模样塑造了每一个人，每个人都有不同的天赋特质，所以我们很难发现哪两个人具有相同的能力和喜好。他说："每一种生物都具有一些共同的天性，例如人的天性乃是依据理性的节制而活。然而每一个人也都有他天生的独特之处，所以，某一个孩子可能具有数学方面的天赋，另一个可能是神学，第三个是诗和修辞，其他的可能是军事方面。每一个孩子都深受个人独特的倾向所牵引，无法与之分离。相反，人对于他所厌恶的学科，会宁愿蹈火也不愿学习那门讨厌的科目。"② 他也将违反个人本性的学习比作利刃刺心一般的痛苦，他相信学

---

① ［意］艾格勒·贝奇、［法］多米尼克·朱利亚主编：《西方儿童史》（上卷），申华明等译，商务印书馆2016年版，第112页。
② Desiderius Erasmus, "A Declamation on the Subject of Early Liberal Education for Children", in *Collected Works of Erasmus* (Vol. 25), trans. Beert Verstraete, Toronto: University of Toronto Press, 1985, p. 316.

习若能顺着个人本性,就如水往下流,可收到事半功倍之效,因此,他看重教师的价值。他希望每个教师都能尊重学生的个别差异,不同的儿童采用不同的教育方案。这其实是一种朦胧的分层教学、因材施教的教育思维。

但是单纯地尊重个性只是消极的做法,伊拉斯谟再次看到了教师的价值。他认为,教师应积极帮助学生发掘其特有的天赋资质与喜好,然后顺着他们自然的特质,去引导他们学习的方向和方法。换言之,人的天性虽然无法再创造或改变,但可以通过后天适合的教学方法,使个人的天赋得到更为完全的发展。[1]

## 二 团体竞争:儿童内在高贵灵魂的释放

伊拉斯谟观察到了儿童学习活动中的社会助长现象,即有他人在场的情况下,儿童会表现得更好。竞争能让儿童更有效地采取行动。他认为善于使用赞美和批评刺激个体的团队竞争,通过竞争凸显个性的方法更为重要。

伊拉斯谟是从天性的角度来谈论团体竞争的,将之视为儿童内在高贵灵魂的释放。而赞美在团体中进行,能够得到最好的效果,因为羡慕和求胜心是人与生俱来的心理反应,他们能够引发儿童之间的竞争性,刺激学习的热情,进而提升学习的效果。"这种感觉来自所谓的羡慕,这不是卑鄙、可憎的那一种,而是由贤明的自然深植在人们心灵中高贵的那一种。这种想赢过对手的感觉,使我们像被尖锐的刺棒刺到一样,更奋发地前进。这种动力使我们相信不计任何代价去超越我们所能超越的人,是一件高贵而有价值的事。相反,在竞争中居于次位,无论如何都是一件可耻的、要极力避免的事。"[2] 另外,要注意的是,团队也可能降低儿童的责任感,因此,更要注重对儿童的引导。"对于一个宽宏的灵魂,善加引导要比强迫说教容易得多,而要改变事态,赞美也比滥骂好得多。……

---

[1] Desiderius Erasmus, "A Declamation on the Subject of Early Liberal Education for Children", in *Collected Works of Erasmus* (Vol. 25), trans. Beert Verstraete, Toronto: University of Toronto Press, 1985, pp. 317 – 318.

[2] Desiderius Erasmus, "On the Writing of Letters", in *Collected Works of Erasmus* (Vol. 25), trans. Charles Fantazzi, Toronto: University of Toronto Press, 1985, p. 82.

'德性受到赞扬，必将发扬光大；声名的刺激绝无止境'。"①

所以，教师要善用这种良性的竞争力，他可以在全班学生面前称赞某些学生优异的才能或巧思，以引发其他学生产生羡慕和超越之心，也可以请某位学生在班级中大声诵读自己的作品，供其他学生模仿或批评，因为让学生自己来批评或称赞其他同学的作品，更能激发学习动力。

总之，伊拉斯谟的这些儿童教育方法，是他结合前人的思想成就和自身经历的结果。他的教育方法中充满了人文教育的理想性，并奠定了伊拉斯谟人文教育理论大师的地位。

---

① ［荷］伊拉斯谟：《论基督教君主的教育》，李康译，商务印书馆2017年版，第163页。

第 六 章

# 身边人原则：基于父母、教师
# 重要性的教育环境论

　　儿童逐渐成长为独立的个体，其成长本身就是一项非常复杂的挑战。而天生具有生命缺陷的人类的成熟期较为漫长，因而，幼儿十分容易受到环境的影响，因此，也就需要更多的照顾和保护，儿童成长的各个环节也要做得更为细致、稳妥，来不得半点粗疏和马虎。身边人原则，即慎重选择儿童成长过程中的身边人也就成为伊拉斯谟关注的重点之一。首当其冲的是儿童的原生家庭。原生家庭为儿童提供了基本的生存条件和成长环境，是儿童活动的最初舞台，家庭教育因素为儿童成长和未来身心健康熔铸了最初烙印，凝缩为其生命历程中的第一后天基因。在伊拉斯谟看来，父母和教师对儿童的成长具有极为重要的影响，是儿童社会成长的主要引路人和最初教育者。父母在家庭中对儿童负有不可推卸的抚养、教育等责任，可以说是孩子的第一任教师，教师则负责在家庭私塾、学校教育儿童，达到家庭、社会的期望。父母、家庭对儿童的忽视，可能引起儿童内心爱的缺失，阻碍其独立、健康人格的发展。伊拉斯谟的时代，儿童教育的重要性显然已经受到普遍的肯定，但社会上仍存在许多忽视子女教育，或不知如何为子女选择良师的父母，也存在一批态度粗暴、没有方法的教师。整个社会对教育者的重要性和地位尚缺乏高度的肯定。但伊拉斯谟已经清楚地认识到，仅有精辟的教育方法和理论，人文教育的理想是不可能实现的。如果没有用心而开明的父母、慈爱而博学的教师，以及良好的师生关系，所有的教育方法不过是一厢情愿而已。而现代社会学也认为，儿童通常通过选择他们认为强大或养育他们的人作为榜样，行为反馈以及父母和其他成人的直接教导强化了儿童行为和认知的形成,强化自身的性别认知和社会化认知。

## 第一节 成为父母:儿童成长需求的第一环境

从现代生物学和社会学意义上来说,天性与教养共同雕琢儿童的神经联结,在大脑成熟后,为儿童提供丰富的神经联结。如果经历贫乏,神经联结就会因为使用过少或没有使用而消亡。这对儿童的早期教育来说,具有生物的现实性。而天性与教养的交汇点就是儿童丰富多彩的周围环境的激活并保持神经联结之处。因此,儿童的成长历程中,环境的刺激必不可少。

严格说来,最初打下教育基础的第一环境和责任来自家庭,而家庭教育的最大威力来自持久而强大的渗透力,它就像空气一样,无时不在,影响力远超其他形式的教育手段,儿童的早期教育阶段更是如此。现代心理学研究表明,早期家庭教育有七种因素能够促进儿童认知和社会心理的发展,并帮助儿童做好入学准备,分别是:鼓励探索环境;基本认知和社交能力指导;及时表扬发展和进步;实践和拓展技能的指导;避免不恰当的谴责、戏弄和惩罚;及时的回应和充分交流;对行为的指导和限制。[1] 对于家庭教育重要性这一点,伊拉斯谟虽然没有现代人认知的那么明确和成系统,但依然给出了自己最为质朴的见解。笔者以为,伊拉斯谟倡导的是一种基于积极的观察学习过程中的教育习得观念。观察学习就是通过观察和模仿其他人的行为来形成某种反应。儿童倾向于模仿榜样人物的言谈举止。言行一致的榜样最有说服力。那些针对积极的、亲社会的榜样的观察学习能产生积极的养成效果,反之,也可能习得反社会行为。他认为,父母对子女的教养具有重要影响,"好孩子是由好父母生养的"[2],在儿童是非观尚未完全形成之前,父母亲"要做好自己"[3]。家庭和谐,家风优良,

---

[1] Diane Papalia, Sally Olds et al., *A Child's World*, Boston: McGraw-Hill Comp., 2008, pp. 182 - 184.

[2] Erika Rummel ed., *Erasmus on Women*, Toronto: University of Toronto Press, 1996, p. 49.

[3] Erika Rummel ed., *Erasmus on Women*, Toronto: University of Toronto Press, 1996, p. 49.

更能培养出性格平和的儿童，父母有责任以身作则或为孩子进行必不可少的引导，以便父母可以有效帮助孩子走上和坚持正确的行进方向。反之，现代人口中所谓暴力、乖戾的"熊孩子"则会出现。

## 一 不良家庭照顾：父母角色的分化与校正

自20世纪中期以来，一种认为个体通过承担身份地位和角色行为的职责与更大的社会结构紧密联系在一起的观点，在社会学、教育学中表现得随处可见。这种角色理论是多种经验背景下对角色的预期与行为的描述。其中，父母就是这样一种角色。事实上，关于角色定位及其职责古已有之。正如前述，文艺复兴时期之前的人们主张各种社会角色各居其位，各尽其职。而文艺复兴时期的社会快速变动，部分角色的边界逐渐被打破。包括父母、教师等的角色定位也在发生转变，并被赋予了更大的功能价值。

父母是一份职业性很强的天职，人们很容易因儿童的善行美德而赞扬其父母，也会因儿童顽劣嫌恶而批评其父母。当下文化也颇为流行，人们时常谈论那些既不专业也不敬业的糟糕父母给脆弱的儿童会带来什么样的心理伤害。我们也常常认为，儿童苦难的根源是那些被忽视的、心灵饱受创伤的儿童。伊拉斯谟也在著述中观察到了当时欧洲存在的这种社会现象，即将儿童的无教养归结于父母的现实逻辑。故而，他强化了父母的责任呼吁，严厉指责了那些背弃了自己的天职的父母，即忽视了对子女的教育。他指出父母常犯的三个错误就是：对子女教育漠不关心，放任自流；关注不足，未能尽早让子女受到教育与智慧启蒙；将子女交托给糟糕的教师，导致在儿童心灵深处留下一生不可磨灭的恶劣影响。[①] 这三个错误其实也是伊拉斯谟对三种类型角色分化父母的刻画，既赋予了父母新的地位和社会期待，也放大了父母的责任，容易造成父母决定儿童教育成败的错误印象。

伊拉斯谟给出父母的三种不良照顾类型，以此揭示对父母角色的领会，凸显父母和子女互动关系中各自角色领会的关键所在，即培养有教养

---

① Desiderius Erasmus, "A Declamation on the Subject of Early Liberal Education for Children", in *Collected Works of Erasmus* (Vol. 25), trans. Beert Verstraete, Toronto: University of Toronto Press, 1985, p. 313.

的灵魂的大势所趋。他认为那种对子女教育漠不关心的父母根本不配其父母之名。他们以为只要把子女生下来，就完成了父母的角色功能。实际上，生育只不过是他们作为父母这一角色最基本的功能罢了。所以，生而不教养的父母不能算是真正的父母，无法领悟角色并完成建构角色的过程。他说："若女人只把子女生下，却不用心养育，她们连一半的母亲都算不上。同样地，父亲若只去满足儿童一切外在需要而宠坏他们，完全忽视他们的成长，也不能配得上父亲这个名称一半之意。……所以，一个父亲不尽早让他的子女接受最好的教育，就称不上是一个人，毫无人性。……除非你能够培育和塑造你孩子的心灵，否则你就是一头野兽的父亲，而称不上是一个人的父亲。"①

对于对子女教育关注不够的父母，伊拉斯谟认为其也无法胜任父母的角色。这样的人在社会中随处可见。这些人不是因为能力或水平上的问题，而是对教育子女缺乏足够的敏锐度，缺乏正确教育儿童的方法，延误了子女的教育，或者只给予子女不充分的教育。他们拥有教育投资的能力，却宁愿将金钱挥霍在饮宴、赌博、享乐上，也不愿意多花一分钱投资在子女教育上。他们知道找最好的人来管理自己的财产，却不在乎自己的子女是否受到良好的早期文雅教养。以至于儿童的心灵得不到校正，美德无法外显，粗陋不堪。

最后一个类型的父母比前一个类型做得要好，关注到了子女的教育。但他们却无法完美地扮演好父母的角色并履行好职责。他们只是误听朋友的意见，将自身天赋相当完美的子女交到那些不称职的人手中，尤其是那些不称职的教师手中，导致后天教育无法匹配上他们的良好天赋。结果就是导致许多孩子被彻底宠坏，在诡谀之徒的包围之中长大成人，而未能发展起合乎道德、追求善行、礼仪规范、能更好承担起社会职责的优秀品质，成为有教养的灵魂。②

---

① Desiderius Erasmus, "A Declamation on the Subject of Early Liberal Education for Children", in *Collected Works of Erasmus* (Vol. 25), trans. Beert Verstraete, Toronto: University of Toronto Press, 1985, pp. 304–305.

② Desiderius Erasmus, "A Declamation on the Subject of Early Liberal Education for Children", in *Collected Works of Erasmus* (Vol. 25), trans. Beert Verstraete, Toronto: University of Toronto Press, 1985, p. 313；[荷]伊拉斯谟：《论基督教君主的教育》，商务印书馆2017年版，第199—200页。

第六章　身边人原则：基于父母、教师重要性的教育环境论　◇　181

伊拉斯谟揭示了父母无法正确履行角色职责的后果。他认为父母不重视子女是十分可怕的，甚至可怕的程度要超过将自己的子女抛弃于山野，任由野兽吞食。因为父母对儿童心灵的扼杀，比身体的戕害更为残忍。他郑重告知父母们："一个有智慧的孩子不但是父亲的欢乐，也是他的荣光，他的力量和他全部的生命。相反，一个愚笨而邪恶的孩子代表的不仅是悲哀，也是羞耻和贫贱。"① 由此，他希望父母可以重视对于子女的教育，因为这不但对社会有所贡献，也符合上帝的旨意。联想到国内的熊父母熊孩子的新闻报道，事实上，很大程度上，粗鲁没教养的熊孩子往往是熊父母惯出来的，还美其名曰：释放儿童的天性。且不知，正如前述，礼仪规则和宠爱是父母亲从事家庭教育的两大助益，除了宠爱，伊拉斯谟对儿童的家庭、社交礼仪教养有着严格的要求，身为社会和家庭中的一员，在公共场合遵守基本的社会底线和原则，是合宜的要求。缺少礼仪规则的教育，是不完整的教育。伊拉斯谟的教育主张，对一味地打着自由、天性借口而放纵约束孩子、口中不停说着"他（她）还是个孩子"而将自己凌驾于社会规则之上的熊父母来说，"养不教父母之过"，不啻于当头棒喝。

对女孩而言，也是如此。伊拉斯谟指出，失职的父母具有坏榜样的不良示范作用，尤其是在女性或女孩教育方面。他曾在书中夸张地问：年轻女子为何容易落入更多的堕落之中？虽然具有某种偏见，但他也明确指出这可能是出自父母的不良影响，"我首先忠告母亲和警醒父亲，以免他们在其女儿面前说或做任何不恰当的事情，不管她如何年轻。而且，如果不了解她们所看到或听到的可能会依附于精神，它就可能像一粒坏种子那样最终会长成毒草。最大的关心应该是照顾男孩——甚至比照顾纤弱的年轻女孩更重要。因而，母亲或父亲，你所做的一切丝毫不能让不纯洁威胁你年轻女儿的纯洁。如果孩子们从他们的父母那里学习不道德，那么他们如何避免与罪恶的联系呢？"② 故而，父母亲要注意各自的职责，注重自律，

---

① Desiderius Erasmus, "A Declamation on the Subject of Early Liberal Education for Children", in *Collected Works of Erasmus* (Vol. 25), trans. Beert Verstraete, Toronto: University of Toronto Press, 1985, p. 307.

② J. K. Sowards, "Erasmus and the Education of Women", *Journal of Sixteenth Century Journal*, Vol. 13, No. 4, 1982, p. 85.

以身作则，言传身教。

## 二 儿童教育的首任责任人：母亲的职责

文艺复兴时代几乎所有的教育家都主张母亲要亲自哺育自己的孩子，但伊拉斯谟最为坚持这一点。而儿童的早期教育，尤其是 7 岁前的很多教育，诸如宗教虔信的基础知识，对教会秩序的遵守、生活的道德基础等，都是在子女承欢母亲膝下时的日常灌输下完成的。因此，将母亲视为儿童教育的首任责任人也是合宜的，也可以更好地理解为何前述伊拉斯谟要倡导女性教育的某些原因。

伊拉斯谟一定程度上延续了传统上对母亲的角色结构固化。他认为要做一个真正母亲，必须亲自哺育孩子。如果拒绝这项神圣的工作，将孩子交给保姆，等同是一种儿童遗弃行为。母亲不单单是生育孩子的母亲，还是养育孩子的母亲。[1] 他在《对话集》的"新母亲"一篇中，借由他人对话指出："为什么大地会被称为万物之父母呢？难道只是因为它孕育了诸多事物吗？并非如此。真正的原因在于它滋养了所有它所孕育的事物。在水中生长的就由水来供养，在陆地生长的就由土地本身的养分来供养。……没有任何生物不去养育他们的后代。猫头鹰、狮子、毒蛇都会照顾它们的后代，难道人还要拒绝养育自己的子女吗？有些人觉得抚育子女是一件讨厌的事情而将子女遗弃。我问你，有什么能比这更加残忍的吗？"[2] 生而不养，不能被视为一个完整的母亲，顶多算半个母亲。[3]

伊拉斯谟相信遗传的力量，相信母子亲情的互动、亲近性对教育的帮助。他以一种近乎巫术的方式相信，孩子吸吮的不仅是母亲的奶水，还有母亲身体的芬芳，母亲更能由此将本身的优良品性传递给孩子，增进母子间的亲情。有这样的情感基础，母亲可以更容易地指导孩子合宜的行为，

---

[1] Erasmus, *The Colloquies of Erasmus* (Vol. 1), trans. Nathan Bailey, London: Reeves and Turner, 1878, p. 441.

[2] Erasmus, "Colloquies", in *Collected Works of Erasmus* (Vol. 39), trans. C. Thompson, Toronto: University of Toronto Press, 1997, p. 273.

[3] Erasmus, "Colloquies", in *Collected Works of Erasmus* (Vol. 39), trans. C. Thompson, Toronto: University of Toronto Press, 1997, p. 605.

灌输给其子女虔诚的宗教信仰。① 反之，女性保姆虽然深具母亲的善感倾向，但她们中的大多数往往由于溺爱或地位差异，宠坏了孩子的性格，而且她们多多少少承继了愚蠢和谄媚等重大缺陷，故而应当让她们尽可能远离孩子，尤其是王储。②

也要注意到，伊拉斯谟非常保守而传统地让母亲负责对孩子身体方面的照顾，以及对宗教信仰的培养，而父亲则肩负孩子在知识学习上的设计和指导。他并不赞成让母亲来教授文字或其他人文知识。在对女性知识能力的尊重和认可这一点上，他可能并不像同时代的一些学者那样更为开放。

### 三 优生优育与榜样的力量：父亲的职责

在家庭教育中，真正意义上的父亲角色不可缺席。父亲的角色缺位、隐身，对儿童的伤害尤大，尤其是在父权制盛行的社会中。正因如此，在塑造儿童品格和知识学习的过程中，伊拉斯谟将重担更多地放在了父亲的肩膀上。父亲应该怎样帮助他的孩子呢？

类似于对母亲的认识，伊拉斯谟强调了遗传的重要性。对此，他多有论述，如应该谨慎地选择一位女人作为妻子，这个女人必须出身自良好的家庭，受过高度的教养并且身体健康。这是为未来生育、养育、教育子女所做的必要准备和前提条件。再如，父亲本身的行为也必须注意，不可在酒醉或情绪不稳的情况下与妻子同房。现代科学已经通过实验明确告诉我们，在生育孩子时，男女要洗基因这张牌，而酒精等物对胎儿发育有重要影响。笔者以为，伊拉斯谟已经初步具有科学的优生优育的思想。因此，他相信父母双方所有的不良习性和身体状况，都会经由一种神秘的方式遗传给胚胎。③ 换言之，与天性共同作用的"形成性教养"在受精伊始就已经开始了。它也促使我们更加关注儿童孕育和成长的环境。

---

① Erasmus, "Colloquies", in Collected Works of Erasmus (Vol. 39), trans. C. Thompson, Toronto: University of Toronto Press, 1997, pp. 595–596, pp. 605–606.
② ［荷］伊拉斯谟：《论基督教君主的教育》，李康译，商务印书馆2017年版，第76页。
③ Desiderius Erasmus, "A Declamation on the Subject of Early Liberal Education for Children", in Collected Works of Erasmus (Vol. 25), trans. Beert Verstraete, Toronto: University of Toronto Press, 1985, p. 315.

遗传基因并非万能的，后天的教育环境也应当受到关注。在母亲教养幼童的阶段，父亲应该做好辅助者的角色职责。例如，当母亲因为某些特殊原因无法亲自哺育子女之时，父亲应该更加关注子女的教育成长环境，为子女挑选合格的保姆、教师等身边之人。伊拉斯谟认为父亲应当"将自己的子嗣交托给认真负责的保姆、交托给睿智而正直的人士，孩子们从这些人那里不会听到或看到任何不配其父之名的东西。这些人由于阅历丰富，知道如何用健康有益的意见来充实极具可塑性的孩子的头脑，并敢于这样做……他们都会勤勉工作，所以都会取得成功"。① 这位保姆必须身体健康、乳汁纯净，没有好辩或酗酒等不良习惯，也没有粗鄙猥琐的行为举止，这样才不会让孩童幼嫩的心灵受到污染。

父亲更要承担起教育的真正职责。伊拉斯谟主张，在儿童七岁以后，儿童的教育就应该由父亲接手，为儿童准备最好的文雅教育和行为礼仪教育。② 如果父亲的能力不足，就应当给儿童选择最好的教师。由于教师的优劣对儿童一生的学识和道德具有关键性的影响，所以要从多方面条件去考量。而一旦决定之后，就不要经常更换教师，这对儿童的学习也是有害无益的。要注意的是，将子女交给教师，也不意味着父亲的责任就结束了，他仍要时时关注教师授课的情况，以及子女知识品德的提升。

伊拉斯谟特别强调对儿童身边人的选择至关重要。对于儿童，尤其是对于年幼的王子的身边人的选择，伊拉斯谟特别提醒，需要将儿童交给精心选择的受过护理专业教育、训练有素、品德纯洁之人，要让他们远离傻气糊涂的妇人、厮混成群的顽童、游手好闲又粗俗不堪的街头浪子、酒鬼、滑稽小丑、赌棍、皮条客和说下流话的人，特别是爱拍马屁者，这些人天性倾向作恶，要避免王子看到这些人或听到其言论，以免王子在襁褓之中就受到最愚蠢见解的攻击，在其间长到童年，在成年时成为纵情声色、骄纵傲慢、贪婪暴虐的君主。③

最后，伊拉斯谟颇为主张采用仰慕型教化的榜样教学法。父亲本身就

---

① ［荷］伊拉斯谟：《论基督教君主的教育》，李康译，商务印书馆2017年版，第200页。
② Frank Graves, *A History of Education*, Honolulu: University Press of the Paacific, 1910, p. 152.
③ 吴元训选编：《中世纪教育文选》，人民教育出版社2005年版，第127页；［荷］伊拉斯谟：《论基督教君主的教育》，李康译，商务印书馆2017年版，第11页。

第六章　身边人原则：基于父母、教师重要性的教育环境论　◇　185

是孩子最容易学习的榜样。如果一位父亲总是言语粗俗，流连于奢华的饮宴之间，纵情于声色犬马的享乐，儿童自然就会接受并习惯这样的生活方式。所以，父亲必须十分注意自身的言行，胜过一切。① 榜样是由理想的父亲做出的。理想的父亲应该像托马斯·莫尔那样，自己勤加学习，然后亲身教育子女，而不是将时间浪费在无谓的饮酒、赌博之上。事实上，在伊拉斯谟心中，莫尔一直是其理论构想中理想父亲的典范。莫尔除了忙于公务之外，还亲自教育妻子、儿女，他的儿女们很小的时候就要掌握拉丁和希腊文学、逻辑和哲学，以及教会神父的宗教教育著作，还要掌握数学和天文学知识。② "他竭心尽力地让家庭成员接受良好的人文教育，从而开创了一个新范例……这个范例很快就会被广泛效仿，结果是皆大欢喜。"③ 他的孩子们在品性方面得到了恰当而严格的培养。④

笔者认为，伊拉斯谟对父亲职责的理解，无疑对一些家庭中存在的由母亲承担的丧偶式育儿有着规劝作用，让男性自觉履行起父亲的职责。

总之，远如《颜氏家训》《章氏家训》等，近如培养了钱穆、钱学森、钱锺书、钱伟长、钱三强等诸多名人大师的钱氏家族，都强调家庭教育在儿童成长教育中的至为重要性。儿童的耳濡目染，儿童父母及其他亲属的楷模作用和言传身教，乃至优良、高雅家风的建设，是确保家庭兴旺发达、常盛不衰，儿童修身养性和健康成长的有力保障。

父母的养育固然重要，家庭的力量不容忽视，但是我们也不能苛责父母和家庭的责任。儿童不是陶器模子里的黏土可以任由父母随意塑造，他（她）同样也是一位社会人。我们不能因孩子的美德过度赞扬其父母，也

---

① Desiderius Erasmus, "A Declamation on the Subject of Early Liberal Education for Children", in *Collected Works of Erasmus* (Vol. 25), trans. Beert Verstraete, Toronto: University of Toronto Press, 1985, p. 308.

② David Halpin, "Utopanism and Education: The Legacy of Thomas More", *Journal of British Journal of Educational Studies*, Vol. 49, No. 3, 2001, p. 308.

③ Gerard Wegemer and Stephen Smith eds., *More's Approach to Education*, *A Thomas More Source Book*, Washington, D. C.: The Catholic University of America Press, 2004, p. 201.

④ 莫尔主张对子女的持之以恒的长期学习、教育，即使女儿们到了结婚的年纪，甚至将女婿也纳入他的家庭学校。他的长女婿一直居住在莫尔家接受教育，达 16 年之久，直到莫尔 1534 年被关进伦敦塔。莫尔还邀请其他学者前往他的家庭学校教学。参见 Gerard Wegemer and Stephen Smith eds., *A Thomas More Source Book*, Washington, D. C.: The Catholic University of America Press, 2004, p. 222。

不应因孩子的恶习而过度指责其父母。在现代人格的测试中，包括兄弟姐妹在内的共享环境影响通常只能解释不到 1/10 的人格差异。① 那么，是否就存在其他的环境影响？事实上，伊拉斯谟更多只是在倡导人们关注儿童成长的环境，呼吁父母重视自己的职责，批评那些随心所欲教育儿童的父母，而并未真正去苛责父母，也将儿童的教育影响指向了更多因素。

## 第二节　成为良师：儿童成长需求的第二环境

### 一　仅次于国王：教师的社会地位论

教师的社会角色地位展现了教师在欧洲国家的经济、政治、文化等方面的影响力。在伊拉斯谟看来，优秀教师的价值就在于他们肩负着政治和社会的职责，为宗教培养虔诚的信徒，为国家培育栋梁人才，为社会培养有教养的灵魂。因此，伊拉斯谟认为教师是具有强烈职业倾向的，是所有职业中最光荣、最高尚的工作，他的重要性仅次于国王。② 这一论断实际展现了伊拉斯谟对教师双重属性的认知，即教师的本体性与工具性判断。一方面，教师的本体论展现出教师自身的内在属性，它以自我价值的实现、传道授业解惑为主要诉求。另一方面，教师的工具论，这是其外在属性的规范。教师或以自身的工作为谋生工具，或以国家的志向为指引，培育社会精英。而在这种工具论中，为国家服务是占据着主导地位的。此外，教师也将沦为学生的工具，与学生日益捆绑，以学生的发展为发展，教学内容和评价逐渐被外部力量掌控，逐渐丧失教师的自主自由权。

伊拉斯谟放大了教师的社会地位，主张教师如同国王作为国家航船的掌舵者一样，教师的良莠关系到整个国家社会的发展。对于一位王子而言，教师更显重要。伊拉斯谟指出，国王应从全体居民中选拔教师担当王子的教育工作，他应该具有优秀的德性和无可争辩的原则性、严肃性；他不仅要精通理论知识而且要具有丰富经验；他应是一位受到尊敬的长者，

---

① ［美］戴维·迈尔斯：《心理学》（第 9 版），黄希庭等译，人民邮电出版社 2016 年版，第 142—143 页。

② D. Erasmus, "The Correspondence of Erasmus (Letters 298 to 445)", in *Collected Works of Erasmus* (Vol. 3), trans. R. Mynors and D. Thomson, Toronto: University of Toronto Press, 1976, p. 244.

第六章 身边人原则：基于父母、教师重要性的教育环境论　◇　187

生活纯洁，享有威信，爱好交际，态度温柔，能够让学生得到爱和友谊。这样，幼弱的年轻人就不会因严格的学习训练而受到伤害，也不会因导师的无经验的放纵而品德败坏。"教师应该采取中庸之道，他应该相当严厉，足以压制青年人的鲁莽的鬼把戏，但又对他有友好的了解，以减缓他严厉的抑制。王子未来的导师就应该是这样的人：他会责备人而不使其感到冥落，会赞扬人而不流于谄媚，由于他纯洁的生活而受人尊重，由于他使人愉快的态度而受人敬爱。"①

伊拉斯谟将糟糕的教师与暴君相比较，极端厌恶那些狂妄、卑劣却又为数众多的教师，他们只懂得用暴力而非正直来从事教学活动，因为这些人认为恐吓、鞭打和虐待比慈爱更容易，这种方式无异于一位残暴的君主。伊拉斯谟认为这种教师："……他无法增进儿童的道德水平，因为他自己就如此愚蠢和缺乏原则。他也无法增进儿童的知识水平，因为他自己根本就没有受过教育。与此同时，他会鞭打、折磨、怒吼、谩骂这些可怜的儿童。如此一来，儿童白白浪费了宝贵的时光，而他却因为此种残忍行径得到一笔丰厚的报酬。"② 对伊拉斯谟而言，称呼这些不懂教学方法又残忍的教师为野蛮人不过是出于礼貌，怪物可能是更为恰当的称呼。他有时不愿提及这些丑陋怪物的名字，唯恐玷污了自己的白纸，甚至气愤难平地说要将这类教师埋葬在永恒的黑暗之中。③

实际上，伊拉斯谟对教师地位的尊崇并不符合那个时代的真实状态。当时的欧洲社会教师地位并不高，充斥着对教师的轻视。伊拉斯谟自身就曾从事这样的职业，为了谋生，不得不向贵族敬献著作，以求得资助。由于当时教师薪资低薄，许多博学而有为的青年人不愿将一生奉献在一群儿童身上，所以他不断地鼓励这些年轻人，从事这项神圣的事业。他说："上帝不会轻视儿童。既然儿童是正在成长中的谷物，也是国家的财富，

---

① 吴元训选编：《中世纪教育文选》，人民教育出版社2005年版，第126页。
② Desiderius Erasmus, "On the Writing of Letters", in *Collected Works of Erasmus* (Vol. 25), trans. Charles Fantazzi, Toronto: University of Toronto Press, 1985, p. 41.
③ Desiderius Erasmus, "On the Writing of Letters", in *Collected Works of Erasmus* (Vol. 25), trans. Charles Fantazzi, Toronto: University of Toronto Press, 1985, p. 41; Desiderius Erasmus, "The Antibarbarians", in *Collected Works of Erasmus* (Vol. 23), trans. Margaret Phillips, Toronto: University of Toronto Press, 1978, p. 28.

没有其他年龄层的人比儿童更值得投入，也没有其他地方可以期待更丰硕的收获。我还要说的是，所有信仰虔诚的人，都要相信没有其他职业比带领儿童走向基督，更能在上帝的眼中得到赞赏。"① 因此，伊拉斯谟在信件中安慰他的一位好友，要提升教书育人的使命感，尽管教师薪资非常微薄但"上帝也会以自己的方式给予更丰厚的补偿"②。伊拉斯谟在社会上大声疾呼，要重视教师，给予教师更崇高的地位和更丰厚的报酬。他认为没有其他职业比教师更应当拥有一份丰厚而诱人的薪水以吸引更多的博学多识之士投身教育。同时，他对教师的薪资也提出了调节的主张。他认为教师的薪资不应当是固定的数字，教师也不应当享有永久聘任的保障，以免优厚的薪资和崇高的地位引诱一群无知而低能的人，使伊拉斯谟口中最为尊贵的职业，由一群毫无价值的人占据。③ 因此，伊拉斯谟提出，教师的薪资应当随着他的教学表现而弹性地增减，最好还能让教师与教师之间形成一种良性的竞争局面，可以相互激发学习的潜力。那么，最大的受益者将是学生和整个社会。这不能不让我们想起它与当下中国教师聘任考核、绩效工资的一些施行原则的相似性，例如生源质量问题、师德问题、学术水平问题、诚信问题等。

笔者以为，伊拉斯谟的教育评价导向的上述考量可说是切中人性，有弹性而不偏狭。但如何以及由谁来评判教师的表现呢？是学生群体、教师群体、学生父母，还是某一个官方组织？伊拉斯谟并未继续给出说明。此外，随表现而增减薪资的方法，也可能因为没有客观而具体的标准而无法衡量表现的优劣，毕竟人人心中有杆秤，教育的效果也很难有效测定，很可能造成唯成绩论、唯论文论等弊端，更为重要的是，最后这种针对教师的衡量定性的权利也可能会沦为某些人手中的玩物，成为贬抑教师地位的另一种形式。伊拉斯谟没有明确给出答案，或许是出于他对人性的善和人

---

① D. Erasmus, "The Correspondence of Erasmus (Letters 142 to 297)", in *Collected Works of Erasmus* (Vol. 2), trans. R. Mynors and D. Thomson, Toronto: University of Toronto Press, 1975, pp. 186–187.

② D. Erasmus, "The Correspondence of Erasmus (Letters 298 to 445)", in *Collected Works of Erasmus* (Vol. 3), trans. R. Mynors and D. Thomson, Toronto: University of Toronto Press, 1976, p. 244.

③ Desiderius Erasmus, "On the Writing of Letters", in *Collected Works of Erasmus* (Vol. 25), trans. Charles Fantazzi, Toronto: University of Toronto Press, 1985, p. 23.

类的理性充满信心之故。然而，反观时下教育之弊，伊拉斯谟的洞见与弊端更显价值。

## 二 高贵之师：教师职业资格要求

伊拉斯谟对教师问题十分重视。他曾写信给他的诸多好友谈及教师问题和教师教育方法问题。他在一封信中曾告知一位好友，为学的第一步就是要找到一位博学的教师。① 由此可见，伊拉斯谟对教师水平影响儿童学习成败有着强烈认知。

在伊拉斯谟看来，一位优良的教师要满足以下多项要求。

第一，关于教师的学术水平。在智识上，教师要学有素养。因为伊拉斯谟对儿童教育内容的界定，他需要的教师必须接受过完整的文雅教育，具有广博的学识以及丰富的教学经验。他要懂得拉丁文、希腊文，对诗歌、地理、神话、音乐、几何、算术、天文、医学等都要有所了解。除此，他要能说一口正确而流利的拉丁文，并且广泛涉猎古代各家作品，如此才能为学生挑选最好的作家作为模仿的对象。②

第二，关于教师的任教年龄。伊拉斯谟认为过老过于幼稚都不太符合教师的要求。教师的工作具有较强的劳动强度，而且儿童青春而活泼，因而那些齿摇发白、年老力衰之人不适合担任儿童的教师，只有年轻、充满活力、朝气蓬勃之人，才足以应付教学的辛劳，同时，因为性情的相似性，他们也容易与儿童接近。但年轻的教师必须在心智上达到成熟的阶段。③ 而在王子的教育上，伊拉斯谟则强调最好是正直、纯洁、高尚、富有长期的实践阅历、年高德劭的长者，这样的教师将赢得尊重、遵从、喜爱和友谊，从而缓和年轻而稚嫩的心智的轻率和鲁莽，免遭教师严苛的伤害，在尚未理解德性之前就憎恨它；也不会因教师的过分纵容而受娇宠，

---

① D. Erasmus, "The Correspondence of Erasmus (Letters 1 to 141)", in *Collected Works of Erasmus* (Vol. 1), trans. R. Mynors and D. Thomson. Toronto: University of Toronto Press, 1974, p. 114.

② Desiderius Erasmus, "On the Method of Study", in *Collected Works of Erasmus* (Vol. 24), trans. Brian McGregor, Toronto: University of Toronto Press, 1978, pp. 673–690.

③ Desiderius Erasmus, "A Declamation on the Subject of Early Liberal Education for Children", in *Collected Works of Erasmus* (Vol. 26), trans. Beert Verstraete, Toronto: University of Toronto Press, 1985, p. 334.

以不应当的方式堕落腐化。①

第三,关于教师的品德。类似于对父亲角色的榜样作用的强调。伊拉斯谟对教师也具有类似的主张。他需要的教师要来自良好的家庭,并强调教师必须拥有高贵的德性。这与他的教育阶级论是契合的。他还在文章中提供了一些不错的建议,作为选择良师的参考:"我会去打听他喜欢和什么样的玩伴在一起,哪些人是他结交的朋友和伙伴;我想知道他是否喜爱读书,还是更爱喝酒赌博。我会观察他的习惯、姿态与言辞,以便了解他是否是个毫无担当、缺乏活力之人,是否是个脾气暴躁、傲慢自大之人。最重要的是,我还会更特别观察他的脸,他的面相,尤其是他的眼睛。"② 这些标准和他对身边人的重视、个人性情与品德、对眼睛反映内心信息的认知也是一致的。事实上,鉴于儿童生活的社会环境的复杂性,伊拉斯谟对父母、教师的品性十分慎重和关注,在他看来,父母和教师都是儿童成长中的榜样和人性的引导者,行为习惯无论良恶,一旦经身,就如附骨之疽,难以清除。因而,要培养一位完美的儿童,就必须明辨各种行为习惯的好恶,从源头上切断拥有不良行为习惯之人对儿童的浸染,这种源头甚至还包括儿童身边的保姆、玩伴、奴婢在内。

第四,关于教学经验方面。在教学方法和态度上,教师要懂得引发孩子学习的兴趣,以有趣的故事、令人愉快的寓言和巧妙的比喻进行他的教导,使他们自然地喜爱所学的知识,才能配得上良师之名。"当他的学生还只是个小孩时,他可以把孩子长大一些时他会直接教授的那些东西,揉进动人的故事、有趣的寓言和机智的小品。"③ 教师也必须懂得掌握并了解学生的个性、特殊喜好和天性,给予学生适度自由发挥的空间。同时,他要有亲切、开放的态度,能够体谅孩子的懵懂无知和幼稚可笑的行为。他说,"如果一位教师在教室中展现了温和、善良的品质,而且他还具备各种方法使学习愉快,不让儿童感到紧张的技巧与创造力,那么他就可以在课堂上取得成功了。没有什么比这样的教师更加有害了:他的行为态度

---

① 吴元训选编:《中世纪教育文选》,人民教育出版社2005年版,第127—128页;[荷]伊拉斯谟:《论基督教君主的教育》,李康译,商务印书馆2017年版,第10页。

② Desiderius Erasmus, "The Right Way of Speaking Latin and Greek", in *Collected Works of Erasmus* (Vol. 26), trans. Beert Verstraete, Toronto: University of Toronto Press, 1985, p. 374.

③ [荷]伊拉斯谟:《论基督教君主的教育》,李康译,商务印书馆2017年版,第15页。

让学生在他还没有成熟到为自己欣赏学问之前,就对学习产生了强烈的憎恨"。① 伊拉斯谟认为,严苛和冷漠只会阻碍学习,而亲近的师生关系才能使教育成功。

笔者认为,伊拉斯谟对教师资格的论述具有理想化的成分。一方面,教师的成长并非速成的,教学经验也非一蹴而就。另一方面,教师的职业生涯需要时间的沉淀,教师专业化本身也是教师职业逐渐融入社会、被社会广泛认可的过程。而这在当时的欧洲社会并不符合实际。

### 三 慈父:师生关系模式的基调与批判

伊拉斯谟在重视教师在儿童成长中的重要作用的同时,也关注师生关系的建构。这实际上是对教育主导权的理解。伊拉斯谟在信中还告诉他的那位好友,在找到博学的教师之后,就要用心去感受这位老师是否带给他一种父亲的感受。他认为,师生关系就应当像父子之间的亲情一样,如此方能对学习有更大的裨益。

他的看法源自昆体良的意见,昆体良就曾经主张教师应当要扮演父亲一般的角色,用慈爱和适度的赞美来教育孩子。相反,学生应当视教师为双亲,而非恐怖分子。他说,"教师的首要责任就是要激发学生对他的喜爱。这样,逐渐地,一种自发的对他的尊敬感就会取代对他的恐惧。这比任何一种恐惧感都更加有效"。② 换言之,慈爱可以战胜一切困难的挑战。

笔者认为,整体上看,伊拉斯谟的师生关系模式是建立在静态社会不对等的关系基础之上的。虽然伊拉斯谟倡导父慈子爱,但依然受父权制的深刻影响,未能摆脱传统的主客体之间授—受、塑造与被塑造的教育关系,依然以知识的传授作为教育活动的主要行为,倡导以教师为主导的教学模式。并且,由于教育者自身的知识权威和社会赋予的权威合法性,强化了师生之间关系的不平等,儿童呈现出人格的弱化或独立人格的丧失,

---

① Desiderius Erasmus, "A Declamation on the Subject of Early Liberal Education for Children", in *Collected Works of Erasmus* (Vol. 25), trans. Beert Verstraete, Toronto: University of Toronto Press, 1985, p. 324.

② Desiderius Erasmus, "A Declamation on the Subject of Early Liberal Education for Children", in *Collected Works of Erasmus* (Vol. 25), trans. Beert Verstraete, Toronto: University of Toronto Press, 1985, p. 325.

最终导致尊重儿童的呼吁只能成为空想，无法真正实现对儿童独特性的尊重。因而，教育人格上的不对等，实质上冲抵了师生共同创造的教育情景，显现出一种不真实感。文雅知识成为知识的主导，伦理知识成为社会的规范，导致整个社会呈现一种复古的知识范围，知识的更新变得非常缓慢，社会日益封闭而停滞。

俗话说，物以类聚，人以群分。伊拉斯谟提倡注重身边人的原则，他忠告父母，要为孩子选择良好的身边人，包括保姆、仆从、教师、伙伴等以确保为儿童提供一处健康的成长环境。对此，现代有学者总结了父母和同伴对儿童成长的互补作用："当提及教育、行为准则、责任心、整洁有序、仁慈心以及与权威人士的交往方式时，父母显得更为重要。而对于合作学习、寻找受欢迎的途径以及创造与同龄人的交往风格，同伴则显得更为重要。"[1]

总之，伊拉斯谟主张的儿童教育是一种人文教育，他的科目以人为中心，更是因为人本身就在他的教育过程中扮演着不可或缺的角色。父亲要尽为人父的职责，母亲要尽为人母的职责，教师要做好孩子的父母和保姆的职责，而学生也要和教师之间建立起亲密的类似于父子式的关系。因此，在伊拉斯谟看来，他所处时代的那种后来被称为人文教育的教育活动，不仅是学习语文和其他知识的活动，更是包括人性的发扬，以及人与人之间情感的联系。父母、教师、同伴都只是影响儿童教养养成、情感维系的媒介之一。伊拉斯谟也以质朴的体验和经验敏感地察觉到了儿童对身边人的依恋这一问题，关注到了时常被忽视的应充满社会互动、情感关怀和社会刺激的儿童成长环境问题。而20世纪中叶以来的科学研究也证实了这一主张，如英国著名精神病学专家、心理学家波尔比（John Bowlby）、尼尔森（Charles Nelson）等人认为，在人成长的过程中，缺乏与依恋对象（例如父母、教师、监护人等）的互动将对人的一生造成灾难性的后果，因为人的大脑认知、语言和社会发展存在非常短暂的敏感期，在某一些成长时期需要接受来自外部的刺激，如视角刺激、社会刺激等以锻炼大脑的发展、人的社会交往能力和大脑执行能力等，如果未接受到足够

---

[1] ［美］戴维·迈尔斯：《心理学》（第9版），黄希庭等译，人民邮电出版社2016年版，第144页。

刺激，人的注意力、情绪管理等方面将终身受损，甚至影响大脑发育和智商。[①]

同时，在人，尤其是儿童的人格、教养塑造过程中，伊拉斯谟也清晰地意识到，除了小社会群体——身边人的影响，大社会群体所有人共享的行为、观点、态度、传统也在潜移默化地发挥着巨大作用，而这也是伊拉斯谟在全社会倡导人文教育、行为教育等教育思想的出发点。

---

[①] 波尔比提出了依恋理论，纠正了弗洛伊德精神分析理论对童年经历的过分强调和对真正创伤的忽视，参见 John Bowlby, "The Nature of the Child's Tie to His Mother", *International Journal of Psycho-Analysis*, Vol. 39, 1958, pp. 350–373; 尼尔森通过对罗马尼亚孤儿的研究证实了这一理论，参见 Charles Nelson, Charles Zeanah, et al., "Cognitive Recovery in Socially Deprived Young Children: The Bucharest Early Intervention Project", *Science*, Vol. 318, 2007, pp. 1937–1940; Diane Papalia, Sally Olds, et al., *A Child's World*, Boston: McGraw-Hill Comp., 2008: 179–213。

# 结　　语

　　现代人不能想当然地认为儿童及其教育问题是西方历史永恒关注的焦点。相反，很长一段时间内儿童教育问题并非西方历史发展的核心主题，它时常隐没于时间长河的各种面相之中，既有断裂性，又有传承与拓展性。伊拉斯谟的儿童教育理念渗透于他的宗教改革与人文主义思想之中，他以通俗易懂的语言将复杂的教育问题、哲学问题进行深入浅出的剖析，并寻找自己的答案。他希冀回归本源，回到纯粹的基督教和古典文化的源泉中去，借助于古典学术与宗教的纯粹，一面坚决倡导古典文化，攻讦中世纪保守僵化的教育制度，一面尝试复兴古代的语言和文学，并使之与时代教育与神学发展相协调。综观伊拉斯谟留下的大量相关教育作品，从稍早的《论基督教君主的教育》中专门论述、教导年少的君主、王子们为君之道，到晚期以极大的精力撰写《论儿童的早期文雅教育》和《论儿童的礼仪教育》等著作来倡导面向不同阶级的儿童教育，我们能看到伊拉斯谟秉持的教育受众愈加广泛、教育对象不断下移的一条清晰可见的儿童教育理路。这是伊拉斯谟对古代儿童教育观念的拓展。通过这一理路，伊拉斯谟尝试的是为西欧人勾勒出一种新的时代生活方式，注重培养出一个更好的人，一个有灵魂深度的文明人，而不单单是某一门课程或一个单纯的、更好的拥有实用技能的语言学家或雄辩家。他超越了同时代教育中盛行的实用功利性教育指向。更为重要的是，伊拉斯谟生命中的最后时光主要着力于儿童教育，儿童及其教育成为他所有梦想的起点。他的儿童教育观糅合了古代儿童教育的阶级性、人文性与中世纪儿童教育的宗教性等多重特性，并予以突破，跨时代地发展出因全体儿童（包括女性在内）的文雅教育、行为礼仪教育而智慧群体、惠及个人，进而实现整个欧洲基督教世界文明大同的教育理想,从而引发了同时代与后世的广泛关注。

天性与教养共同雕琢儿童的"成形"。伊拉斯谟认为,人生的快乐取决于三要素,即天性、方法和实践。所谓的天性,即人与生俱来的能力与善念。所谓的方法,指的是学习,包括来自他人的建议与指导来塑造个人特质。所谓的实践,是将天性中所根植的以及经由方法所塑造的特质发挥出来。人的天性唯有通过方法才能实现,而实践若非有方法原则的导引,就将面对无数错误与陷阱。[1] 换言之,"天性"指的是人的自然本性,那么"方法"和"实践"则是引导本性的具体指向,涉及塑造人格特质、教育儿童自我控制和掌握社会认可行为的各种方法。在发展以自我约束为特征的社会化进程中,"方法"和"实践"是一个强有力的工具。在伊拉斯谟的整体教育思想中,最大的特色就是以儿童为主要教育受众与对象,以人文主义教育作为主要改革方法,既保护儿童的天性、纯净心灵,又通过教育习得为人处世的规矩,以教育手段作为达成其文明精神、宗教净化、社会和平、政治稳定的手段。

### 一 伊拉斯谟儿童教育思想的主要特色

笔者认为其儿童教育思想本身的特色主要包括以下几点。

首先,倡导尊重的教育。伊拉斯谟极为看重儿童的尊严,赋予儿童教育新的格局、理念、方法。一方面,他在教育格局方面,以时代最强音呼吁教育实施时要怀抱一份对人本身的敬意,尤其要以人的方式来对待儿童,强烈反对以对待牛马、奴隶的方式来对待儿童,反对以鞭打体罚、叱责的方式来教育下一代。所以,必须以慈爱代替让人生畏的冷面孔,以赞美和鼓励替代鞭子。教育的首要目标是让人获得人的本质属性,成为真正意义上的人。儿童就是他实现教育理想与抱负的出发点。他所培养的人应该具有宗教情怀,受过文雅教育,品德高尚,具有社会担当。另一方面,超越时代限制,在教育客体方面,他拓展教育对象范畴,倡导尊重儿童群

---

[1] Desiderius Erasmus, "A Declamation on the Subject of Early Liberal Education for Children", in *Collected Works of Erasmus* (Vol. 25), trans. Beert Verstraete, Toronto: University of Toronto Press, 1985, p. 311.

体，尊重包括女孩在内的儿童的受教育权，使得他的教育对象具有了一定程度上的全民教育性质，赋予教育以一种新的内涵。长期以来，人们对伊拉斯谟的教育思想存在一些误解，认为他仍然是一种阶级教育，是针对贵族上层的教育。正如前述，表面上看也确实如此。但也应注意，虽然伊拉斯谟存在以上层阶级为教育对象或理念倾诉对象的倾向，但他仍怀抱着全民教育的普世理想。正如他在《论儿童的礼仪教育》中所说的那样，高尚家庭的人固然应当遵守良好的礼仪，但地位卑下的人更应该致力于礼仪的学习，以补先天之不足。他的目标是将来自一切国家、一切种族、一切阶层的所有心地善良的人结合成一个有教养者的大联盟。① 同时，在教育方法等层面，他尊重儿童个体个性。他认识到自然赋予每个人的天赋差异，观察到每一个儿童的声音、体态等的各有不同，每个儿童的天性、兴趣、能力也有着极大的差异。因此，教师如果用一成不变的教学方法，订立完全相同的学习内容和目标，可预见的只会有极少数的儿童能有所成就，能够展现上帝所赋予的天性。所以，他提倡的尊重教育具体体现在因材施教、因地制宜、因势利导等方法维度上。

其次，倡导"快乐"而开放的教育方法。为了能够得到最大的教育效果提升，伊拉斯谟极为重视儿童情绪，关注儿童学习感受，一再强调要让孩子在游戏中学习，寓教于乐，倡导游戏教学，并设计各种有趣的对话体教材和活泼的游戏，在刺激、反应、强化等教育方法的指引下，以鼓励、正向期望来促进儿童的教育习得感，希望人们能够将学习和生活上的愉悦结合在一起。他推行中庸而和缓的循序教育，一步步推动儿童教育中的儿童自觉。他个人活泼生动的写作风格，使他的教育作品成为许多人文主义教育家必备的教学参考书以及许多学校使用的教材。但学习同样需要付出精力，故而需要更加开放的学习态度和教学态度的共同参与，学习律和效果律也就成为伊拉斯谟的儿童教育关注的另外维度。

再次，他极为重视儿童教育协作体的建构，重视身边人的教育环境，关注父母和教师职责，强调要各司其职。这是伊拉斯谟构建学习律和效果律的观念维度之一：外部教育因素的影响。在他看来，家庭是儿童教育的

---

① ［奥］斯蒂芬·茨威格：《鹿特丹的伊拉斯谟：辉煌与悲情》，舒昌善译，生活·读书·新知三联书店 2016 年版，第 6 页。

第一成长环境,父母和子女不仅仅是生物学意义上的传承关系,伊拉斯谟相信一对品德良好、对子女尽职尽责的父母必能培养出优秀的后代。母亲的角色与职责是要亲自抚育自己的孩子,使下一代有健康的身体,更要将自己良好的品格和虔诚的宗教信仰传导给孩子。尽职的父亲在角色行为上,不仅在德行上要做孩子的典范,还要肩负起儿童幼年的家庭教育,灌输正确的行为和品德。同时,也要为孩子挑选一位品行端正、学问渊博的教师。而他将教师这一职业视为所有职业中最高尚和最神圣的一种。他认为教师的好坏决定了孩子的知识和品格的发展。一位粗俗而严厉的教师,只会使孩子在未真正进入知识的殿堂之前就憎恨学习、厌恶知识。而一位合宜的教师除了拥有广博知识与高尚道德之外,还要懂得观察每个学生特有的天性与倾向,以便每个孩子的天赋能力都能得以发展。虽然他的教师论仍带有强烈的教师主导色彩,但他对个性、自觉学习的强调,也为儿童自我中心的教育自觉提供了思想基础。

当然,伊拉斯谟的儿童教育思想不但传承了古代教育家的理想,也受到当时人文主义思潮的影响。他和当时许多人文主义教育家具有相同的特点,如对古代语言、文学和道德哲学的重视,对文采的追求,以及对实践社会责任的看重,反对体罚,提升父母和教师角色的重要性,等等。

总之,伊拉斯谟儿童教育思想的特色与精神,正如他自己所说的那样:"人并非生而为人,而是教而为人。"(Man certainly is not born, but made man)[①] 他认为,原始人漫游在荒山野岭之中,生活在毫无法规、弱肉强食的世界中,那不能算是真正的人,他们只能是野生的动物。"人若没有接受过哲学或任何学科教育,只是比野兽更加低级的生物。动物只要遵循其本能,而人,除非接受过知识或哲学的熏陶,否则将会受到比野兽本能更糟糕的冲动的支配。"[②] 所以,伊拉斯谟认为必须通过教育使人脱离兽性、懂得辨别善恶是非,人才能成为真正的人,人全部的快乐都建立

---

① Desiderius Erasmus, "A Declamation on the Subject of Early Liberal Education for Children", in *Collected Works of Erasmus* (Vol. 25), trans. Beert Verstraete, Toronto: University of Toronto Press, 1985, p. 304. 拉丁文可参见前文。

② Desiderius Erasmus, "A Declamation on the Subject of Early Liberal Education for Children", in *Collected Works of Erasmus* (Vol. 25), trans. Beert Verstraete, Toronto: University of Toronto Press, 1985, pp. 304–305.

在良好的抚育、教育之上。

伊拉斯谟的儿童教育观从当下看来，部分观点可能已经耳熟能详，例如游戏教学、反对体罚、快乐教育等，甚至有些已经不再那么有效。但对照中古时代的僵化、压抑、罪感痛苦的教育方法，以及文艺复兴时代的整体教学环境和实际状况，他的教育观却有振聋发聩的力量，也开启了那个时代教育改革的契机。也正是由于类似伊拉斯谟这样的人文主义者的不懈努力，西方人本、人文主义教育观念才得以焕发勃勃生机，展现无穷魅力。

## 二 伊拉斯谟儿童教育思想的局限性

伊拉斯谟的儿童教育理想，限于时代原因和个人偏见，儿童教育思想中也存在值得批判与反思之处。

其一，过度重视古代语言和文学的训练价值。而其中，他更是以逐渐逝去的拉丁和希腊语为正宗，排斥各地新兴的方言（民族语言）教育（今天人们口中的国际语言英语、法语等语言在当时也不过是伦敦地区、巴黎地区的方言），从历史发展的趋势来看是不合时宜的。他认为，这两种古老的语言，尤其是拉丁语，发展已经非常成熟，无论在词汇、字形变化、句法结构上都已固定，具有其他语言所欠缺的一致性和明确性。只要人们熟悉这两种语言，就可以学习古希腊罗马文化的精髓。更重要的是，他认为拉丁语能成为各地不同国家之间彼此相通的语言，而唯有共同的语言才能缔造共同的精神意识，缔造一个永久和平的基督教共和国。所以他极力反对儿童接受各国地方文化和语言教育。然而，他的基督教拉丁中心主义主张无法得到欧洲内部的认同。当时各国国家和族群意识已经初步萌发，他的意见虽然为他在后世博得了所谓"世界人"的美誉，但这种意见并不符合当时时代发展的潮流，在即将到来的国家主义、民族主义浪潮中自然也无法得到各国更大的回应，这也是民族主义澎湃的18—19世纪后他的许多儿童教育主张被快速遗忘的重要原因之一。限于时代，他在推崇古代文化的同时也带有强烈的欧洲中心主义的色彩，因而也无法得到欧洲以外地区的广泛认同。更致命的是，很大程度上，他将语言的价值过度绝对化，认为语言决定着人们的思维，价值判断等，犯了语言价值绝对主义错误。而过度强调古代文学，也僵化了知识的更新，迟滞了文化的更新，从而可能造成欧洲社会在静态的社会发展中停步不前。

其二，依照马克思主义唯物辩证法，伊拉斯谟对宗教的本质并未看透，过度强调儿童教育的宗教目的。同很多意大利人文主义者一样，他们都具有基督徒的身份。对他们而言，强调宗教似乎是应有之义。意大利学者虽然不排斥宗教，但是他们在教学上并不特别重视对宗教态度的培养，也不以宗教为最后的目的，而是具有更强烈的世俗性，其目的更多是要培养一位博学多识、能文善辩的世俗市民或宫廷幕僚。当然，这或许是因为作为人文主义发源地之一的意大利北部自古以来就具有极强的世俗性，工商贸易、法律、医学等较为发达，并没有在中世纪的总体宗教氛围中彻底迷失。而在伊拉斯谟这里，宗教人的教育目标、宗教虔诚的培养等无不彰显出他对宗教的热忱。这或许和他不仅是一位基督徒，更是一位神职人员的身份有关。这也严重限制了伊拉斯谟对儿童教育目的的解释，陷入宗教至上的错误结论之中。

其三，与其他意大利人文主义教育家相比较，伊拉斯谟的儿童教育思想也存在不少弱点。例如，他不太重视体育教育，不太重视音乐和美术的功能，也不太重视古希腊罗马历史的政治借鉴功用。正如前述，他虽然高度重视儿童的身体健康，把它作为未来智力发展的基础，但限于时代局限，仍然保守地认为身体只是一项工具，只要健康耐用就好，不需要过度的训练。当然，可能是因为他很少具有古代希腊罗马人对于身体健康完美的情感。[1] 笔者也不解其根本原因，毕竟伊拉斯谟终身受健康问题所困，本应能有深刻见解。或许也是因为欧洲中世纪以来的世俗贵族教育中，体育从未缺席的缘故，而伊拉斯谟终身受健康问题困扰，他归咎于自身成长的环境，且个人并无太多的体育实践经验，故转而强调环境的重要性，强调儿童的游戏活动，希冀儿童在教育环境和游戏中得到身体的强化。而这些思想，我们在深受伊拉斯谟影响的荷兰著名画家老勃鲁盖尔的《儿童游戏》中依稀可见。另外，事实上，战争技能、马术等骑士教育和宫廷军事教育在当时社会中依然活跃，体育从未真正远离。意大利人文主义者往往强调历史的教育能够使公民从中获得政治经验和智慧，帮助他们在公共生活中扮演良好的角色。但伊拉斯谟并不完全相信历史的真实性，他只

---

[1] W. H. Woodward, *Studies in Education during the Age of the Renaissance, 1400–1600*, Cambridge: Cambridge University Press, 1906, p. 118.

是将历史作为文学中的范例和道德哲学上的典范,增进文学和道德教育的工具。而一些古希腊罗马时代的历史名著也不过是儿童学习希腊语、拉丁语的道具罢了。

再如,自然科学和数学在他的儿童教育方法中并没有太多的立足之地。由于他认为语言是人和动物之间最大的差别,能言善辩、文辞优美的人才是真正的人,所以他的人文主义教育中就特别强调古代语言和文学训练,文法、发音、写作、阅读、演讲都是其教育侧重,古代作品也是真正有价值的范本。他对自然科学的主张更多的是有所了解即可,以便增进对古代作品的理解。如此一来,自然科学所需要的实验和发现就得不到鼓励,发展自然受到阻碍。究其原因,人文主义所倡导的文雅教育本就是古希腊罗马时期存在的西方教育传统,它以学术休闲为目的,侧重心智训练的非功利性的人文教育。更为重要的是,自然科学知识直到19世纪中叶前后才正式成为博雅教育体系的课程教育内容,16世纪的自然科学尚不发达,由于中世纪浓郁的宗教氛围,自然科学甚至在精确性和系统性方面仅仅只是比古希腊罗马时代取得了不大的进步。况且伊拉斯谟时代社会宗教氛围同样浓厚,伊拉斯谟又身为神职人员,自身也未接受过这方面的过多教育,自然科学不受重视也就在常理之中。

其四,伊拉斯谟陷入了儿童教育模式与教育环境的双重矛盾陷阱之中。笔者注意到,他对教育教学实施对象、实施场所等略有交代,但缺乏明确说明。伊拉斯谟在教育作品以及对自身成长经历的回忆中,不时批评当时公共学校的各种糟糕境况,如教师水平与品性的恶劣、体罚行为;众多学生集中一处受教无法达成因材施教的理想;饮食、卫生恶劣,儿童无法得到妥善照顾;等等。因此,他有时更为偏爱私人的家庭教学或私人的小群体授课方式。这或许与其长期担任私人教师和家庭教师有关,也与他对莫尔的家庭教育模式的欣赏有关。在某种程度上,《论儿童的礼仪教育》中所倡导的行为举止教育日益成为学校的职责,但这可能并非伊拉斯谟的本意。他在理论上更倾向于类似莫尔模式的由父亲指导下的家庭教育。如此一来,他所提出的团体竞争、在游戏中快乐学习等教学方法也就无法实现。如若不行,就让精心挑选的教师来教育儿童。但如此一来,或由于父亲的能力不足,或由于父亲的重视不足,或由于父亲闲暇时间不足等原因,实际上就放弃了由父亲指导的家庭教育,而只能走公立教育或家庭教师的模式。而家庭教师的模式，只有上层社会才有足够的财力和资源承担私人教师的费用，这也与他全民教育的理想相去甚远。公立的学校教育在他的笔触下，更是相当糟糕，落伍的教师、恶劣的办学条件等让人望而生畏，饱受批评。很明显，他处于教育理想和现实境遇的矛盾之中而无法超脱。

最后，对话式的作品，虽然精辟地阐述了伊拉斯谟要达到的儿童教育理想，即培养更好、更博学的儿童，但他并未能提供一个详细而实际的指导，即如何在一个现实的社会政治组织的背景下，通过怎样的具体而微的操作实践，才能真实有效地实现这样的教育目标。伊拉斯谟似乎试图通过在青少年中改进和改革教育哲学来实现这一目标，甚至很多时候，伊拉斯谟天真地认为仅凭古典学习和写作就足够达成目标了。这不能不说是伊拉斯谟过于理想化了。

显然，他所主张的许多教育方法和环境，是当时大多数人难以达到的，也是不合时宜的，注定了伊拉斯谟理想的悲剧性。自16世纪末，欧洲更趋四分五裂，且随着社会等级划分的改变和更加严格的整理，礼仪教育的某些原则被修改，人们更为关注社会身份问题和不同阶层人们之间的适当距离。而后来，无论世俗还是宗教的礼仪教育，都越来越成为学校的职责。这样的教育主要针对的就是7—12岁的儿童。整个16世纪的德国、荷兰、英国等地的学校课程几乎都详细地规定了礼仪课，17世纪的荷兰甚至规定这种教育是必修的。在伊拉斯谟的巨大影响下，关于礼仪的著述成为欧洲北部基础教育的重要成分。但欧洲各国的礼仪教育则在不同程度上异化为社会控制人身的工具。

### 三　伊拉斯谟儿童教育思想的影响

伊拉斯谟是古代的儿童教育理念的集大成者，也是后世许多儿童教育理念的开拓者。他的儿童教育观既是集体智慧的经验与总结，也是个人的理想与体悟。他能够成为当时欧洲人文主义教育的旗手，得益于他吸收了前人经验、智慧，个人对社会的敏锐观察，更在于融入他自身体验的人文主义教育观。他的教育作品成为他永垂不朽的丰碑。例如，他对父母角色的重视，就源自他的生活经历和不幸遭遇，生发出对父母照顾子女的重要性的深刻体会。伊拉斯谟虽然在青少年时期就失去双亲，但他的父亲早年非常关注儿子的教育,在伊拉斯谟三四岁时就将他送到文法学校,他的母亲在他早年学习期间也照顾在旁,可见父母对他个人知识启蒙的重要性。及至父母去世,颠沛流离的早期教育经历更是令他感悟良多。他早年在各地修道院学校中受教育的痛苦经历,让他十分反感修道院教育。他对修道院学校教师的影响力有着切身的感受,所以他在很多作品中不时以自己的惊讶和观察对卑劣的教师提出批评,反对鞭打和辱骂。而他在法国、英国的切身教学经验,也开启了他投入编纂教材以及为教师编写教学指导的事业。《古谚语集》《对话集》《论拉丁语的学习方法》等著述都是这样出现的。这种内在的智慧性与代入感、亲实感成为伊拉斯谟儿童教育观引人关注的重要因素。

受到伊拉斯谟影响的人,可以列出一大串名单,其间不乏历史上的著名人物,影响的范围也遍及欧洲各地。英国教育家托马斯·埃利奥特(Thomas Elyot)为培育优秀的统治者而写作的《统治者之书》就采用了许多伊拉斯谟的观点,如即早教育、重视孩子清楚的发音和正确会话、从游戏中学习,同时学习拉丁文和希腊文等。因此,有学者指出,埃利奥特是伊拉斯谟在英国的诠释者。[①] 当然,埃利奥特也注意到了伊拉斯谟教育思想中的一些消极因素与弊端,并做了改变。他看重音乐、体育对陶冶性情和学习知识的帮助,鼓励学生从事绘画、雕刻等创造性艺术活动,并不忽视历史知识的功能。同时,因为他的作品为英国人而写,因此也没有伊拉斯谟浓厚的世界主义气息。托马斯·莫尔、约翰·科利特等好友也受到伊拉斯谟的深刻影响。在学习和教育问题上,西班牙教育家维夫斯也从未否认他受益于伊拉斯谟,"伊拉斯谟的学生与后辈"(discipulus filius Erasmi),这是维夫斯对自己的定位。他们的一致性包括强调最初阶段的教育;强调家庭、父母、保姆、教师和同伴的作用;强调女孩教育需要一种认真的变革;强调教师的选择和他们的薪酬、地位、成就;憎恨烦琐的方法和书本;蔑视西塞罗主义者。[②] 伊拉斯谟的《论儿童的礼仪教育》成为

---

[①] Woodward, *Studies in Education during the Age of the Renaissance, 1400 – 1600*, Cambridge: Cambridge University Press, 1924, p. 275.

[②] Woodward, *Studies in Education during the Age of the Renaissance, 1400 – 1600*, Cambridge: Cambridge University Press, 1924, pp. 209 – 210.

一本畅销书，在巴塞尔、巴黎、安特卫普、法兰克福、莱比锡等地重印。新版本以一种相对自由的方式改编了伊拉斯谟的著作。如人文主义者郎柳斯1531年在德国科隆出版一个加有注释的版本；阿达马瑞斯1537年以问答形式重版该书，各种节选本也在不同时间里出版。译本也很快出现，1531年出现德文本，1532年出现英语—拉丁双语版，1537年法文本和捷克语本，1546年荷兰语本。总之，至少有80种版本和14种译本。[①] 16世纪30年代，他的《论儿童的礼仪教育》融进了新教的教科书和阅读、道德和宗教教义。礼仪教育也成为天主教重大改革事业的一部分。17世纪30年代，里昂的一所慈善学校就采用了伊拉斯谟的模式。甚至到19世纪30年代，法国学校的主要课本之一仍是《论儿童的礼仪教育》。[②] 这一教学模式持续三个多世纪，事实上，"各国的规则都相同，都是伊拉斯谟观点的翻版"。[③]

伊拉斯谟的独特贡献和重要性在历史发展进程中有高光时刻，也有灰暗时刻，甚至一度被遗忘。除了现实中他身处其间的政治、宗教的两难处境和对他的种种诘难。一方面，欧洲近代以来（甚至在他自身时代）人文主义、启蒙主义思想家辈出，光芒闪耀，一代新人换旧人，其思想学说遂成沧海之一粟，他的缺陷和不足也被放大，影响日益衰落。另一方面，近代以来欧洲民族国家兴起，出生于并非执牛耳的欧洲小国——处于法国、德国、西班牙等当时大国夹缝中生存的北方弱国尼德兰（今之荷兰、比利时、卢森堡及法国东北部分地区）的伊拉斯谟被人遗忘似乎也显得颇为合情合理，即使是在那些曾对其思想予以模仿、借鉴的国家（如英国）也在催生出自己国家的相关思想理论后，将其融会贯通、取舍替换并使其湮没于历史尘埃之中。同时，伊拉斯谟希望建立的是一个统一的欧洲社会（有传记作家称他为世界公民，是第一个有自觉意识的欧洲人，这可能也是日后欧盟为何重点突出伊拉斯谟的一个考量标准），而宗教改

---

① ［法］菲利浦·阿利埃斯，乔治·杜比主编：《私人生活史Ⅲ：激情》，杨家勤等译，北方文艺出版社2008年版，第151—152页。
② ［法］菲利浦·阿利埃斯，乔治·杜比主编：《私人生活史Ⅲ：激情》，杨家勤等译，北方文艺出版社2008年版，第156、158页。
③ ［法］菲利浦·阿利埃斯，乔治·杜比主编：《私人生活史Ⅲ：激情》，杨家勤等译，北方文艺出版社2008年版，第158页。

革后，原本小国林立、诸侯争霸的欧洲社会更趋复杂，他的某些主张更显不合时宜。此外，他倡导拉丁文希腊文的学习和写作，自身许多著作也是用拉丁文写就的，然而后世拉丁语的式微，乃至逐渐成为一门"死语言"（仅梵蒂冈传道布教、科研工作等少数场合方才使用），也造成了诸多研究者存在语言障碍。这些都是导致伊拉斯谟日后逐渐被人遗忘的重要原因。

伊拉斯谟在现代时来运转，得以"复活"。欧洲一体化进程的发展，使得著述等身的伊拉斯谟，成为欧洲文艺复兴的一座里程碑。他纯化拉丁文，著有《箴言集》《格言集》《警言集》《对话集》《论书信撰写》等，在拉丁文字校勘、语法释义、写作方法等方面均贡献良多；他研究《圣经》，在拉丁文、希腊文版的《圣经·新约》语法纠谬以及基督教信仰传播等方面奋勇前驱；他周游广阔，与罗马教皇、英国国王等欧洲各国权贵联系颇多，与路德、莫尔等文化名人交往、论战频繁，是时代的弄潮儿，且一生相当时间内充任欧洲王室、贵族的家庭教师，在教育思想上强调道德教育，礼貌教育，促进了欧洲人行为举止的文明化和标准化。这些都决定了伊拉斯谟是欧洲文化教育思想发展史中的重要一环。其贡献之大，哪怕是潜在的巨大影响，也让他无法被回避。因此，现代欧洲为了纪念这位欧洲历史上出现的著名活动家、教育家，于 1987 年开创了伊拉斯谟项目（Erasmus Programme），促成数百万欧洲学生在欧洲范围内出国学习交流。2004 年，该奖项增扩为伊拉斯谟—世界项目（Erasmus Mundus Programme），以加强欧洲与世界各地学生的学习交流。

伊拉斯谟的教育主张对当下中国教育也富有一些有益启示。当下中国社会时有发生的"熊父母—熊孩子"现象、校园霸凌、校园食品安全现象等在伊拉斯谟时代早有先例。伊拉斯谟针对类似现象的思想主张放到今日依然很合用。例如，身边人原则对当下创建儿童成长的家庭—校园—社会优良环境、文化，促进儿童身心健康成长等无疑具有极大的理论借鉴和校园实践推广价值，也在一定程度上可以用来解释社会上广泛存在的"名校效应""中小学择校"等问题及其背后深藏的儿童社会资本和文化资本论，即教育场所、教育氛围对儿童未来成就的社交圈、人际关系、生活习惯、品位、态度、生活方式等方面具有深刻影响。对父母言传身教的赞赏态度，也可以为"家校共建"良好教育环境的构建、衔接提供一定的理论和思想支持,对于批判、改善社会上"熊父母—熊孩子"的恶性生态圈,倡导健康和谐自然的家庭教育氛围具有借鉴价值。对于教师的价值认知和好教师的选择标准也对当下正在热烈讨论的"教师惩戒权""体罚""儿童成就感""率性教育"等话题具有一定借鉴意义。

# 附　　录

## 附录一　伊拉斯谟人生主要行路

| 年份 | 事件 |
| --- | --- |
| 1466 年 10 月 | 伊拉斯谟出生于鹿特丹（私生子），伊拉斯谟为教名，以圣徒圣伊拉斯谟名字为名 |
| 1473 | 高达私人学校求学 |
| 1474 | 乌特勒支主教堂唱诗班 |
| 1475 | 德文特圣勒比恩学校学习，至 1484 年 |
| 1483、1484 | 母、父先后死于瘟疫（鼠疫） |
| 1484—1485 | 离开德文特，入斯得恩的圣奥古斯丁修道院，并加入圣奥古斯丁修会 |
| 1488 | 宣誓成为修士 |
| 1492 | 被授予天主教教士圣职，并离开圣奥古斯丁修道院 |
| 1493 | 任康布雷主教的拉丁文秘书，受到比利时贵族格莱姆家族庇护 |
| 1494 | 完成《反对野蛮》（Antibarbari），未出版，1520 年修改后出版 |
| 1495 | 巴黎大学蒙塔古学院学习神学，学习希腊语；伊拉斯谟之名在拉丁语著作《法兰克人的起源和业绩》的补白中首次见于出版物 |
| 1496 | 在巴黎出版拉丁语诗集，编写《拉丁语会话读本》（Familiarium Colloquiorium Formulae）、《拉丁文书信写作指南》（De Conscribendis Epistolis）、《丰富多彩的拉丁语词汇》（De Copia Verborum ac Verum）；第一次采用德西德里乌斯（Desiderius）之名，来自早期教父神学家哲罗姆信札中的友人之名 |
| 1498 | 获授蒙塔古学院神学学士学位 |
| 1499 | 前往法国加来的图尔内翰城堡，拜访维尔的贵妇安娜，其成为伊拉斯谟的赞助人；应学生布朗特邀请，第一次前往英国，结识莫尔、科利特等人；造访牛津大学 |

续表

| 年份 | 事件 |
|---|---|
| 1500 | 返回巴黎，继续学习希腊语，出版《箴言集》（Adagiorum collectanea）；完成《拉丁语书信写作指南》（De Conscribendis Epistolis），未出版，1522年出版；奥尔良游学半年 |
| 1501 | 因鼠疫离开巴黎，返回荷兰；前往图尔内翰城堡；编写《基督教战士手册》（Enchiridion Militis Christiani）；研究神学；编订并出版西塞罗著作 |
| 1502 | 编订《反对野蛮》（Antibarbari）；为躲避鼠疫前往比利时鲁汶任教；从事希腊语作品翻译工作 |
| 1503 | 返回荷兰；发表手抄本《基督教战士手册》 |
| 1504 | 出版《奥地利大公菲利普的颂词》（Panegyricus ad Philippum Austriae ducem）；正式出版《基督教战士手册》；发现瓦拉的《新约评注》手稿 |
| 1505 | 印刷瓦拉手稿；第二次前往英国，收集资料，准备编订希腊-拉丁双语版《新约》；结识英国著名古希腊文化研究学者格罗辛、拉蒂默以及英国社会名流；英王亨利七世允诺赐予伊拉斯谟一份教士俸禄；收到圣奥古斯丁修道院告诫，让其谨守教规，返回修道院 |
| 1506 | 教皇尤里乌斯二世特许伊拉斯谟在修道院外过世俗生活；翻译古代希腊语作品为拉丁语；和莫尔合作完成《警言集》（Epigrammata）；在剑桥大学讲学；6月返回巴黎；8月意大利之行，担任英王亨利七世御医之子的家庭教师，完成《阿尔卑斯山颂歌》（Carmen eguestre vel potius alpestre），回忆人生经历；9月获授都灵大学神学博士学位；途经卢卡、佛罗伦萨，11月到达博洛尼亚；增补《箴言集》第一次采用全名：鹿特丹的德西德里乌斯·伊拉斯谟（Desiderius Erasmus Roterodamus） |
| 1507 | 10月前往威尼斯，结识威尼斯社会名流，得到许多关于普鲁塔克、柏拉图、品达等人的希腊语文稿 |
| 1508 | 增补后的《箴言》在威尼斯出版；编订普劳图斯、塞内卡、泰伦斯等古罗马作家的作品；担任苏格兰国王詹姆士四世私生子亚历山大的家庭教师；前往锡耶纳，并游览罗马 |
| 1509 | 罗马游览，交游罗马显贵，未来的教皇利奥十世、未来的大主教、红衣主教格里马尼、里亚利奥等；英王亨利八世即位，邀请伊拉斯谟访英，7月经瑞士、法国，开启第三次英国之旅；完成玩笑之作《愚人颂》（赞美傻气，Moriae encomium），不主张出版，但1511年出版后，多受指摘，不得不为之辩护，并无轻慢教会之意，而是告诫世人培养美德 |

续表

| 年份 | 事件 |
| --- | --- |
| 1510 | 逗留英国，剑桥大学教学希腊语，寄住莫尔家，频繁交流；协助科利特在圣保罗大教堂创办文法学校，编写拉丁文教材 |
| 1511 | 出版《愚人颂》 |
| 1512 | 出版《丰富多彩的拉丁语词汇》（De copia verborum ac verum），发表《论拉丁语的学习方法》（De ratione studii） |
| 1513 | 疑以手抄本方式发表讽刺教皇尤里乌斯二世的作品《尤里乌斯被拒于天门之外》（Julius exclusus e coelis），1518年出版于巴塞尔 |
| 1514 | 离英抵达加来、巴塞尔；弗洛本出版社出版伊拉斯谟所译的普鲁塔克著作，两人关系更为密切；《谚语集》（Parabolae）出版 |
| 1515 | 尼德兰君主查理一世顾问；撰写完成《基督教君主的教育》（Institutio principis christiani），次年敬献给登上西班牙王位的查理一世；短暂的第四次英国之旅；前往科隆，结识茨温利等德国名流；修订双语版《新约》《箴言集》《圣哲罗姆书信集》以及希腊罗马作家著作等 |
| 1516 | 于巴塞尔出版《新约》（Nouum Testamentum）；尼德兰君主查理一世顾问；尼德兰科特雷主教区神父圣俸；结识莫尔《乌托邦》中水手原型彼得·吉勒；出版《基督教君主的教育》（Institutio principis christiani）；第五次英国之旅，与莫尔、科利特频繁交流；返回荷兰，辗转安特卫普、布鲁塞尔等地；因《新约》《哲罗姆书信集》声名大振，成为研究神学、西方古典文化的中心人物；时任萨克森选帝侯秘书受路德托付致信伊拉斯谟 |
| 1517 | 罗马教皇利奥十世特许伊拉斯谟过世俗生活，不必穿着圣奥古斯丁修士会会袍，赦免其违背教会法之过失，承诺不会因其是私生子而剥夺其教士资格；教皇因希腊文圣经翻译褒奖伊拉斯谟，其声名如日中天；法国大主教传达法王弗朗索瓦一世邀请其定居巴黎，欲赐予其丰厚教士俸禄，婉拒；第六次英国之旅，在伦敦举行了教皇利奥十世对伊拉斯谟的赦免礼；西班牙王室邀请伊拉斯谟作为国王与尼德兰前往西班牙的伴从，婉拒；前往鲁汶，为鲁汶天主教大学创办语言学院；出版《和平之控诉》（Querela pacis） |
| 1518 | 友人私自出版伊拉斯谟的《拉丁语对话集》（Colloquia），以早期《拉丁语会话读本》（Familiarium colloquiorum formulae）为底本 |
| 1519 | 《拉丁语对话集》（Colloquia）正式节选出版；路德首次致信伊拉斯谟，并在此后多次致信；伊拉斯谟声明不认识此人 |

续表

| 年份 | 事件 |
|---|---|
| 1520 | 路德派攻击伊拉斯谟；出席神圣罗马帝国查理五世加冕礼；请求皇帝调节教会纠纷，未成功；《反对野蛮》出版；修订教父著作 |
| 1521—1525 | 居住巴塞尔，任弗洛本出版社编辑和顾问；补充修订《新约》释义、注解等，编译早期教父、神学家希拉流、阿诺比乌、西普里安、拉克坦西等人的著作，完成新《对话集》；1522年出版《拉丁语书信写作指南》；1524年完成《自由意志》（De libero arbitrio），与路德及路德派论战； |
| 1526 | 于巴塞尔出版《基督教婚姻守则》（Christiani matrimonii institutio）；编订教会神父爱任纽著作 |
| 1527 | 好友弗洛本去世；修订神学家奥利金等人著作；开始修订圣奥古斯丁著作，1529年完成 |
| 1528 | 出版《西塞罗派》（Ciceronianus），谈论对古典文化的看法； |
| 1529 | 移居弗赖堡；完成对圣奥古斯丁著作的修订；《伊拉斯谟书信集》（Opus epistolarum）出版，收集千余封伊拉斯谟与欧洲名流的书信；完成《论儿童的早期文雅教育》（Declamatio De pueris statim ac liberaliter instituendis），献给公爵继承人威廉 |
| 1530 | 编订神学家克里索斯托姆的著作；发表《关于向突厥人宣战》；发表《论儿童的礼仪教育》（De ciuilitate morum puerilium） |
| 1531 | 修订并再版《箴言集》，为回应雷同于普鲁塔克著作的指责大量增补《箴言集》 |
| 1532 | 8卷本《箴言集》出版 |
| 1533 | 写作《论教会的和睦、统一》等文章 |
| 1534 | 发表《准备死亡》（De praeparatione ad mortem） |
| 1535 | 祝贺教皇即位，受教皇保罗三世致谢；出版《论布道》（Ecclesiastes）；返回巴塞尔，受小弗洛本庇护 |
| 1536 | 写作《论圣龛的纯洁》（De puritate tabernaculi）；1536年7月11—12日夜，逝于巴塞尔，葬于巴塞尔大教堂，遗产分赠慈善教育组织 |

## 附录二　伊拉斯谟主要著作翻译对照表

| 拉丁或希腊名 | 英文名 | 中文名 | 首次出版时间 |
| --- | --- | --- | --- |
| Adagiorum collectanea | Collection of Adages | 《古代名言集》 | 1500 |
| Disputatiuncula de tedio, pauore, tristitia Iesu | A Short Debate on Jesus's Loathing, Fear, and Sadness | 《关于耶稣的嫌恶、恐惧和悲伤的简短讨论》 | 1503 |
| Enchiridion militis christiani | Handbook of the Christian Soldier | 《基督教战士手册》 | 1503 |
| Obsecratio ad Mariam | Prayer to Mary | 《向玛利亚祈祷》 | 1503 |
| Oratio de uirtute amplectenda | Speach on Embracing Virtue | 《论拥抱美德》 | 1503 |
| Paean Virgini Matri dicendus | Hymn in Honor of the Virgin Mother | 《纪念永生处女圣母的赞美诗》 | 1503 |
| Precatio ad Virginis filium Iesum | A Prayer to Jesus, Son of the Virgin | 《向永生处女之子耶稣的祈祷》 | 1503 |
| Panegyricus ad Philippum Austriae ducem | Panegyric of Philip Duke of Austria | 《奥地利大公菲利普的颂词》 | 1504 |
| Epigrammata | Epigrams | 《警言集》 | 1506 |
| Ode de laudibus Britanniae | Poem in Praise of Britain | 《不列颠颂诗》 | 1506 |
| Adagia | Adages | 《古代名言》 | 1508 |
| Concio de puero Iesu | Sermon on the Child Jesus | 《关于儿童耶稣的布道》 | 1511 |
| De ratione studii | Method of Studying | 《论拉丁语学习方法》 | 1511 |
| Moriae encomium | The Praise of Folly | 《愚人颂》 | 1511 |
| De duplici copia uerborum acverum | Abundance of Words and Things | 《丰富多彩的拉丁语词汇》 | 1512 |
| De laudibus Argentinae epistola | Letter in Praise of Strasbourg | 《赞扬斯特拉斯堡的信》 | 1513 |
| Parabolae | Parallels | 《古代谚语集》 | 1513 |

续表

| 拉丁或希腊名 | 英文名 | 中文名 | 首次出版时间 |
| --- | --- | --- | --- |
| Expostulatio Iesu ad mortales | Jesus's Demand to Mortals | 《耶稣对世人的要求》 | 1514 |
| Institutum hominis christiani | Principles for the Christian Man | 《基督徒准则》 | 1514 |
| De constructione octo partium orationis | The Eights Parts Constituting an Oration | 《演讲的八大部分》 | 1515 |
| Psalmi | Psalms | 《诗篇》 | 1515 |
| Annotationes in Testamentum Nouum | Annotations on the New Testament | 《新约注》 | 1516 |
| Institutio principis christiani | The Education of a Christian Prince | 《基督教君主的教育》 | 1516 |
| Nouum Testamentum | The New Testament | 《新约》 | 1516 |
| Paraclesis | Exhortation | 《训诫词》 | 1516 |
| De morte declamatio | Declamation on Death | 《关于死亡的演说》 | 1517 |
| Hieronymi uita | A Life of Jerome | 《哲罗姆传》 | 1517 |
| Julius exclusus | Julius Excluded | 《尤里乌斯被拒于天门之外》 | 1517 |
| Querela pacis | The Complaint of Peace | 《和平之控诉》 | 1517 |
| Colloquia | Conversations | 《拉丁语对话集》 | 1518 |
| Declamationes | Declamations | 《雄辩术》 | 1518 |
| Encomium artis medicae | Praise of Medicine | 《医学颂》 | 1518 |
| Encomium matrimonii | Praise of Marriage | 《婚姻礼赞》 | 1518 |
| Hymni | Hymns | 《圣歌》 | 1518 |
| Ratio uerae theologiae | Method of True Theology | 《神学的真正方式》 | 1518 |
| Antibarbari | Against the Barbarians/The Antibarbarians | 《反对野蛮》 | 1520 |
| Conficiendarum epistolarum formula | Handbook of Letter Writing | 《书信写作指南》 | 1520 |
| Consilium | Advice | 《忠告》 | 1520 |
| Responsio ad annotationes Eduardi Lei | Response to Edward Lee's Annotations | 《对爱德华·李注解的回复》 | 1520 |

续表

| 拉丁或希腊名 | 英文名 | 中文名 | 首次出版时间 |
| --- | --- | --- | --- |
| De contemptu mundi | Contempt of the World | 《蔑视世界》 | 1521 |
| De conscribendis epistolis | Writing Letters | 《拉丁语书信写作指南》 | 1522 |
| Exhortatio ad studium euangelicae lectionis | Exhortation to Read and Study the Gospel | 《阅读和学习福音书的劝告》 | 1522 |
| Precatio dominica | The Lord's Prayer | 《主祷文》 | 1523 |
| Spongia adverus aspergines Hutteni | The Sponge | 《用海绵擦去胡腾的污蔑》 | 1523 |
| Virginis et martyris comparatio | A Comparison of the Virgin and the Martyr | 《圣母和殉教者的比较》 | 1523 |
| Virginis matris apud Lauretum cultae liturgia | Liturgy of the Virgin Mother Venerated at Laureto | 《洛雷托的圣母崇拜礼拜仪式》 | 1523 |
| De immensa Dei misericordia concio | Sermon on the Lord's Immense Mercy | 《关于主的大慈悲的布道》 | 1524 |
| De libero arbitrio | The Free Will | 《自由意志》 | 1524 |
| Exomologesis sive de modo confitendi | Confessing | 《忏悔》 | 1524 |
| Modus orandi Deum | A Way of Praying to God | 《向上帝祈祷的方式》 | 1524 |
| Peregrinatio apostolorum Petri et Pauli | The Journey of the Apostles Peter and Paul | 《使徒彼得和保罗之途》 | 1524 |
| Lingua | The Tongue | 《关于语言》 | 1525 |
| Christiani matrimonii institutio | The Institution of Christian Matrimony | 《基督教婚姻守则》 | 1526 |
| Detectio praestigiarum cuiusdam libelli | The Uncovering of Deceptions in a Certain Booklet | 《某小册子中的欺骗行为揭露》 | 1526 |
| Hyperaspistes | The Shield Bearer | 《持盾人》 | 1526 |
| Responsio ad epistolam paraeneticam Alberti Pii | Response to Alberto Pio's Letter of Exhortation | 《回复阿尔贝托·皮奥的劝诫信》 | 1526 |
| Ciceronianus | The Ciceronian | 《论西塞罗派》 | 1528 |

续表

| 拉丁或希腊名 | 英文名 | 中文名 | 首次出版时间 |
| --- | --- | --- | --- |
| De recta Latini Graecique sermonis pronuntiatione | The Right Pronuntiation of Latin and Greek | 《拉丁语和希腊语的正确发音》 | 1528 |
| Deploratio mortis Ioannis Frobenii | Mourning the Death of Johann Froben | 《纪念约翰·弗洛本之死》 | 1528 |
| Annotationes in leges pontificias et caesareas de haereticis | Annotations on Papal and Imperial Laws about Heretics | 《教皇和帝国关于异端的法律注解》 | 1529 |
| DeclamatioDe pueris statim ac liberaliter instituendis | Educating Boys | 《论儿童早期的文雅教育》 | 1529 |
| Paraphrasis in Elegantias Vallae | Paraphrase of Valla's Elegantiae | 《瓦拉的〈论拉丁语的优雅〉释义》 | 1529 |
| Responsio ad collationes cuiusdam iuuenis Gerontodidascali | Response to the Discourses of a Certain Young Teacher of Seniors | 《对某高年级青年教师话语的回复》 | 1529 |
| Responsio aduersus febricitantis cuiusdam libellum | Response to the Booklet of an Hallucinating Author | 《对一位妄想症作者的作品的回复》 | 1529 |
| Vidua christiana | The Christian Widow | 《论基督徒寡妇》 | 1529 |
| Admonitio aduersus mendacium et obtrectationem | Admonition against Lying and Disparaging | 《论对撒谎和诋毁的劝诫》 | 1530 |
| De bello Turcis inferendo | The Necessity of War against the Turks | 《关于向突厥人宣战》 | 1530 |
| De ciuilitate morum puerilium | Proper Manners for Children | 《论儿童的礼仪教育》 | 1530 |
| Responsio ad epistolam apologeticam incerto autore proditam | Response to an Apologetic Letter of Uncertain Authorship | 《回复一封作者身份不明的道歉信》 | 1530 |
| Apophthegmata | Memorable Sayings | 《古代箴言集》 | 1531 |
| Declarationes ad censuras Lutetiae uulgatas | Declarations against the Censures Published at Paris | 《在巴黎出版的责难的反对声明》 | 1532 |
| Responsio ad disputationem Phimostomi de diuortio | Response to Phimostomus's dispute on Divorce | 《回复菲莫斯托姆斯的离婚争议》 | 1532 |

续表

| 拉丁或希腊名 | 英文名 | 中文名 | 首次出版时间 |
| --- | --- | --- | --- |
| Precatio pro pace ecclesiae | A Prayer for Peace in the Church | 《教会和平的祈祷》 | 1533 |
| Explanatio symboli apostolorum | Explanation of the Apostles' Creed | 《使徒信经的注解》 | 1533 |
| Liber de sarcienda ecclesiae concordia | Restoring Unity within the Church | 《论教会的统一》 | 1533 |
| De praeparatione ad mortem | Preparing for Death | 《准备死亡》 | 1534 |
| Purgatio aduersus epistolam non sobriam Lutheri | Purging Luther's Drunk Letter | 《净化路德的醉信》 | 1534 |
| Ecclesiastes | The Preacher | 《布道者》 | 1535 |
| Expositio fidelis de morte Mori | Faithful Exposition on the Death of More | 《关于莫尔去世的真实论述》 | 1535 |
| Precationes | Prayers | 《祈祷者》 | 1535 |
| Responsio ad Petri Cursii defensionem | Response to Pietro Corsi's Defense | 《回复皮埃特罗·科西的辩护》 | 1535 |
| De puritate tabernaculi | The Purity of the Tabernacle | 《论圣龛的纯洁》 | 1536 |
| Vita Erasmi | A Life of Erasmus | 《伊拉斯谟传》 | 1607 |

# 主要参考文献

## 一 相关中文著作和论文

（一）著作

1. 相关原始文献及资料汇编（中文译本）：

［古罗马］奥古斯丁：《上帝之城》，吴飞译，上海三联书店 2012 年版。

［古罗马］奥古斯丁：《忏悔录》，周士良译，商务印书馆 1963 年版。

［古希腊］柏拉图：《理想国》，郭斌和、张竹明译，商务印书馆 2002 年版。

［古希腊］柏拉图：《柏拉图全集》，王晓朝译，人民出版社 2002 年版。

［古希腊］柏拉图：《柏拉图对话集》，王太庆译，商务印书馆 2004 年版。

［古希腊］柏拉图：《法律篇》，张智仁、何勤华译，孙增霖校，上海人民出版社 2002 年版。

［古罗马］昆体良：《昆体良教育论著选》，任钟印选译，人民教育出版社 2001 年版。

［英］约翰·洛克：《教育漫话》，傅任敢译，教育科学出版社 1999 年版。

［意］尼科洛·马基雅维里：《君主论》，潘汉典译，商务印书馆 2017 年版。

［古希腊］普鲁塔克：《道德论丛》（第 1 卷），席代岳译，吉林出版集团有限责任公司 2015 年版。

［意］托马斯·阿奎那：《神学大全》（第一集），段德智译，商务印书馆 2013—2014 年版。

［英］托马斯·莫尔：《乌托邦》，戴镏玲译，商务印书馆 1981 年版。

［意］安瑟伦：《信仰寻求理解——安瑟伦著作选集》，溥林译，中国人民

大学出版社 2005 年版。

[古罗马] 西塞罗：《论演说家》，王焕生译，中国政法大学出版社 2003 年版。

[古希腊] 亚里士多德：《修辞术·亚历山大修辞学·论诗》，颜一、崔延强译，中国人民大学出版社 2003 年版。

[古希腊] 亚里士多德：《政治学》，吴寿彭译，商务印书馆 2007 年版。

[古希腊] 亚里士多德：《亚里士多德全集》（第一卷），苗力田主编，中国人民大学出版社 1989 年版。

[荷] 伊拉斯谟：《论基督教君主的教育》，李康译，商务印书馆 2017 年版。

[荷] 伊拉斯谟：《基督教君主的教育》，中国政法大学出版社 2003 年版。

[荷] 伊拉斯谟：《愚人颂》，许崇信译，辽宁教育出版社 2001 年版。

[荷] 伊拉斯谟：《愚人颂》，许崇信译，译林出版社 2011 年版。

[荷] 伊拉斯谟：《愚人颂》，刘曙光译，北京图书馆出版社 2000 年版。

华东师范大学教育系、浙江大学教育系选编：《西方古代教育论著选》，人民教育出版社 1985 年版。

吴元训选编：《中世纪教育文选》，人民教育出版社 2005 年版。

《世界著名法典汉译丛书》编委会：《十二铜表法》，法律出版社 2000 年版。

　　2. 外文译著：

[英] 阿伦·布洛克：《西方人文主义传统》，董乐山译，生活·读书·新知三联书店 1997 年版。

[英] 埃蒙·达菲：《圣徒与罪人：一部教宗史》，龙秀清译，商务印书馆 2018 年版。

[意] 艾格勒·贝奇、[法] 多米尼克·朱利亚主编：《西方儿童史》，申华明等译，商务印书馆 2016 年版。

[英] 艾伦·B. 科班：《中世纪大学：发展与组织》，周常明、王晓宇译，山东教育出版社 2013 年版。

[法] 爱弥尔·涂尔干：《教育思想的演进》，李康译，渠东校，上海人民出版社 2003 年版。

[德] 诺贝特·埃利亚斯：《文明的进程：文明的社会起源和心理起源的

研究》(第2卷),袁志英译,生活·读书·新知三联书店1999年版。

[法] 布尔迪厄:《文化资本与社会炼金术:布尔迪厄访谈录》,包亚明译,上海人民出版社1997年版。

[美] 爱德华·麦克诺尔·伯恩斯、菲利普·李·拉尔夫:《世界文明史》,罗经国等译,商务印书馆1987年版。

[法] 安德烈·比尔基埃等主编:《家庭史》,袁树仁等译,生活·读书·新知三联书店1998年版。

[英] 彼得·伯克:《历史学与社会理论》,姚朋、周玉鹏译,刘北成校,上海人民出版社2001年版。

[英] 彼得·伯克:《欧洲近代早期的大众文化》,杨豫、王海良等译,杨豫校,上海人民出版社2005年版。

[英] 伯特兰·罗素:《西方的智慧》(上卷),马家驹、贺霖译,世界知识出版社1992年版。

[英] 博伊德、金合著:《西方教育史》,任宝祥、吴元训主译,人民教育出版社1986年版。

[法] 费尔南·布罗代尔:《15至18世纪的物质文明、经济与资本主义》(第一卷),顾良、施康强译,生活·读书·新知三联书店1992年版。

[法] 费尔南·布罗代尔:《文明史纲》,肖昶、冯棠、张文英、王明毅译,广西师范大学出版社2003年版。

[英] 查尔斯·霍默·哈斯金斯:《12世纪文艺复兴》,夏继果译,上海人民出版社2005年版。

[美] 黛安娜·帕帕拉、萨莉·奥尔兹、露丝·费尔德曼:《孩子的世界》,郝嘉佳、陈福美、郭素然、岳盈盈译,人民邮电出版社2016年版。

[美] 戴维·迈尔斯:《心理学》(第9版),黄希庭等译,人民邮电出版社2016年版。

[德] 爱德华·傅克斯:《欧洲风化史——资产阶级时代》,侯焕闳译,辽宁教育出版社2000年版。

[法] 菲利浦·阿利埃斯、乔治·杜比主编:《私人生活史Ⅲ:激情(文艺复兴)》,杨家勤等译,北方文艺出版社2008年版。

[法] 菲利浦·阿利埃斯:《儿童的世纪》,沈坚、朱晓罕译,北京大学出

版社 2013 年版。

［美］弗朗索瓦·泰莫利耶尔、卡特莉娜·李特奇主编：《他们创造了历史：从文艺复兴到启蒙运动（公元 1492 年—1789 年）》，姜志辉译，商务印书馆 2006 年版。

［英］弗朗西斯·艾丹·加斯凯：《黑死病：大灾难、大死亡与大萧条（1348—1349）》，郑中求译，华文出版社有限公司 2019 年版。

［美］格莱夫斯：《中世教育史》，吴康译，华东师范大学出版社 2005 年版。

［英］葛怀恩：《古罗马的教育——从西塞罗到昆体良》，黄汉林译，华夏出版社 2015 年版。

［英］G. R. 波特编：《剑桥世界近代史》（第 1 卷），中国社会科学院世界历史研究所组译，中国社会科学出版社 1999 年版。

［英］G. R. 波特编：《剑桥世界近代史》（第 2 卷），中国社会科学院世界历史研究所组译，中国社会科学出版社 1999 年版。

［英］海斯汀·拉斯达尔：《中世纪的欧洲大学——在上帝与尘世之间》（第二卷），崔延强、邓磊译，重庆大学出版社 2011 年版。

［美］亨德里克·威廉·房龙：《人的解放》，郭兵、曹秀梅、季广志译，北京出版社 1999 年版。

［美］亨德里克·威廉·房龙：《伊拉斯谟的故事》，宫维明译，中国出版集团、现代出版社 2016 年版。

［英］怀特海：《教育的目的》，徐汝舟译，生活·读书·新知三联书店 2002 年版。

［法］基佐：《欧洲文明史：自罗马帝国败落起到法国革命》，程洪逵、沅芷译，商务印书馆 1998 年版。

［法］吉尔松：《中世纪哲学精神》，沈清松译，上海人民出版社 2008 年版。

［法］加布里埃尔·孔佩雷：《教育学史》，张瑜、王强译，山东教育出版社 2013 年版。

［美］加雷斯·B. 马修斯：《与儿童对话》，陈鸿铭译，生活·读书·新知三联书店 2015 年版。

［美］加雷斯·B. 马修斯：《哲学与幼童》，陈国容译，生活·读书·新

知三联书店 2015 年版。

［美］加雷斯·B. 马修斯：《童年哲学》，刘晓东译，生活·读书·新知三联书店 2015 年版。

［捷］夸美纽斯：《大教学论》，傅任敢译，教育科学出版社 1995 年版。

［英］昆廷·斯金纳：《马基雅维里》，李永毅译，译林出版社 2014 年版。

［英］伊丽莎白·劳伦斯：《现代教育的起源和发展》，纪晓林译，北京语言学院出版社 1992 年版。

［法］卢梭：《爱弥儿》，李平沤译，商务印书馆 1978 年版。

［英］罗素：《西方哲学史》（卷三：近代哲学），马元德译，商务印书馆 1981 年版。

［英］罗伊·波特主编：《剑桥插图医学史》，张大庆主译，山东画报出版社 2007 年版。

［意］玛利亚·蒙台梭利：《蒙台梭利儿童教育手册》，肖咏捷译，中国发展出版社 2011 年版。

［意］玛利亚·蒙台梭利：《童年的秘密》，马荣根、单中惠译，人民教育出版社 2005 年版。

［英］迈克尔·曼：《社会权力的来源》（卷一），刘北成、李少军译，上海人民出版社 2002 年版。

［法］米歇尔·福柯：《规训与惩罚》，刘北成等译，生活·读书·新知三联书店 2007 年版。

［法］米歇尔·福柯：《疯癫与文明》，刘北成等译，生活·读书·新知三联书店 2003 年版。

［德］诺贝特·N. 埃利亚斯：《文明的进程：文明的社会起源和心理起源的研究》（第 1 卷），王佩莉译，生活·读书·新知三联书店 1998 年版。

［美］诺伊斯·N. 玛格纳：《医学史》（第二版），刘学礼主译，上海人民出版社 2009 年版。

［法］皮埃尔·格里马尔：《西塞罗》，董茂永译，商务印书馆 1998 年版。

［法］皮埃尔·布迪厄、［美］华康德：《实践与反思》，李康、李猛译，邓正来校，中央编译出版社 1998 年版。

［法］皮埃尔·布尔迪厄：《区分：判断力的社会批判》，刘晖译，商务印

书馆 2015 年版。

［法］让-皮埃尔·内罗杜：《古罗马的儿童》，张鸿、向征译，广西师范大学出版社 2005 年版。

［瑞士］让·皮亚杰：《教育科学与儿童心理学》，杜一维、钱心婷译，吴泓纱校，教育科学出版社有限公司 2018 年版。

［美］撒穆尔·伊诺克·斯通普夫、詹姆斯·菲泽：《西方哲学史：从苏格拉底到萨特及其后》，邓晓芒等译，世界图书出版公司 2009 年版。

［奥］斯蒂芬·茨威格：《鹿特丹的伊拉斯谟：辉煌与悲情》，舒昌善译，生活·读书·新知三联书店 2016 年版。

［奥］斯·茨威格：《一个古老的梦——伊拉斯谟传》，姜瑞璋、廖绥胜译，许崇信校，辽宁教育出版社 1998 年版。

［奥］斯·茨威格：《人文之光》，魏育青、俞宙明译，漓江出版社 2000 年版。

［英］托马斯·马丁·林赛：《宗教改革史》（上册），孔祥民、令彪、吕和声、雷虹译，商务印书馆 1992 年版。

［美］A. A. 瓦西列夫：《拜占庭帝国史》，徐家玲译，商务印书馆 2019 年版。

［美］威利斯顿·沃尔克：《基督教会史》，孙善玲等译，中国社会科学出版社 1991 年版。

［美］威尔·杜兰：《世界文明史》（文艺复兴卷，宗教改革卷），台湾幼狮文化公司译，东方出版社 1999 年版。

［英］威廉·布莱克：《天真的预言——布莱克诗选》，黄雨石等译，人民文学出版社 2017 年版。

［英］威廉·哈里森·伍德沃德：《文艺复兴时期教育研究》，赵卫平、赵花兰译，山东教育出版社 2013 年版。

［美］威廉·H. 麦克尼尔：《瘟疫与人》，余新忠、毕会成译，中国环境科学出版社 2010 年版。

［意］维柯：《论人文教育》，王楠译，上海三联书店 2007 年版。

［比］伍尔夫：《中古哲学与文明》，庆泽彭译，华东师范大学出版社 2005 年版。

［比］希尔德·德·里德-西蒙斯主编：《欧洲大学史》（第一卷），张斌

贤等译，河北大学出版社 2008 年版。

［比］希尔德·德·里德－西蒙斯主编：《欧洲大学史》（第二卷），贺国庆等译，河北大学出版社 2008 年版。

［奥］西格蒙德·弗洛伊德：《文明及其缺憾》，傅雅芳等译，安徽文艺出版社 1987 年版。

［奥］西格蒙德·弗洛伊德：《论文明》，徐洋、何桂全、张敦福译，国际文化出版公司 2000 年版。

［英］休谟：《道德原则研究》，曾晓平译，商务印书馆 2001 年版。

［瑞］雅各布·布克哈特：《意大利文艺复兴时期的文化》，何新译，马香雪校，商务印书馆 1979 年版。

［美］雅克·巴尔赞：《从黎明到衰落：西方文化生活五百年（1500 年至今）》，林华译，世界知识出版社 2003 年版。

［法］雅克·勒戈夫：《中世纪的知识分子》，张弘译，卫茂平校，商务印书馆 1996 年版。

［法］雅克·韦尔热：《中世纪大学》，王晓辉译，上海人民出版社 2007 年版。

［美］伊丽莎白·爱森斯坦：《作为变革动因的印刷机：早期近代欧洲的传播与文化变革》，何道宽译，北京大学出版社 2010 年版。

［英］格拉汉姆·汤姆凌：《真理的教师：路德和他的世界》，张之璐译，北京大学出版社 2004 年版。

［美］约翰·杜威：《学校与社会·明日之学校》，赵祥麟、任仲印、吴志宏译，人民教育出版社 1994 年版。

［美］约翰·杜威：《我的教育信条》，彭正梅译，上海人民出版社 2013 年版。

［荷］约翰·赫伊津哈：《伊拉斯谟传——伊拉斯谟与宗教改革》，何道宽译，广西师范大学出版社 2008 年版。

［英］约翰·罗布、奥利弗·J. T. 哈里斯主编：《历史上的身体：从旧石器时代到未来的欧洲》，吴莉苇译，格致出版社、上海人民出版社 2016 年版。

［英］约翰·马仁邦：《中世纪哲学：历史与哲学导论》，吴天岳译，北京大学出版社 2016 年版。

［美］约翰·R. 麦克尼尔、威廉·H. 麦克尼尔：《麦克尼尔全球史》，王晋新等译，北京大学出版社 2017 年版。

［美］约瑟夫·P. 伯恩：《黑死病》，王晨译，上海社会科学院出版社 2013 年版。

3. 中文著作：

陈乐民：《欧洲文明十五讲》，北京大学出版社 2004 年版。

褚宏启：《走出中世纪——文艺复兴时代的教育情怀》，北京师范大学出版社 2005 年版。

杜成宪、邓明言：《教育史学》，人民教育出版社 2004 年版。

黄济、王策三主编：《现代教育论》，人民教育出版社 1996 年版。

刘明翰、刘丹忱、刘苏华：《文艺复兴时代的教育思想家》，山东教育出版社 2006 年版。

刘明翰主编，刘新利、陈志强著：《欧洲文艺复兴史》（宗教卷），人民出版社 2008 年版。

刘友古：《伊拉斯谟与路德的宗教改革思想比较研究》，上海人民出版社 2009 年版。

单中惠主编：《西方教育思想史》，教育科学出版社 2007 年版。

宋文红：《欧洲中世纪大学的演进》，商务印书馆 2010 年版。

孙益：《西欧的知识传统与中世纪大学的起源》，北京师范大学出版社 2019 年版。

滕大春主编：《外国教育通史》（第二卷），山东教育出版社 1989 年版。

吴式颖、任钟印主编：《外国教育思想通史》（第四卷），湖南教育出版社 2002 年版。

吴式颖主编：《外国教育史教程》，人民教育出版社 1999 年版。

于伟：《现代性与教育——后现代语境中教育观的现代性研究》，北京师范大学出版社 2008 年版。

张磊：《欧洲中世纪大学》，商务印书馆 2010 年版。

赵敦华、傅乐安主编：《中世纪哲学》，商务印书馆 2013 年版。

赵林：《基督教思想文化的演进》，人民出版社 2007 年版。

赵祥麟主编：《外国教育家评传》（第一卷），上海教育出版社 1992 年版。

朱寰主编：《世界古代史》（下册），高等教育出版社 2016 年版。

朱龙华：《意大利文艺复兴的起源与模式》，人民出版社 2004 年版。

（二）论文

1. 中文期刊论文：

陈春梅：《伊拉斯谟世界主义思想及其对高等教育的影响探析》，《重庆高教研究》2013 年第 5 期。

陈海珠：《基督的哲学——伊拉斯谟的宗教思想述评》，《世界历史》1999 年第 6 期。

陈贞臻：《西方儿童史研究的回顾与展望——阿利埃斯（Ariès）及其批评者》，《新史学》（台北）2004 年第 1 期。

郭灵凤：《战争、和平与"基督教共同体"——伊拉斯谟思想述论之一》，《欧洲研究》2005 年第 2 期。

郭灵凤：《伊拉斯谟与早期印刷业》，《内蒙古大学学报》（人文社会科学版）2002 年第 3 期。

郭法奇：《儿童教育史研究：价值、特点及设想》，《天津师范大学学报》（社会科学版）2009 年第 5 期。

黄进：《童年研究：一场观念和方法上的革命》，《教育研究与实验》2009 年第 5 期。

李素琴、胡丽娜：《从"伊拉斯谟项目"到"伊拉斯谟世界项目"：欧盟高等教育的国际化发展》，《比较教育研究》2010 年第 4 期。

林美香：《身体的身体：伊拉斯摩斯与人文学者的服饰观》，《台大文史哲学报》第 77 卷，2012 年。

刘明翰：《伊拉斯莫新论》，《世界历史》2002 年第 3 期。

刘明翰：《杰出的教育思想家——伊拉斯莫》，《历史教学》2002 年第 4 期。

刘新成：《试论西欧中世纪晚期行为方式文明化》，《世界历史》1997 年第 3 期。

刘文明：《自我、他者与欧洲"文明"观念的建构——对 16—19 世纪欧洲"文明"观念演变的历史人类学反思》，《江海学刊》2008 年第 3 期。

任超阳：《伊拉斯谟的教育思想探析——关于〈论基督君主的教育〉的研究》，《重庆教育学院学报》2013 年第 1 期。

孙义飞：《16 世纪英格兰炼狱信条消亡原因刍议》，《东北师大学报》（哲学社会科学版）2013 年第 4 期。

唐寅皓：《伊拉斯谟与宗教改革》，《杭州大学学报》（哲学社会科学版）1988 年第 2 期。

王军雷：《试论伊拉斯谟的基督教人文主义思想》，《和田师范专科学校学报》2006 年第 1 期。

辛旭：《由误解发现"童年"："阿利埃斯典范"与儿童史研究的兴起》，《四川大学学报》（哲学社会科学版）2014 年第 3 期。

俞金尧：《西方儿童史研究四十年》，《中国学术》2001 年第 4 期。

俞金尧：《儿童史研究及其方法》，《国外社会科学》2001 年第 5 期。

赵蕾：《托马斯·莫尔宗教思想评析》，《东岳论丛》2003 年第 5 期。

朱明：《伊拉斯谟人文主义教育思想及其现实意义》，《河北师范大学学报》（教育科学版）2014 年第 6 期。

郑素华：《从儿童到儿童文化：思想、观念与取径的转变》，《浙江师范大学学报》（社会科学版）2012 年第 5 期。

2. 中文学位论文：

陈海珠：《文艺复兴的绝唱——伊拉斯谟的基督教人文主义思想》，博士学位论文，北京大学，1998 年。

邓婷：《伊拉斯谟的基督教人文主义及其影响》，硕士学位论文，湘潭大学，2011 年。

郭灵凤：《伊拉斯谟人文主义政治观研究》，硕士学位论文，首都师范大学，2009 年。

胡丽娜：《"伊拉斯谟世界项目"研究》，硕士学位论文，河北大学，2009 年。

刘友古：《论伊拉斯谟与路德的宗教改革思想》，博士学位论文，复旦大学，2005 年。

沈文钦：《近代英国博雅教育及其古典渊源》，博士学位论文，北京大学，2008 年。

徐璐：《伊拉斯谟宗教思想研究》，硕士学位论文，复旦大学，2007 年。

张华丽：《一个基督教人文主义者的治世梦——伊拉斯谟教育思想再探》，硕士学位论文，华东师范大学，2007 年。

赵辉:《伊拉斯谟的基督人文主义教育观研究》,硕士学位论文,首都师范大学,2009 年。

3. 中文报刊:

李娟娟:《西方儿童观的发展》,《光明日报》2011 年 7 月 12 日。

## 二 相关外文著作和论文

(一) 原始文献

1. 伊拉斯谟全集及书信集 (拉丁文及英文译本):

ASD Opera Omnia Desiderii Erasmi Roterodami Recognita et Adnotatione Critica Instructa Notisque Illustrata, Amsterdam: North-Holland, 1969 - .

BS Opera Omnia Desiderii Erasmi Roterodami ed., Beatus Rhenanus, Basel: Basileae in officina Frob., 1538 - 1540.

CWE Collected Works of Erasmus, Toronto: Toronto University Press, 1974 - .

Francis Morgan Nichols ed. and trans., *The Epistles of Erasmus, from His Earliest Letters to His Fifty-first Year, Arranged in Order of Time*, Vols. 1 - 3, London: Longmans, 1901 - 1917.

LB Jean Le Clerc. ed., *Desiderii Erasmi Roterodami Opera Omnia* (vols. 1 - 10), Leiden: Petri Vander Aa, 1703 - 1706.

PA P. Allen ed., *Opus Epistolarum Des. Erasmi Roterodami* (Vols. 1 - 12), Oxford: Oxford University Press, 1906 - 1965.

2. 相关原始文献及资料汇编英文译本:

Craig R. Thompson translated, *The Colloquies of Erasmus*, Chicago: The University of Chicago Press, 1965.

CWTM The Complete Works of St. Thomas More (vols1 - 15), New Haven: Yale University Press, 1963 - 1997.

E. Rummel ed., *The Erasmus Reader*, Toronto: University of Toronto Press, 1990.

Erika Rummel ed., *Erasmus on Women*, Toronto: University of Toronto Press, 1996.

John C. Olin ed., *Christian Humanism and the Reformation: Selected Writings of Erasmus*, New York: Fordam University Press, 1975.

John P. Dolan selected and trans. *The Essential Erasmus*, New York: Penguin Publishing Group, 1993.

G. Ballard, *Memoirs of Several Ladies of Great Britain, Who Have Been Celebrated for Their Writings or Skill in the Learned Languages, Arts and Sciences*, Oxford: Printed by W. Jackson, 1752.

Gerard Wegemer and Stephen Smith, *A Thomas More Source Book*, Washington, D. C.: The Catholic University of America Press, 2004.

N. Bailey trans. *The Colloquies of Erasmus* (Vol. 1), London: Reeves and Turner, 1878.

G. Ferrari ed., *The Republic*, Cambridge: Cambridge University Press, 2000.

（二）相关英文专著

1. 英文专著：

Anna Bryson, *From Courtesy to Civility*, Oxford: Oxford University Press, 1998.

A. O. Rorty, *Philosophers on Education: Historical Perspectives*, London: New York: Routledge, 1998.

Anthony Grafton & Lisa Jardine, *From Humanism to the Humanities: Education and the Liberal Arts in Fifteenth-century and Sixteenth-century Europe*, Cambridge, Mass: Harvard University Press, 1986.

B. Broughton, *Dictionary of Medieval Knight and Chivalry*, New York: Greenwood Press, 1986.

Barbara Hanawalt, *Growing up in Medieval London*, Oxford: Oxford University Press, 1993.

C. Augustin, *Erasmus: His Life, Works and Influence*, Toronto: Toronto University Press, 1991.

C. Swearingen, *Rhetoric and Irony: Western Literacy and Western Lie*, Oxford: Oxford University Press, 1991.

Charles Bailey, *Beyond the Present and the Particular: A Theory of Liberal Education*, London: Routledge & Kegan Paul, 1984.

Constance M. Furey, *Erasmus, Contarini, and the Religious Republic of Letters*, Cambridge: Cambridge University Press, 2006.

Diane Papalia, Sally Olds, et al., *A Child's World: Infancy throvgh Adolescence*, Boston: McGraw-Hill Comp., 2008.

E. Howe, *Education and Women in the Early Modern Hispanic World*, Aldershot: Ashgate Publishing Company, 2008.

E. Houts, *Memory and Gender in Medieval Europe, 900 – 1200*, London: Palgrave Macmillan, 1999.

E. Reynolds, *Thomas More and Erasmus*, New York: Fordham University Press, 1965.

F. Barbaro, *The Earthly Republic: Italian Humanists on Government and Society*, Philadelphia: University of Pennsylvania Press, 1978.

F. Seebohm, *The Oxford Reformers: John Colet, Erasmus, and Thomas More: Being a History of Their Fellow-Work*, Kessinger Publishing, 2010.

Frank Graves, *A History of Education: During the Middle Ages and the Transition to Modern Times*, New York: The Macmilian Company, 2004.

F. Whigham, *Ambition and Privilege: The Social Tropes of Elizabethan Courtesy Theory*, Berkeley: University of California Press, 1984.

G. Bray, *Holiness and the Will of God*, Atlanta: John Knox Press, 1979.

H. Jewell, *Education in Early Modern England*, New York: Palgrave Macmillan, 1999.

H. Trevor-Roper, *Men and Events: Historical Essays*, New York: Harper, 1977.

Hugh Kearney, *Scholars and Gentlemen: Universities and Society in Preindustrial Britain 1500 – 1700*, London: Faber & Co. Ltd, 1970.

I. Pinchbeck, *Children in English Society*, London: Routledge & K. Paul, 2005.

Irving Babbitt, *Spanish Character and Other Essays*, Boston: Houghton, Mifflin Company, 1940.

Irving Babbitt, *The New Laokoon*, Boston: Houghton, Mifflin Company, 1910.

James Bowen, *A History of Western Education*, New York: St. Martin's, 1972.

James Bruce and Mary Mclaughlin eds., *The Portable Renaissance Readers*, New York: Penguin Classics, 1962.

James D. Tracy, *Erasmus, the Growth of a Mind*, Geneva: Droz, 1972.

James D. Tracy, *Erasmus of the Low Countries*, Berkeley, Los Angeles, London: University of California Press, 1997.

J. Huizinga, *Erasmus and the Age of Reformation*, New York: Charles Scribners' Sons, 1924; Dover Publications, 2011.

Jennifer Richards, *Early Modern Civil Discourses*, New York: Palgrave Macmillan, 2003.

Jill Raitt, Bernard McGinn, John Meyendorff eds., *Christian Spirituality: High Middle Ages and Reformation*, New York: Crossroad Publishing Co., 1989.

Joan Kelly, *Women, History and Theory*, Chicago: University of Chicago Press, 1984.

Joan Simon, *Education and Society in Tudor England*, Cambridge: Cambridge University Press, 1966.

John Joseph Mangan, *Life, Character and Influence of Desiderius Erasmus of Rotterdam*, New York: Macmillan Company, 1927.

K. Charlton, *Education in Renaissance England*, Toronto: University of Toronto Press, 1965.

K. Charlton, *Women, Religion and Education in Early Modern England*, London: Routledge, 1999.

K. Setton, *The Byzantine Background to the Italian Renaissance*, Philadelphia: Proceedings of the American Philosophical Society, 1956.

Kate Aughterson, *Renaissance Women: A Sourcebook*, London: Routledge, 1995.

Leo Strauss, *Liberalism Ancient and Modern*, Chicago: University of Chicago Press, 1995.

M. Jeanneret, *A Feast of Words: Banquets and Table Talk in the Renaissance*, Chicago: university of Chicago press, 1991.

M. Warner, *Alone of All Her Sex*, New York: Vintage, 1983.

Magne Sæbø. Hebrew Bible/Old Testament, *The History of Its Interpretation* (*Vol. II*), Göttingen: Vandenhoeck & Ruprecht, 2008.

Margaret King, *Women of the Renaissance*, Chicago: University of Chicago Press, 1991.

N. Amos, *The Education of a Christian Society: Humanism and the Reformation in Britain and the Netherlands*, Andershot: Asggate Publishing Limited, 1999.

Nicholas Orme, *Medieval Children*, New Haven & London: Yale University Press, 2001.

P. Allen, *The Age of Erasmus*, Oxford: Clarendon Press, 1914.

Paul Kristeller, *Renaissance Thought and Its Sources*, New York: Columbia University Press, 1979.

Peter Bietenholz ed., *Contemporaries of Erasmus: A Biographical Register of the Renaissance and Reformation*, Toronto: University of Toronto Press, 1985–87.

Peter Burke, *Civil Histories: Essays Presented to Sir Keith Thomas*, Oxford: Oxford University Press.

Peter Fleming, *Family and Household in Medieval England*, Hampshire: Plagrave, 2001.

Peter Stearns, *Growing Up: The History of Childhood in a Global Context*, Waco Texas: Baylor University Press, 2005.

Pierre Bourdie, *Distinction: A Social Critique of the Judgement of Taste*, Cambridge: Harvard University Press, 1984.

Preserve Smith, *Erasmus: A Study of His Life, Ideals, and Place in History*, New York: Harper Brothers, 1923.

R. Bolgar, *The Classical Heritage and its Beneficiaries*, New York: Harper, 1964.

R. Wyles and E. Hall, *Women Classical Scholars Unsealing the Fountain from the Renaissance to Jacqueline de Romilly*, Oxford: Oxford University Press, 2016.

Richard Schoeck, *Erasmus of Europe: The Making of a Humanist 1467–1500*, Savage: Barnes & Noble Books, 1990.

Richard Schoeck, *Erasmus of Europe*, Edinburgh: Edinburgh University Press,

1993.

Robert Pasnau, *Thomas Aquinas on Human Nature*, Cambridge: Cambridge University Press, 2004.

Rosemary O' Day, *Education and Society 1500 – 1800: The Social Foundations and Education in Early Modern England*, London: Longman, 1982.

Ruth Kelso, *Doctrine for the Lady of the Renaissance*, Urbana: University of Illinois Press, 1956.

Ruth Reslo, *Doctrine of English Gentleman in the Sixteenty Century*, Illinois: University of Illinois Press, 1929.

S. Kersey, *Classics in the Education of Girls and Women*, Metuchen: Scarecrow Press, 1981.

S. Wemple, *Women in Frankish Society——Marriage and the Cloister 500 – 900*, Philadelphia: University of Pennsylvania Press, 1996.

Samuel Willard Crompton, *Desiderius Erasmus*, London and New York: Chelsea House Publications, 2005.

Stefen Zweig, *Erasmus of Rotterdam*, New York: Viking Books, 1934.

W. H. Woodward, *Desiderius Erasmus Concerning the Aim and Method of Education*, Cambridge: Cambridge University Press, 1904.

W. H. Woodward, *Studies in Education during the Age of the Renaissance, 1400 – 1600*, Cambridge: Cambridge University Press, 1906.

W. H. Woodward, *Vittorino da Feltre and Other Humanist Educators*, Cambridge: Cambridge University Press, 1897.

2. 英文论文:

Barbara Correll, "Malleable Material. Models of Power: Woman in Erasmus' 'Marriage Group' and Civility in Boys", *Journal of English Literary History*, Vol. 57, No. 2, 1990.

Barbara Hanawalt, "Medievalists and the Study of Childhood", *Journal of The Medieval Academy of America*, Vol. 77, No. 2, 2002.

C. Cubitt, "Virginity and Misogyny in Tenth-and Eleventh-Century England", *Journal of Gender and History*, Vol. 12, No. 1, 2000.

Charles Nelson, Charles Zeanah, et al., "Cognitive Recovery in Socially Deprived Young Children: The Bucharest Early Intervention Project", *Science*, Vol. 318, 2007.

D. Baumrind, "Hamonious Parents and Their Preschool Children", *Journal of Developmental Psychology*, Vol. 4, No. 1, 1971.

D. Baumrind, "Effects of Authoritative Parental Control on Child Behavior", *Journal of Child Development*, Vol. 37, No. 4, 1966.

D. Baumrind, "Child Care Practices Anteceding Three Patterns of Preschool Behavior", *Journal of Genetic Psychology Monographs*, Vol. 75, No. 1, 1967.

D. Baumrind, "Current Patterns of Parental Authority", *Journal of Developmental Psychology Monograph*, Vol. 4, No. 1, 1971.

D. Cressy, "Education Opportunity in Tudor and Stuart England", *Journal of History of Educational Society*, No. 3, 1976.

H. Vredeveld, "The Ages of Erasmus and the Year of His Birth", *Journal of Renaissance Quarterly*, Vol. 46, No. 4, 1993.

J. K. Sowards, "Erasmus and the Education of Women", *Journal of The Sixteenth Century Journal*, Vol. 13, No. 4, 1982.

John Bowlby, "The Nature of the Child's Tie to His Mother", *Journal of International Journal of Psycho-Analysis*, Vol. 39, 1958.

Lawrence Stone, "The Educational Revolution in England 1560 – 1640", *Journal of Past and Present*, No. 28, 1964.

Nicholas Orme, "Medieval Childhood: Challenge, Change and Achievement", *Journal of Childhood in the Past*, Vol. 1, Iss. 1, 2009.

R. Bloch, "Medieval Misogyny", *Journal of Representations*, No. 20, 1987.

Saul Sack, "Liberal Education: What Was It? What Is It?", *Journal of History of Education Quarterly*, 1962.